Grundkurs Theoretische Informatik

Boris Hollas

Grundkurs Theoretische Informatik

Mit Aufgaben und Anwendungen

2., vollständig überarbeitete Auflage

 Springer Vieweg

Prof. Dr. Boris Hollas
Fakultät Informatik/Mathematik
HTW Dresden
D-01069 Dresden, Deutschland

ISBN 978-3-662-47277-4

Die Deutsche Nationalbibliothek verzeichnet diese Publikation in der Deutschen Nationalbibliografie; detaillierte bibliografische Daten sind im Internet über http://dnb.d-nb.de abrufbar.

Springer Vieweg
© Springer-Verlag Berlin Heidelberg 2015

Gedruckt auf säurefreiem und chlorfrei gebleichtem Papier

Springer Berlin Heidelberg ist Teil der Fachverlagsgruppe Springer Science+Business Media
(www.springer.com)

Vorwort

Die zweite Auflage habe ich vollständig überarbeitet und dabei über 70% des Textes geändert. Erhalten blieb das Ziel, die wesentlichen Inhalte der Theoretischen Informatik präzise und verständlich darzustellen, mit interessanten Anwendungen zu verbinden und durch Aufgaben mit Lösungen eine optimale Prüfungsvorbereitung zu ermöglichen. Motiviert durch meine in der Lehre gewonnenen Erfahrungen habe ich den Text gestrafft und auf das Wesentliche reduziert, weitere Beispiele und Abbildungen hinzugefügt, einen neuen Ansatz zur Darstellung des schwierigen Themas „Berechenbarkeit und Komplexität" verwendet und das Kapitel „Grundlagen" um mathematische Grundlagen erweitert, die zum Verständnis der folgenden Kapitel notwendig sind. Dabei habe ich dem Umstand Rechnung getragen, dass einige dieser Grundlagen nicht mehr in der Schule behandelt werden. An einigen Stellen werden einfache Programmierkenntnisse vorausgesetzt.

Das Kapitel „Grundlagen" behandelt in den Abschnitten 1.1, 1.3, 1.4 Themen, die in allen weiteren Abschnitten benötigt werden. Die Themen „Aussagenlogik", O-Notation und „Graphen" (Abschnitte 1.2, 1.5, 1.6) werden vor allem in Kapitel 3 gebraucht. Die meisten Abschnitte benötigen Inhalte aus vorangehenden Abschnitten, wie in Abbildung 1 als Abhängigkeitsgraph dargestellt.

Das Kapitel „Automaten und formale Sprachen" behandelt die Theorie der regulären Sprachen und der kontextfreien Sprachen. Als Anwendung stelle ich vor, wie ein Lexer Muster in Texten findet und wie sich mit einem Parser kontextfreie Sprachen erkennen und arithmetische Ausdrücke berechnen lassen. Die 0L-Systeme (Abschnitt 2.4) sind eine weitere Anwendung, mit sich der fraktale Grafiken erzeugen lassen.

Im Kapitel „Berechenbarkeit und Komplexität" verwende ich eine abstrakte Programmiersprache mit einer Java-ähnlicher Notation als Berechnungsmodell. Die formale Grundlage dazu wird in Abschnitt 3.1.1 eingeführt. Auf diese Weise lassen sich Konstruktionen, die zum Beweis der Unentscheidbarkeit oder der **NP**-Vollständigkeit eines Problems benötigt werden, einfacher und übersichtlicher darstellen als durch Turing-Maschinen. In Abschnitt 3.2 wird Unentscheidbarkeit zuerst ohne die Methode der Reduktion gezeigt. Darauf aufbauend wird in Abschnitt 3.2.5 die Reduktion als grundlegende Technik zum Nachweis der Unentscheidbarkeit eingeführt und in Abschnitt 3.3 fortgeführt. Als Anwendungen stelle ich die Programmverifikation und wichtige Optimierungsprobleme vor.

Definitionen, Sätze und Beispiele sind gemeinsam und innerhalb jedes Abschnitts fortlaufend nummeriert. Entsprechend nummerierte Aufgaben befinden sich am Ende der Abschnitte oder Unterabschnitte, Lösungen dazu in Kapitel 4. Der Schwierigkeitsgrad der Aufgaben ist mit ① bis ④ gekennzeichnet. Auf häufige Fehler, die von Studenten begangen werden, weise ich mit dem Symbol ⚠ hin, auf alternative oder uneinheitliche Bezeichnungen in der Literatur mit dem Symbol 📚.

Weil mathematische Präzision, Anschauung und Verständlichkeit oft im Widerstreit stehen, verwende ich zahlreiche Beispiele, um die teilweise sehr abstrakten Begriffe

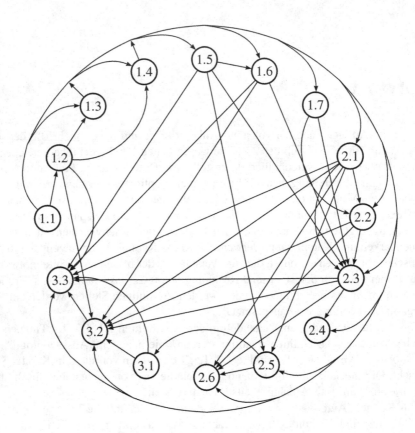

Abb. 1 Abhängigkeiten der Abschnitte

der Theoretischen Informatik zu erläutern. Jedoch können diese Beispiele eine formale
Definition nicht ersetzen. Vor besonders wichtigen oder schwierigen Beweisen stelle
ich zunächst die Beweisidee dar. Anstelle eines umfangreichen und sehr technischen
Beweises habe ich zu manchen Aussagen nur die Beweisidee angegeben.

Bei der Auswahl des Stoffs habe ich mich an den Themen orientiert, die an den
meisten Universitäten in einer einsemestrigen Grundvorlesung Theoretische Informatik behandelt werden. Die wichtigen Grundzüge der Theorie sowie Themen, die für
spätere Vorlesungen im Hauptstudium von Bedeutung sind, habe ich ausführlich dar-
zugestellt. Dagegen habe ich technische Details sowie Dinge, bei denen der Leser
wenig Neues lernt, kurz gehalten.

Dresden, April 2015   *Boris Hollas*

Inhaltsverzeichnis

1 Grundlagen

In diesem Kapitel werden grundlegende Begriffe und Methoden der theoretischen Informatik vorgestellt, die in den Kapiteln 2 und 3 benötigt werden. In den Abschnitten 1.1 – 1.4 wird behandelt, wie Begriffe und Aussagen präzise formuliert und die Wahrheit einer Aussage nachgewiesen werden. In Abschnitt 1.5 werden Notationen eingeführt, mit denen Laufzeit und Platzbedarf eines Algorithmus gemessen werden können. Die in den Abschnitten 1.6 und 1.7 behandelten Graphen und Relationen werden in der Informatik verwendet, um Beziehungen zwischen Objekten darzustellen und um Daten effizient zu speichern. Ein gründliches Verständnis der hier behandelten Inhalte ist insbesondere für Kapitel 3 notwendig.

1.1 Definitionen und Sätze

Eine *Definition* führt einen neuen Begriff ein und bestimmt dessen Bedeutung. Eine Definition kann dazu andere Begriffe verwenden, die bereits definiert wurden oder die wir als allgemein bekannt voraussetzen. Wichtig ist, dass eine Definition präzise ist, das heißt, es darf nicht die geringste Unklarheit bezüglich des definierten Begriffs bestehen.

Beispiel 1.1.1. Wir wollen den Begriff „gerade Zahl" definieren. Wir nehmen an, dass die Menge der ganzen Zahlen $\mathbb{Z}$ sowie die Multiplikation in der Menge $\mathbb{Z}$ bekannt ist. Zunächst müssen wir festlegen, welche Zahlen überhaupt die Eigenschaft „gerade" besitzen können:

Eine Zahl $n \in \mathbb{Z}$ heißt gerade, wenn ...

Eine alternative Formulierung ist:

Sei $n \in \mathbb{Z}$. Die Zahl n heißt gerade, wenn ...

Damit ist festgelegt, dass nur ganze Zahlen gerade sein können. Nun müssen wir bestimmen, unter welchen Bedingungen eine ganze Zahl n gerade ist.

1. Versuch: Eine Zahl $n \in \mathbb{Z}$ heißt gerade, wenn sie durch 2 teilbar ist.

Dieser Versuch einer Definition ist jedoch unpräzise, weil nicht klar ist, was „durch 2 teilbar" bedeutet. Ist 5 eine gerade Zahl, weil $5/2 = 2{,}5$? Oder darf die Division nur in der Menge der ganzen Zahlen ausgeführt werden?

2. Versuch: Eine Zahl $n \in \mathbb{Z}$ heißt gerade, wenn sie ganzzahlig durch 2 teilbar ist.

Diese Definition verwendet jedoch den Begriff „ganzzahlig teilbar", der noch nicht definiert ist. Besser ist es, den Begriff „gerade" mit Hilfe der Multiplikation zu definieren, da wir diese als bekannt vorausgesetzt haben.

Definition: Eine Zahl $n \in \mathbb{Z}$ heißt gerade, wenn es ein $k \in \mathbb{Z}$ gibt mit $n = 2k$.

Aus dieser Definition folgt, dass 5 keine gerade Zahl ist, weil es kein $k \in \mathbb{Z}$ gibt mit $5 = 2k$. ◁

Typische Muster von Formulierungen in Definitionen sind:

- Ein *(bereits bekanntes Objekt x)* heißt *(definierter Begriff)*, wenn *(Eigenschaft, die x dazu besitzen muss)*.

- Ein *(definierter Begriff)* ist ein *(bereits bekanntes Objekt x)* mit / für das gilt *(Eigenschaft, die x dazu besitzen muss)*.

Diesen Formulierungen kann vorangestellt sein

- Seien *(bereits bekannte Objekte werden eingeführt und benannt)*.

wenn diese Objekte in der Definition benötigt werden.

Durch eine *Notation* werden Zeichen festgelegt, mit denen bereits eingeführte Objekte oder Sachverhalte benannt werden. Eine solche Notation ist das *Summenzeichen*: Für Zahlen $a_1, \ldots, a_n$ ist

$$\sum_{k=1}^{n} a_k = a_1 + \cdots + a_n$$

die Summe der Zahlen a_1 bis a_n. Die Variable k durchläuft dabei die Zahlen 1 bis n (vergleichbar mit der Schleifenvariable einer For-Schleife), um die *Indizes* der zu summierenden Werte zu erzeugen.

Eine *induktive Definition* definiert eine Menge von Objekten in zwei Schritten: Im ersten Schritt wir eine Menge von Basisobjekten definiert. Diese wird im zweiten Schritt verwendet, um damit weitere Objekte zu definieren. Auf diese kann der zweite Schritt mehrfach angewendet werden, um immer weitere Objekte zu erzeugen. Induktive Definitionen werden verwendet, um rekursive Datenstrukturen oder mathematische Objekte mit rekursiver Struktur zu definieren.

Beispiel 1.1.2. Als anschauliches Beispiel definieren wir induktiv die Menge der Lego-Bauwerke:

- Jeder Lego-Baustein ist ein Lego-Bauwerk.

- Wenn zwei Lego-Bauwerke zusammen gesteckt werden, ist das Ergebnis wieder ein Lego-Bauwerk. ◁

Beispiel 1.1.3. Auch das Summenzeichen lässt sich induktiv definieren: Für Zahlen $a_1, \ldots, a_n$ ist

- $\displaystyle\sum_{k=1}^{1} a_k = a_1$

- $\displaystyle\sum_{k=1}^{n+1} a_k = \left(\sum_{k=1}^{n} a_k \right) + a_{n+1}$

Hier ist $\sum_{k=1}^{1} a_k$ das Basisobjekt, das als Ausgangspunkt für den zweiten Schritt verwendet wird. Wenn wir diese induktive Definition für $\sum_{k=1}^{3} a_k$ ausrollen, folgt

$$\sum_{k=1}^{3} a_k = \left(\sum_{k=1}^{2} a_k \right) + a_3 \qquad \text{nach Punkt 2}$$

$$= \left(\sum_{k=1}^{1} a_k \right) + a_2 + a_3 \qquad \text{nach Punkt 2}$$

$$= a_1 + a_2 + a_3 \qquad \text{nach Punkt 1}$$

Die oben angegebene induktive Definition lässt sich unmittelbar umsetzen in eine rekursive Funktion, die eine Summe berechnet:

```
∑ (a₁,...,aₙ) {
    if (n = 1) { return a₁ }
    else{ return ∑ (a₁,...,aₙ₋₁) + aₙ }
}
```

Dies zeigt den engen Zusammenhang zwischen Induktion und Rekursion. ◁

Nachdem ein Begriff definiert wurde, können wir Behauptungen über Eigenschaften dieses Begriffes anstellen. Um entscheiden zu können, ob eine derartige Behauptung wahr oder falsch ist, muss auch diese präzise formuliert werden. Ein *Satz* ist eine wahre Behauptung, dessen Wahrheit durch einen Beweis erbracht wurde. Eine bloße Vermutung, für die es keinen Beweis gibt, ist deshalb kein Satz. Ein *Lemma* ist ein Hilfssatz, der für den Beweis eines anderen Satzes benötigt wird. Ein *Korollar* ist eine einfache Folgerung aus einem Satz. Die Grenzen zwischen Satz, Lemma und Korollar sind dabei fließend. Ein *Axiom* ist ein Grundsatz einer Theorie, der als wahr angenommen wird und aus dem alle anderen Sätze der Theorie ableitbar sind. Das Wesen eines Beweises und Methoden zur Beweisführung werden in Abschnitt 1.4 erklärt. Die dazu nötigen logischen Grundlagen behandelt der folgende Abschnitt.

Aufgaben

1.1.1[①] Definieren Sie den Begriff „Primzahl". Verwenden Sie dabei nur die Menge $\mathbb{N}$ der natürlichen Zahlen sowie die Multiplikation in $\mathbb{N}$, nicht aber den Begriff „teilbar".
Folgern Sie aus dieser Definition, dass 2 eine Primzahl ist.

1.2 Aussagenlogik

Mit der Aussagenlogik lassen sich Aussagen formulieren, die entweder wahr oder falsch sind, und deren Wahrheitsgehalt bestimmen. Aussagen sind zum Beispiel „es regnet" oder „die Straße ist nass". Diese heißen *atomare Aussagen*, weil sie sich nicht in kleinere Bestandteile zerlegen lassen. Mit der logischen Verknüpfung „und" lässt sich daraus die Aussage „es regnet und die Straße ist nass" erzeugen, die ebenfalls entweder wahr oder falsch ist. Weitere logische Verknüpfungen sind „oder", „nicht",

„wenn ... dann", „genau dann, wenn", mit denen sich aus atomaren Aussagen komplexere Aussagen bilden lassen.

Die Aussagenlogik ist eine sehr einfache Logik, die die Grundlage für mächtigere Logiken bildet. So lassen sich Aussagen wie „jede Anfrage wird irgendwann beantwortet", „der Prozess gerät niemals in einen Deadlock" oder „für jeden Topf gibt es einen Deckel" nicht durch eine Formel der Aussagenlogik darstellen. Diese Aussagen lassen sich jedoch in Logiken ausdrücken, die die Aussagenlogik erweitern.

Begriffe der Aussagenlogik werden benötigt in den Abschnitten 1.4.1, 3.3.3, 3.3.6, 3.3.7.

1.2.1 Syntax und Semantik

Zunächst definieren wir die Syntax (Struktur) der Aussagenlogik.

Definition 1.2.1. Die *Formeln der Aussagenlogik* sind induktiv definiert:

- Jede atomare Aussage ist eine Formel der Aussagenlogik. Diese heißen *Atomformeln* oder *Variablen*. Atomformeln bezeichnen wir Kleinbuchstaben oder Wörtern in Kleinbuchstaben.

- Wenn F, G Formeln der Aussagenlogik sind, dann auch $(F \wedge G)$, $(F \vee G)$, $(\neg F)$.

 Für $\neg F$ wird auch die Notation $\bar{F}$ verwendet.

Die Atomformeln sind damit die kleinsten, nicht weiter zerlegbaren Bestandteile einer Formel. Um Klammern zu sparen, legen wir die in Tabelle 1.1 angegebenen Prioritäten der logischen Operatoren fest.

Beispiel 1.2.2. Formeln der Aussagenlogik sind $x \wedge y$, $\neg x \vee y$, $(x \wedge y \wedge z) \vee (\neg x \wedge \neg y \wedge \neg z)$, *regnet*, *regnet* $\wedge$ *nass*. Keine Formeln der Aussagenlogik sind $\wedge x$, $x \vee \wedge y$. ◁

Um Formeln der Aussagenlogik eine Bedeutung zu geben, definieren wir den Wahrheitswert einer Formel.

Definition 1.2.3. Eine *Belegung* einer Formel F der Aussagenlogik ist eine Zuordnung von Wahrheitswerten „wahr" (1) oder „falsch" (0) zu den Atomformeln in F. Daraus ergibt sich der *Wahrheitswert* einer Formel, der ebenfalls induktiv definiert ist:

- Eine Atomformel ist genau dann wahr, wenn sie mit wahr belegt ist.

- Die Formel $F \wedge G$ ist genau dann wahr, wenn F wahr ist und G wahr ist. $F \vee G$ ist genau dann wahr, wenn F wahr ist oder G wahr ist. $\neg F$ ist genau dann wahr, wenn F falsch ist.

 Die Wahrheitswerte 1, 0 werden auch mit T, F oder w, f bezeichnet.

Operatoren	Priorität	F	G	$F \wedge G$	$F \vee G$	$\neg F$	$F \rightarrow G$	$F \leftrightarrow G$
$\neg$	höchste	0	0	0	0	1	1	1
$\wedge, \vee$		0	1	0	1	1	1	0
$\rightarrow, \leftrightarrow$		1	0	0	1	0	0	0
$\equiv$	niedrigste	1	1	1	1	0	1	1

Tab. 1.1 Priorität logischer Operatoren   **Tab. 1.2** Wahrheitstabelle logischer Operatoren

In Tabelle 1.2 sind die Wahrheitswerte dieser Operatoren für alle möglichen Wahrheitswerte der Operanden angegeben.

Beispiel 1.2.4. Wenn *regnet* eine Atomformel mit der Bedeutung „es regnet" ist und *nass* eine Atomformel mit der Bedeutung „die Straße ist nass", dann bedeutet *regnet* $\wedge$ *nass* „es regnet und die Straße ist nass". Wenn *regnet, nass* mit wahr belegt werden, ist auch *regnet* $\wedge$ *nass* wahr.   ◁

Mit den folgenden Operatoren lassen sich „wenn ... dann" und „genau dann, wenn" formulieren.

Definition 1.2.5. Die Operatoren $\rightarrow$ (*Implikation*) und $\leftrightarrow$ (*Äquivalenz*) sind definiert durch

- $F \rightarrow G = \neg F \vee G$

- $F \leftrightarrow G = (F \rightarrow G) \wedge (G \rightarrow F)$

In der Implikation $F \rightarrow G$ heißt F *Prämisse*, G heißt *Konklusion*.

Auch für dieser Operatoren sind in Tabelle 1.2 die Wahrheitswerte für alle möglichen Belegungen der Operanden angegeben.

Beispiel (Fortsetzung). Die Formel F = *regnet* $\rightarrow$ *nass* bedeutet „wenn es regnet, ist die Straße nass". Wenn F wahr ist, gilt insbesondere: Wenn *regnet* wahr ist, muss auch *nass* wahr sein. Wenn *regnet* falsch ist, kann *nass* wahr oder falsch sein. Dies ist ein Unterschied zu *regnet* $\wedge$ *nass*.   ◁

Beispiel 1.2.6. Der Betrag y einer Zahl x lässt sich mit einer if-else-Anweisung berechnen durch

```
if (x ≥ 0) {
    y := x
}
else{
    y := −x
}
```

Die Wirkung dieser Anweisungen lässt sich beschreiben durch die Formel

$$(x \geq 0 \rightarrow y = x) \wedge (\neg(x \geq 0) \rightarrow y = -x)$$

wobei $x \geq 0$, $y = x$, $y = -x$ Atomformeln sind. Diese können in der Prädikatenlogik, nicht aber der Aussagenlogik weiter zerlegt werden.   ◁

 Die Formeln $p \rightarrow q$ und $p \wedge q$ sind nicht äquivalent (s. Tabelle 1.2). Insbesondere ist $p \rightarrow q$ wahr, wenn p falsch ist.

Definition 1.2.7. Eine Formel F heißt

- *erfüllbar*, wenn es eine Belegung gibt, so dass F wahr ist, sonst *unerfüllbar*. Mit $\perp$ bezeichnen wir eine unerfüllbare Formel bzw. einen Widerspruch.

- *Tautologie* oder *gültig*, wenn F für jede Belegung wahr ist. Mit $\top$ bezeichnen wir eine Tautologie.

Beispiel 1.2.8. Die Formel $F_1 = x \wedge y$ ist erfüllbar, aber keine Tautologie. Die Formel $F_2 = ((\neg x \wedge y) \vee (x \wedge \neg y)) \wedge \neg(x \vee y)$ ist unerfüllbar. $\neg F_2$ ist eine Tautologie, da F_2 für jede Belegung falsch ist.   ◁

Aus Definition 1.2.7 folgt:

Satz 1.2.9. F ist eine Tautologie genau dann, wenn $\neg F$ unerfüllbar ist.

Beweis. F ist eine Tautologie gdw. F ist wahr unter alle Belegungen gdw. $\neg F$ ist falsch unter alle Belegungen gdw. $\neg F$ ist unerfüllbar.   □

Eine Formel der Aussagenlogik enthält endlich viele Atomformeln, die mit wahr oder falsch belegt werden. Deshalb kann grundsätzlich die Erfüllbarkeit einer Formel durch systematisches Auswerten der Wahrheitswerte für alle möglichen Belegungen von Atomformeln entschieden werden. Für eine Formel mit n Atomformeln sind dazu jedoch 2^n und damit exponentiell viele Auswerteschritte notwendig. Für große n kann die Rechenzeit Milliarden von Jahren betragen, so dass das Problem praktisch unlösbar wird. In Abschnitt 3.3.3 werden wir beweisen, dass das Erfüllbarkeitsproblem der Aussagenlogik zu einer Klasse besonders schwieriger Probleme gehört.

Zwei strukturell unterschiedliche Formeln können unter jeder Belegung jeweils gleiche Wahrheitswerte besitzen. In diesem Fall sind die Formeln äquivalent.

Definition 1.2.10. Wir schreiben $F \equiv G$ (F ist *äquivalent* zu G), wenn für jede Belegung gilt: F ist wahr genau dann, wenn G wahr ist.

Aus den Definitionen 1.2.5, 1.2.7, 1.2.10 folgt: $F \leftrightarrow G$ ist gültig genau dann, wenn $F \equiv G$.

Satz 1.2.11. Für Formeln F, G, H der Aussagenlogik gelten folgenden Rechenregeln:

$$F \vee F \equiv F \qquad \text{(Idempotenz)}$$
$$F \wedge F \equiv F$$
$$F \vee G \equiv G \vee F \qquad \text{(Kommutativgesetze)}$$
$$F \wedge G \equiv G \wedge F$$
$$F \vee (G \vee H) \equiv (F \vee G) \vee H \qquad \text{(Assoziativgesetze)}$$
$$F \wedge (G \wedge H) \equiv (F \wedge G) \wedge H$$
$$F \vee (F \wedge G) \equiv F \qquad \text{(Absorptionsgesetze)}$$
$$F \wedge (F \vee G) \equiv F$$
$$F \vee (G \wedge H) \equiv (F \vee G) \wedge (F \vee H) \qquad \text{(Distributivgesetze)}$$
$$F \wedge (G \vee H) \equiv (F \wedge G) \vee (F \wedge H)$$
$$\neg(F \vee G) \equiv \neg F \wedge \neg G \qquad \text{(Regeln von de Morgan)}$$
$$\neg(F \wedge G) \equiv \neg F \vee \neg G$$
$$\neg\neg F \equiv F \qquad \text{(doppelte Negation)}$$

Für die unerfüllbare Formel $\bot$ sowie die Tautologie $\top$ gilt:

$$\neg F \vee F \equiv \top \qquad\qquad \neg F \wedge F \equiv \bot$$
$$\neg\bot \equiv \top \qquad\qquad \neg\top \equiv \bot$$
$$F \vee \bot \equiv F \qquad\qquad F \vee \top \equiv \top$$
$$F \wedge \bot \equiv \bot \qquad\qquad F \wedge \top \equiv F$$

Beispiel 1.2.12 (Logische Kontraposition). Aus Satz 1.2.11 folgt $F \to G \equiv \neg F \vee G \equiv \neg\neg G \vee \neg F \equiv \neg G \to \neg F$. Oder anschaulich: „Wenn es regnet, dann ist die Straße nass" ist äquivalent zu „wenn die Straße nicht nass ist, dann regnet es nicht". ◁

Um auszudrücken, dass eine Implikation oder eine Äquivalenz gültig (also immer wahr) ist, insbesondere zur Formulierung von Sätzen und zur Beweisführung (Abschnitt 1.4), wird folgende Notation verwendet.

Definition 1.2.13. Wir schreiben

- $A \Rightarrow B$ für $A \to B \equiv \top$ ($A \to B$ ist gültig).

- $A \Leftrightarrow B$ für $A \leftrightarrow B \equiv \top$ ($A \leftrightarrow B$ ist gültig).

Wegen der Definitionen 1.2.10 und 1.2.13 haben die Symbole $\equiv$ und $\Leftrightarrow$ die gleiche Bedeutung.

1.2.2 Konjunktive Normalform

Die konjunktive Normalform ist eine Darstellung für Formeln der Aussagenlogik, die in den Abschnitten 3.3.3, 3.3.6 und 3.3.7 gebraucht wird.

Definition 1.2.14. Sei F eine Formel der Aussagenlogik.

- Ein *Literal* ist eine Atomformel oder eine negierte Atomformel.

- Eine *Klausel* ist eine $\vee$-Verknüpfung beliebig vieler Literale.

- F liegt in *konjunktiver Normalform (KNF)* vor, wenn F aus $\wedge$-Verknüpfungen von Klauseln besteht.

- F liegt in *3-KNF* vor, wenn F in KNF vorliegt und alle Klauseln aus höchstens 3 Literalen bestehen.

Beispiel 1.2.15. Eine Formel in 3-KNF ist

$$F = (\neg x_1 \vee x_2 \vee x_3) \wedge (x_1 \vee \neg x_2 \vee x_3) \wedge (x_1 \vee x_2 \vee \neg x_3)$$
$$\wedge (x_1 \vee x_2 \vee x_3) \wedge (\neg x_1 \vee \neg x_2 \vee \neg x_3)$$

F ist erfüllbar: Eine erfüllende Belegung ist x_1 wahr, x_2 wahr, x_3 falsch. $\triangleleft$

In Satz 3.3.16 werden wir zeigen, dass das Erfüllbarkeitsproblem für Formeln in 3-KNF zu einer Klasse besonders schwieriger Probleme gehört.

Durch das Anwenden der Rechenregeln aus Satz 1.2.11 lässt sich jede Formel der Aussagenlogik in KNF umformen. Es gilt sogar:

Satz 1.2.16. Für jede Formel der Aussagenlogik gibt es eine äquivalente Formel in 3-KNF.

Aufgaben

1.2.1[1] Formalisieren Sie jede der folgenden Aussagen durch eine aussagenlogische Formel:

a) Wenn das Sportpaket gewählt ist, wird das Auto mit Leichtmetallfelgen ausgestattet.

b) Den Rückfahrsensor gibt es nur zusammen mit Regensensor und Lichtsensor.

c) Das Auto wird entweder mit Stufenheck oder als Kombi geliefert.

d) Wenn das Komfortpaket, aber nicht die Klimaautomatik gewählt ist, dann wird das Auto mit einer (manuellen) Klimaanlage ausgestattet.

1.2.2[①] Formulieren Sie die Regel „wenn der Hahn kräht auf dem Mist, ändert sich das Wetter oder es bleibt so, wie es ist" als Formel der Aussagenlogik. Zeigen Sie, dass diese Formel eine Tautologie ist.

1.2.3[②] Begründen Sie, ob folgende Formeln erfüllbar, gültig, oder unerfüllbar sind.

a) $a \rightarrow a \vee b$

b) $(a \rightarrow b) \rightarrow (b \rightarrow a)$

c) $(a \rightarrow b) \rightarrow (\neg a \rightarrow \neg b)$

d) $(a \wedge b \rightarrow c) \leftrightarrow (a \rightarrow c) \vee (b \rightarrow c)$

e) $(a \vee b \rightarrow c) \leftrightarrow (a \rightarrow c) \wedge (b \rightarrow c)$

1.2.4[②] Geben Sie alle Werte für x, y an, für die $f(x,y)$ gleich 0 ist. Stellen Sie dazu eine logische Formel auf und vereinfachen Sie die darin enthaltenen Bedingungen.

```
int f(int x, int y) {
  if((x>y) || (y>x)) return 1;
  else if((x<=0) || (x+y>6)) return 1;
  else return 0;
}
```

1.3 Mengen

Eine *Menge* lässt sich informal beschreiben als Zusammenfassung verschiedener Elemente. Eine exakte Definition des Begriffs Menge ist schwierig und erfordert Theorien, die in diesem Buch nicht behandelt werden. Wir verwenden deshalb nur die informale Beschreibung, die für unsere Zwecke jedoch ausreicht.

1.3.1 Notationen und Rechenregeln

Aus obiger Beschreibung einer Menge folgt, dass eine Menge Elemente nicht mehrfach enthalten kann und dass die Reihenfolge der Elemente unerheblich ist.

Beispiel 1.3.1. Es gilt $\{1, 2\} = \{2, 1\} = \{1, 2, 1, 1, 2, 2\}$. Auf diese Weise lassen sich ungeordnete Paare darstellen, was in Abschnitt 1.6 genutzt wird. ◁

Wir schreiben $x \in A$, wenn x ein Element der Menge A ist, sonst $x \notin A$. Die *leere Menge* bezeichnen wir mit $\emptyset$.

Möglichkeiten zur Darstellung einer Menge sind die *explizite Aufzählung* ihrer Elemente sowie die Beschreibung durch eine Eigenschaft oder Gestalt, die die Elemente besitzen müssen (*Set-Builder-Notation*).

Beispiel 1.3.2. Die Menge aller geraden Zahlen lässt sich darstellen durch

- explizite Aufzählung: $\{\ldots, -6, -4, -2, 0, 2, 4, 6, \ldots\}$. Weil diese Sequenz in beiden Richtungen unendlich ist, müssen wir zweimal „..." verwenden. Bei Mengen mit weniger einfachen Bildungsgesetzen kann allerdings unklar sein, welche Fortsetzung mit „..." gemeint ist.

- Beschreibung durch ihre Teilbarkeitseigenschaft anhand der Definition aus Beispiel 1.1.1: $\{n \in \mathbb{Z} \mid$ es gibt ein $k \in \mathbb{Z}$ mit $n = 2k\}$.

- Beschreibung durch die Gestalt der geraden Zahlen: $\{2n \mid n \in \mathbb{Z}\}$. $\triangleleft$

Mit den in Abschnitt 1.2 definierten logischen Operatoren lassen sich Mengenoperatoren definieren.

Definition 1.3.3. Für Mengen A, B gilt

- $A \subseteq B$ (A ist *Teilmenge* von B), wenn für alle x gilt: $x \in A \Rightarrow x \in B$.

- $A = B$, wenn $A \subseteq B$ und $B \subseteq A$ gelten.

Beispiel 1.3.4. Für jede Menge A gilt $\emptyset \subseteq A$, da in der Implikation $x \in \emptyset \Rightarrow x \in A$ die Prämisse $x \in \emptyset$ falsch und die Implikation daher wahr ist für alle x (s. Bemerkung auf Seite 6). Ebenso gilt $A \subseteq A$ für jede Menge A, da $x \in A \Rightarrow x \in A$ wahr ist für alle x. $\triangleleft$

Auch Mengen sind unterscheidbare Objekte, die sich ihrerseits in einer Menge zusammenfassen lassen.

Definition 1.3.5. Die *Potenzmenge* einer Menge M ist die Menge $\mathcal{P}(M) = \{T \mid T \subseteq M\}$ aller Teilmengen von M.

📚 Die Menge $\mathcal{P}(M)$ wird auch mit 2^M bezeichnet.

Beispiel 1.3.6. Für $M = \{1, 2, 3\}$ ist $\mathcal{P}(M) = \{\emptyset, \{1\}, \{2\}, \{3\}, \{1, 2\}, \{1, 3\}, \{2, 3\}, \{1, 2, 3\}\}$. $\triangleleft$

Definition 1.3.7. Für Mengen $A, B \subseteq M$ sind

- $A \cup B = \{x \mid x \in A \vee x \in B\}$ die *Vereinigung* von A, B,

- $A \cap B = \{x \mid x \in A \wedge x \in B\}$ der *Durchschnitt* von A, B,

- $\overline{A} = \{x \in M \mid x \notin A\}$ das *Komplement* von A,

- $A - B = A \cap \overline{B}$ die *Differenz* A ohne B.

A, B heißen *disjunkt*, wenn $A \cap B = \emptyset$.

Wenn wir Punkt 3 und 4 dieser Definition kombinieren, erhalten wir $A - B = A \cap \overline{B} = \{x \mid x \in A \wedge x \notin B\}$ und damit eine äquivalente Darstellung der Differenz A ohne B.

Für die Vereinigung bzw. den Durchschnitt mehrerer Mengen verwenden wir die Notationen

$$\bigcup_{k=1}^{n} A_n = A_1 \cup \cdots \cup A_n, \qquad \bigcap_{k=1}^{n} A_n = A_1 \cap \cdots \cap A_n$$

die sich entsprechend auch für unendliche Vereinigungen bzw. Durchschnitte verwenden lassen.

Um die Gleichheit zweier Mengen zu zeigen, müssen nach Definition 1.3.3 zwei Inklusionen (Teilmengenbeziehungen) nachgewiesen werden. Um die Inklusion $A \subseteq B$ nachzuweisen, muss für jedes Element x, das in A liegt, gezeigt werden, dass x auch in B liegt. Dazu verwenden wir einen Beweis der Art „sei $x \in A$. Dann gilt . . . . Daraus folgt $x \in B$."

Beispiel 1.3.8. Sie wie in Beispiel 1.3.2 $G = \{2n \mid n \in \mathbb{Z}\}$ die Menge der geraden Zahlen und sei $U = \{2n - 1 \mid n \in \mathbb{Z}\}$ die Menge der ungeraden Zahlen. Wir zeigen $\mathbb{Z} = G \cup U$:

- $\mathbb{Z} \subseteq G \cup U$: Sei $x \in \mathbb{Z}$. Dann ist x entweder gerade oder ungerade. Daraus folgt $x \in G \vee x \in U$ und daraus $x \in G \cup U$.

- $G \cup U \subseteq \mathbb{Z}$: Sei $x \in G \cup U$. Dann ist x eine ganze Zahl, woraus $x \in \mathbb{Z}$ folgt. ◁

Aus Definition 1.3.3 folgt ferner: Es gilt $A = B$ genau dann, wenn für alle x gilt: $x \in A \Leftrightarrow x \in B$. Dadurch können beide Inklusionen gleichzeitig durch eine Reihe von Äquivalenzen gezeigt werden.

Beispiel (Fortsetzung). Wir zeigen $\mathbb{Z} = G \cup U$ durch eine Reihe von Äquivalenzen: $x \in \mathbb{Z} \Leftrightarrow x$ ist gerade oder ungerade $\Leftrightarrow x \in G \vee x \in U \Leftrightarrow x \in G \cup U$. ◁

Noch einfacher lässt sich die Gleichheit zweier Mengen zeigen, wenn diese in Set-Builder-Notation gegeben sind und die definierenden Eigenschaften äquivalent umgeformt werden können. Wenn also $A = \{x \mid x$ hat die Eigenschaft $p\}$ und $B = \{x \mid x$ hat die Eigenschaft $q\}$ und $p \Leftrightarrow q$, dann folgt $A = B$. Ein Beispiel ist der Beweis des folgenden Satzes.

Satz 1.3.9. Für Mengen A, B, C gelten

$$A \cup A = A \qquad\qquad\qquad \text{(Idempotenz)}$$
$$A \cap A = A$$
$$A \cup B = B \cup A \qquad\qquad \text{(Kommutativgesetze)}$$
$$A \cap B = B \cap A$$
$$A \cup (B \cup C) = (A \cup B) \cup C \qquad \text{(Assoziativgesetze)}$$
$$A \cap (B \cap C) = (A \cap B) \cap C$$
$$A \cup (A \cap B) = A \qquad\qquad \text{(Absorptionsgesetze)}$$
$$A \cap (A \cup B) = A$$

$$A \cup (B \cap C) = (A \cup B) \cap (A \cup C) \qquad \text{(Distributivgesetze)}$$
$$A \cap (B \cup C) = (A \cap B) \cup (A \cap C)$$

$$\overline{A \cup B} = \overline{A} \cap \overline{B} \qquad \text{(Regeln von de Morgan)}$$

$$\overline{A \cap B} = \overline{A} \cup \overline{B}$$

$$\overline{\overline{A}} = A \qquad \text{(doppelte Negation)}$$

Beweis. Die Behauptungen folgen aus Satz 1.2.11 und Definition 1.3.7. Wir weisen exemplarisch das erste Distributivgesetz nach:

$$\begin{aligned}
A \cup (B \cap C) &= \{x \mid x \in A \vee (x \in B \wedge x \in C)\} && \text{nach Definition 1.3.7} \\
&= \{x \mid (x \in A \vee x \in B) \wedge (x \in A \vee x \in C)\} && \text{nach Satz 1.2.11} \\
&= (A \cup B) \cap (A \cup C) && \text{nach Definition 1.3.7} \quad \square
\end{aligned}$$

Ein *n-Tupel* ist eine Sequenz $(x_1, \ldots, x_n)$. Im Gegensatz zu einer Menge ist die Reihenfolge der Elemente in einem Tupel von Bedeutung. Ein *(geordnetes) Paar* ist ein 2-Tupel. Tupel werden durch das Kreuzprodukt erzeugt.

Definition 1.3.10. Für Mengen A, B ist deren *Kreuzprodukt* die Menge

$$A \times B = \{(a, b) \mid a \in A, b \in B\}$$

Mit A^n bezeichnen wir das *n*-fache Kreuzprodukt der Menge A.

Beispiel 1.3.11. Mit $A = \{1, 2, 3\}$ und $B = \{x, y\}$ ist $A \times B = \{(1, x), (2, x), (3, x), (1, y), (2, y), (3, y)\}$. Ferner ist $A^2 = A \times A = \{(1, 1), (1, 2), (1, 3), (2, 1), (2, 2), (2, 3), (3, 1), (3, 2), (3, 3)\}$. ◁

Beispiel 1.3.12. Die Menge aller Punkte im dreidimensionalen Raum ist $\mathbb{R}^3 = \mathbb{R} \times \mathbb{R} \times \mathbb{R} = \{(x, y, z) \mid x, y, z \in \mathbb{R}\}$. ◁

Aufgaben

1.3.1[①] Sei A eine Menge. Bestimmen Sie $A \times \emptyset$.

1.3.2[①] Seien A, B Mengen. Zeigen oder widerlegen Sie: $A \cap B = \emptyset \Leftrightarrow \mathcal{P}(A) \cap \mathcal{P}(B) = \emptyset$.

1.3.3[②] Seien A, B Mengen. Zeigen Sie: $A = B \Leftrightarrow \mathcal{P}(A) = \mathcal{P}(B)$.
Hinweis: Verwenden Sie einen indirekten Beweis für die Richtung $\Leftarrow$ (s. Abschnitt 1.4.1)!

1.3.2 Elementare Kombinatorik

Um einen Algorithmus zu analysieren, ist es notwendig, die Anzahl Schritte zu bestimmen, die dieser ausführt (s. Abschnitt 1.5). Dieses Zählproblem lässt sich oft auf ein Zählproblem für Mengen zurückführen.

Zum besseren Verständnis der hier geführten Beweise empfiehlt es sich, zunächst Abschnitt 1.4.1 zu lesen.

Definition 1.3.13. Die *Mächtigkeit* $|A|$ einer Menge A ist die Anzahl Elemente in A.

Für die Mächtigkeit des n-fachen Kreuzproduktes (Definition 1.3.10) gilt:

Satz 1.3.14. Für jede endliche Menge A gilt $|A^n| = |A|^n$.

Beweis. Nach Definition 1.3.10 ist $A^n = \{(a_1, \ldots, a_n) \mid a_1, \ldots, a_n \in A\}$. Um das n-Tupel $(a_1, \ldots, a_n)$ zu erzeugen, gibt es $|A|$ viele Möglichkeiten, um a_1 auszuwählen. Für jede dieser Möglichkeiten gibt es wiederum $|A|$ viele Möglichkeiten, um a_2 auszuwählen usw. Daraus folgt, dass es $|A|^n$ verschiedene n-Tupel $(a_1, \ldots, a_n)$ gibt, woraus die Behauptung folgt. □

Beispiel 1.3.15. Wenn eine PIN aus 6 frei kombinierbaren Ziffern besteht, gibt es $|\{0, \ldots, 9\}^6| = |\{0, \ldots, 9\}|^6 = 10^6$ Möglichkeiten, eine PIN zu wählen. ◁

Beispiel 1.3.16. In dem Programm

```
for (i = 1 to n) {
    for (j = 1 to n) {
        a[i][j] = 0
    }
}
```

werden alle Paare $(i, j) \in \{1, \ldots, n\}^2$ erzeugt. Es gibt daher n^2 Schleifendurchläufe. ◁

Für die Anzahl aller Teilmengen einer Menge gilt:

Satz 1.3.17. Für jede endliche Menge M gilt $|\mathcal{P}(M)| = 2^{|M|}$.

Beweis. Sei $M = \{m_1, \ldots, m_n\}$. Jede Teilmenge $A \subseteq M$ lässt sich charakterisieren durch das n-Tupel $(x_1, \ldots, x_n)$ mit

$$x_k = \begin{cases} 0 & \text{für } m_k \notin A \\ 1 & \text{für } m_k \in A \end{cases}$$

Die Mächtigkeit der Potenzmenge $\mathcal{P}(M)$ ist die Anzahl derartiger n-Tupel. Aus Satz 1.3.14 folgt damit $|\mathcal{P}(M)| = |\{0, 1\}^n| = 2^{|M|}$. □

Wir zählen nun die Teilmengen, die genau k Elemente enthalten.

Definition 1.3.18. Der *Binomialkoeffizient* $\binom{n}{k}$ bezeichnet die Anzahl der k-elementigen Teilmengen einer n-elementigen Menge.

Beispiel 1.3.19. Es gilt $\binom{n}{0} = 1$, weil $\emptyset$ die einzige 0-elementige Teilmenge jeder Menge ist (vgl. Beispiel 1.3.4). Ebenso folgt $\binom{n}{n} = 1$.

Um $\binom{n}{2} = |\{a, b\} \mid a, b \in \{1, \ldots, n\}\}|$ zu berechnen, stellen wir folgende Überlegung an: Um das erste Element a auszuwählen, gibt es n Möglichkeiten. Für das zweite Element b können alle Elemente ausser a gewählt werden; dies sind $n - 1$ Möglichkeiten. Wegen $\{a, b\} = \{b, a\}$ werden dabei zwei Möglichkeiten doppelt gezählt. Damit folgt

$$\binom{n}{2} = \frac{n(n-1)}{2}$$

◁

Aus der Definition des Binomialkoeffizienten ergeben sich zwei einfache Folgerungen:

Satz 1.3.20. Für $n \geq k \geq 0$ gilt $\binom{n}{k} = \binom{n}{n-k}$.

Beweis. Wenn aus einer n-elementigen Menge k Elemente ausgewählt werden, werden $n - k$ Elemente nicht ausgewählt. Daher ist die Anzahl der k-elementigen Teilmengen gleich der Anzahl der $n - k$-elementigen Teilmengen. □

Satz 1.3.21. Für alle $n \geq 0$ gilt

$$\sum_{k=0}^{n} \binom{n}{k} = 2^n$$

Beweis. Die Summe aller k-elementigen Teilmengen für $k = 0, \ldots, n$ ist die Anzahl aller Teilmengen einer n-elementigen Menge. Nach Satz 1.3.17 ist dies gleich 2^n. □

Um eine Formel zur Berechnung des Binomialkoeffizienten aufzustellen, führen wir zunächst die Begriffe Permutation und Fakultät ein. Eine *Permutation* von n verschiedenen Elementen ist eine weitere Anordnung dieser n Elemente. Die *Fakultät* einer Zahl n ist das fallende Produkt $n! = n \cdot (n - 1) \cdot \ldots \cdot 1$. Wir setzen $0! = 1$, so dass $n!$ für alle $n \geq 0$ definiert ist.

Beispiel 1.3.22. Alle Permutationen von 1, 2, 3 sind

1. 1,2,3	3. 2,1,3	5. 3,1,2
2. 1,3,2	4. 2,3,1	6. 3,2,1

Damit gibt es $3! = 3 \cdot 2 = 6$ Permutationen von 3 Elementen.   ◁

Satz 1.3.23. Es gibt $n!$ Permutationen einer n-elementigen Menge.

Beweis. Es gibt n Möglichkeiten, das Element an der ersten Stelle auszuwählen. Für jede dieser Möglichkeiten gibt es $n-1$ Möglichkeiten, um das Element an der zweiten Stelle auszuwählen usw., und eine Möglichkeit, um das letzte Element auszuwählen. Dies sind $n!$ Möglichkeiten.   □

Satz 1.3.24. Für $n \geq k \geq 0$ gilt

$$\binom{n}{k} = \frac{n!}{(n-k)!k!}$$

Beweis. Wir zählen die Anzahl Möglichkeiten, aus n Elementen genau k Elemente auszuwählen. Für die Auswahl des ersten Elementes gibt es n Möglichkeiten, für das zweite Element $n-1$ Möglichkeiten usw., für das k. Element $n-(k-1)$ Möglichkeiten. Damit gibt es

$$n \cdot \ldots \cdot (n-k+1) = \frac{n!}{(n-k)!}$$

Möglichkeiten, ein geordnetes k-Tupel auszuwählen. Um die Anzahl aller ungeordneten k-Tupel zu erhalten, müssen wir das Ergebnis durch die Anzahl Permutationen dieser k Elemente teilen. Mit Satz 1.3.23 ergibt sich die Behauptung.   □

Beispiel 1.3.25. Es gibt $\binom{49}{6} = 13983816$ Möglichkeiten, einen Lottoschein auszufüllen. Die Gewinnwahrscheinlichkeit ist damit $7,15 \cdot 10^{-8}$.   ◁

Aufgaben

1.3.4[1]   Wie viele Tests sind notwendig, um alle Eingaben der Funktion

```
double foo(double x, double y)
```

zu testen, wenn der Typ **double** durch 64 Bit dargestellt wird? Wie lange dauert das, wenn foo nur eine Fließkommaoperation ausführt und $34 \cdot 10^{15}$ Fließkommaoperationen pro Sekunde getestet werden (dies entspricht der Leistung des aktuell schnellsten Supercomputers der Welt)?

1.3.5[①]   Ein Programm habe die Gestalt

> **if** (c_1) { ... }
> **else**{ ... }
> $\vdots$
> **if** (c_n) { ... }
> **else**{ ... }

Wie viele Tests sind notwendig, wenn jeder Pfad durch das Programm mindestens einmal durchlaufen werden soll (Diese Testkriterium heißt *Path Coverage*)?

1.3.6[②]   Wie viele Möglichkeiten gibt es, einen Eierkarton für 10 Eier mit 4 ununterscheidbaren weißen Eiern und 3 ununterscheidbaren braunen Eiern zu befüllen?

1.3.7[③]   Ein Einbrecher hat anhand der Fingerabdrücke auf dem Tastenfeld eines elektronischen Türschlosses festgestellt, dass der Zugangscode nur die Zahlen 1,2,3 enthält. Wie viele Kombinationen muss der Einbrecher höchstens eingeben, wenn der Zugangscode aus vier Ziffern besteht?

1.4 Beweistechniken

Ein *Beweis* ist eine lückenlose Folge von logischen Folgerungen, aus denen sich die zu beweisende Behauptung ergibt. Nur durch einen Beweis kann die Wahrheit einer Behauptung erwiesen werden. Im Gegensatz zur Beweisführung vor Gericht muss jede verwendete Folgerung nicht nur plausibel und einleuchtend, sondern zwingend und zweifelsfrei korrekt sein. In jedem Beweisschritt dürfen deshalb nur Aussagen verwendet werden, die bereits als wahr bekannt sind. So wie in einer Kette keine Glieder fehlen dürfen, darf auch ein Beweis keine Lücken enthalten. Ein Beweis liefert eine neue wahre Aussage, die wiederum in weiteren Beweisen verwendet werden kann, um die Menge der als wahr bekannten Aussagen zu vergrößern.

Eine Sammlung von Indizien, Beispielen oder Vermutungen, und seien sie noch so überzeugend, ist kein Beweis.

1.4.1 Grundlegende Techniken

Im Folgenden werden vorgestellt der direkte Beweis, der indirekte Beweis, der Beweis durch Widerspruch, die Fallunterscheidung und das Schubfachprinzip.

> Ein *direkter Beweis* einer Aussage „aus A folgt B" ($A \Rightarrow B$) ist eine direkte Folgerung von B aus der Voraussetzung A.

Beispiel 1.4.1. Wenn $a \in \mathbb{Z}$ eine gerade Zahl ist, dann ist auch a^2 eine gerade Zahl.

Beweis (direkt). Wenn a gerade ist, gibt es gemäß der Definition aus Beispiel 1.1.1 ein $n \in \mathbb{Z}$ mit $a = 2n$. Dann gilt $a^2 = 4n^2 = 2 \cdot 2n^2$. Folglich ist auch a^2 gerade.   ◁

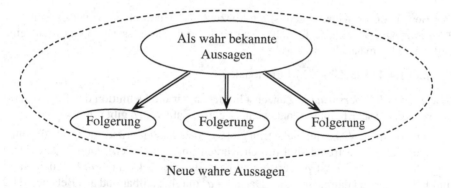

Abb. 1.1 Durch jede korrekte Folgerung vergrößert sich die Menge der als wahr bekannten Aussagen

Mit einem *indirekten Beweis* wird eine Aussage der Form „aus A folgt B" ($A \Rightarrow B$) bewiesen, indem die logisch äquivalente Aussage „aus nicht B folgt nicht A" ($\neg B \Rightarrow \neg A$) bewiesen wird.

Mit Hilfe der Aussagenlogik lässt sich die Korrektheit dieser Beweistechnik zeigen durch $A \to B \equiv \neg A \vee B \equiv \neg B \to \neg A$. Der indirekte Beweis ist nützlich, wenn sich $\neg B \Rightarrow \neg A$ einfacher zeigen lässt als $A \Rightarrow B$.

Beispiel 1.4.2. Wenn a^2 eine gerade Zahl ist, dann ist auch a eine gerade Zahl.

Beweis (indirekt). Wir zeigen: Wenn a ungerade ist, dann ist a^2 ungerade. Sei also $a = 2n - 1$ für ein $n \in \mathbb{Z}$. Dann ist $a^2 = 4n^2 - 4n + 1 = 4(n^2 - n) + 1$ ungerade.   ◁

Beim Versuch, diese Aussage direkt zu beweisen durch den Ansatz „$a^2 = 2n$ für ein $n \in \mathbb{Z}$", ist dagegen nicht erkennbar, wie auf „a ist gerade" geschlossen werden kann.◁

In Kapitel 3 spielen Aussagen der Form $x \in A \Leftrightarrow f(x) \in B$ eine ganz wesentliche Rolle. Hier ist es oft einfacher, die Richtung „⇐" indirekt zu zeigen. Ein Beispiel dazu erhalten wir mit den eben bewiesenen Aussagen.

Beispiel 1.4.3. Sei $2\mathbb{Z}$ die Menge aller geraden Zahlen und $f(x) = x^2$. Dann gilt

$$x \in 2\mathbb{Z} \Leftrightarrow f(x) \in 2\mathbb{Z}$$

Die Richtung „⇒" haben wir in Beispiel 1.4.1 direkt, die Richtung „⇐" in Beispiel 1.4.2 indirekt gezeigt.   ◁

Mit einem *Beweis durch Widerspruch* wird eine Aussage A bewiesen, indem gezeigt wird, dass die Annahme „A ist falsch" zu einem Widerspruch führt.

Der Beweis durch Widerspruch ist ein Spezialfall des indirekten Beweises weil $A \equiv \top \to A \equiv \neg A \to \bot$. Diese Technik ist nützlich, wenn die Aussage „A ist falsch" eine einfachere Form hat als „A ist wahr".

Beispiel 1.4.4. Die Zahl $\sqrt{2}$ ist irrational.

Beweis (durch Widerspruch). Zunächst brauchen wir die Definition des Begriffs „rational": Eine Zahl r heißt rational, wenn es ganze Zahlen p, q gibt mit $r = \frac{p}{q}$.

Angenommen, $\sqrt{2}$ ist rational. Dann gibt es ganze Zahlen p, q mit $\sqrt{2} = \frac{p}{q}$, die ohne Einschränkung teilerfremd sind (durch Kürzen immer möglich). Durch Quadrieren folgt $2q^2 = p^2$. Damit ist p^2 gerade und nach Beispiel 1.4.2 auch p. Folglich ist p^2 durch 4 teilbar und damit auch $2q^2$. Daher ist q^2 durch 2 teilbar und aus Beispiel 1.4.2 folgt wieder, dass q gerade ist. Damit sind p, q jeweils durch 2 teilbar, Widerspruch. ◁

Beispiel 1.4.5. In einer Gruppe aus $n \geq 2$ Personen gibt es mindestens zwei, die die gleiche Anzahl von Personen aus dieser Gruppe kennen. Wir nehmen dabei an, dass die Relation „kennen" symmetrisch ist.

Beweis (durch Widerspruch). Angenommen, jede der n Personen kennt eine unterschiedliche Anzahl von Personen aus dieser Gruppe. Dann können wir die Personen so sortieren, dass die erste Person $n - 1$ Leute kennt, die zweite Person $n - 2$ Leute und die n-te Person niemanden (jeweils ohne sich selbst). Dies ist ein Widerspruch, da die erste Person die n-te Person kennt.   ◁

Wenn in einer Aussage A, die durch Widerspruch bewiesen werden soll, die *Quantoren* „für alle", „es gibt" vorkommen, gelten folgende Regeln zur Konstruktion der Negation $\neg A$ („A ist falsch"):

- Aus „(für) alle" wird „es gibt"

- Aus „es gibt" wird „(für) alle"

und die Negation wandert jeweils nach innen.

Beispiel 1.4.6. Folgende Aussagen werden negiert:

- Aus „alle Schwäne sind weiß" wird „es gibt einen Schwan, der nicht weiß ist".

- Aus „es gibt einen Vogel, der nicht fliegen kann" wird „alle Vögel können fliegen".

- Aus „es gibt eine Stadt, zu der alle Wege führen" wird „für alle Städte gibt es einen Weg, der nicht zu dieser Stadt führt".

- Aus „für jeden Topf gibt es einen passenden Deckel" wird „es gibt einen Topf, so dass alle Deckel nicht auf diesen Topf passen" oder besser formuliert „es gibt einen Topf, auf den kein Deckel passt".   ◁

Manchmal ist es hilfreich, in einem Beweis zwei Fälle zu unterscheiden, und für jeden Fall einen eigenen Beweis zu führen. Aus beiden Teilen ergibt sich dann die Behauptung.

Mit einem *Beweis durch Fallunterscheidung* wird eine Aussage A bewiesen, indem für eine Aussage F (dem Fall, nach dem unterschieden wird) gezeigt wird: „aus F folgt A" ($F \Rightarrow A$) sowie „aus nicht F folgt A" ($\neg F \Rightarrow A$).

Diese Beweistechnik ist korrekt, da

$$(F \to A) \wedge (\neg F \to A) \to A \equiv (\neg F \vee A) \wedge (F \vee A) \to A$$
$$\equiv (\neg F \wedge F) \vee A \to A$$
$$\equiv A \to A$$
$$\equiv \top$$

Auch Beispiel 1.4.5 lässt sich durch Fallunterscheidung beweisen. Dazu ist eine weitere Beweistechnik notwendig:

Das *Schubfachprinzip* besagt: Wenn $m > n$ Gegenstände auf n Fächer verteilt werden, gibt es mindestens ein Fach, in dem zwei Gegenstände liegen.

Beispiel 1.4.7. Wir beweisen die Aussage aus Beispiel 1.4.5 durch Fallunterscheidung und Schubfachprinzip.

Beweis. Wir unterscheiden danach, ob eine Person alle anderen kennt.

- 1. Fall: Es gibt eine Person, die alle anderen kennt. Dann kennt jede der n Personen $1 \le k \le n - 1$ andere Personen aus dieser Gruppe.

- 2. Fall: Es gibt keine Person, die alle anderen kennt. Dann kennt jede der n Personen $0 \le k \le n - 2$ andere Personen aus dieser Gruppe.

In beiden Fällen folgt: Es gibt zwei, die die gleiche Anzahl von Personen kennen (Schubfachprinzip). Hier haben wir n Personen, die auf $n - 1$ „Schubfächer" verteilt werden. $\triangleleft$

Das Schubfachprinzip wird in den Abschnitten 2.2.7 und 2.3.5 benötigt, um zwei wichtige Lemmata zu beweisen.

Mit einem *Gegenbeispiel* lassen sich schließlich falsche Behauptungen der Art „für alle ..." oder „es gilt immer ..." widerlegen. Denn die Negation der Behauptung „für alle x gilt A" ist „es gibt ein x, für das A falsch ist" (vgl. Abschnitt 1.4.1). Und ein derartiges x, für das A falsch ist, heißt Gegenbeispiel.

Beispiel 1.4.8. Die Behauptung „für jede Primzahl p ist $2^p - 1$ eine Primzahl" ist falsch und lässt sich durch das Gegenbeispiel $p = 11$ widerlegen. Denn $2^{11} = 2047 = 23 \cdot 89$. $\triangleleft$

Aufgaben

1.4.1[2] Negieren Sie folgende Aussagen:

a) Nachts sind alle Katzen grau.

b) Es irrt der Mensch, solang er strebt.

c) Für jedes $\varepsilon > 0$ gibt es ein n_ε, so dass für alle $n > n_\varepsilon$ gilt: $\left|\frac{1}{n}\right| < \varepsilon$.

1.4.2[2] Zeigen Sie duch Fallunterscheidung: Für jedes $n \in \mathbb{N}$ ist der Rest von n^2 geteilt durch 4 entweder 0 oder 1.

1.4.2 Häufige Formulierungen

In Definitionen und Beweisen werden häufig Formulierungen verwendet, deren genaue Bedeutung zum Verständnis des Sachverhaltes notwendig ist. Für die Theoretische Informatik wichtige Formulierungen und ihre Bedeutung sind:

- es gibt ein x

  Dies bedeutet: Es gibt mindestens ein x. Es kann also 1, 2, oder unendlich viele x geben. Entsprechendes gilt für „A hat ein x".

- es gibt genau ein x

  Im Unterschied zu obiger Formulierung wird hier die genaue Anzahl der x genannt. Es gibt nur ein x, nicht mehr und nicht weniger.

- genau

  Allgemeiner wird durch das Wort „genau" eine Gleichheit ausgedrückt. Die Formulierung „die endlichen Automaten erkennen *genau* die regulären Sprachen" (vgl. Satz 2.2.17) bedeutet: Die Menge der Sprachen, die von endlichen Automaten erkannt wird, ist gleich der Menge der regulären Sprachen.

- eindeutig

  Die Formulierung „x ist eindeutig" bedeutet, dass es genau ein Objekt x gibt.

- der, die, das

  Wenn ein Objekt mit einem bestimmten Artikel bezeichnet wird, dann wird damit die Eindeutigkeit des Objekts ausgedrückt. Zum Beispiel wird mit der Formulierung „sei M' *der* Minimalautomat des Automaten M" ausgedrückt, dass es nur einen (und damit eindeutigen) Minimalautomaten gibt (s. Satz 2.2.11). Für Objekte, die nicht eindeutig sind, dürfen bestimmte Artikel nicht verwendet werden.

- genau dann, wenn

  Damit wird eine Äquivalenz ausgedrückt. A genau dann, wenn B bedeutet $A \Leftrightarrow B$. In der englischsprachigen Literatur wird die Formulierung „if and only if", abgekürzt „iff", verwendet.

- notwendig

  A ist notwendig für B bedeutet, dass A wahr sein muss, wenn B wahr ist. Als Formel der Aussagenlogik: $B \Rightarrow A$.

- hinreichend

  A ist hinreichend für B bedeutet, dass B wahr sein muss, wenn A wahr ist. Als Formel der Aussagenlogik: $A \Rightarrow B$.

- notwendig und hinreichend

  Dies ist eine weitere Formulierung für „genau dann, wenn".

- ohne Einschränkung

  Dadurch wird ausgedrückt, dass die Allgemeinheit einer Aussage nicht durch getroffene Annahmen eingeschränkt wird. In Beispiel 1.4.4 wird angenommen, dass die Zahlen p, q in dem Bruch $\frac{p}{q}$ teilerfremd sind. Da dies durch Kürzen immer möglich ist, ist diese Annahme keine Beschränkung der Allgemeinheit. Die Allgemeinheit einer Annahme ist ebenfalls nicht eingeschränkt, wenn sie sich durch das Umbenennen von Variablen erreichen lässt.

  Anstelle von „ohne Einschränkung" wird auch die Formulierung „ohne Beschränkung der Allgemeinheit (o. B. d. A.)" bzw. „without loss of generalization (w. l. o. g.)" verwendet.

- trivial

  Trivial sind Beweisschritte, die offensichtlich sind und daher keiner weiteren Begründung bedürfen. Dieser Begriff sollte zurückhaltend verwendet werden.

Aufgaben

1.4.3[①]   Anke hat drei Kinder: Jan, Jens und Karin. Welche Formulierungen sind korrekt?

a) Anke hat ein Kind.

b) Jan ist der Sohn von Anke.

c) Anke hat genau die Kinder Jan, Jens und Karin.

1.4.3 Induktion

Die Induktion ist eine der wichtigsten Beweistechniken in der Informatik. Mit einer vollständigen Induktion lassen sich Behauptung der Form „für alle $n \in \mathbb{N}$ gilt ..." beweisen.

Zur Veranschaulichung betrachten wir Dominosteine, die wie in Abbildung 1.2 in einer Reihe hintereinander aufgestellt sind. Wenn gilt:

- Der erste Stein fällt um.

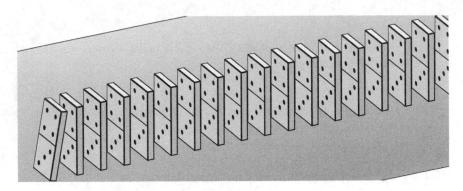

Abb. 1.2 Veranschaulichung der vollständigen Induktion

- Wenn der n-te Stein umfällt, dann fällt auch der $n + 1$-te Stein um.

Dann folgt: Alle Steine fallen um. Dies ist das Prizip der vollständigen Induktion.
Ein Induktionsbeweis besteht aus zwei Teilen:

- *Induktionsanfang*: Die Behauptung wird für $n = 1$ gezeigt.

  Dies ist meistens der einfache Teil. Falls eine Behauptung der Art „für alle $n \geq 0$
  gilt . . ." zu beweisen ist, muss im Induktionsanfang $n = 0$ verwendet werden.

- *Induktionsschritt*: Es wird gezeigt: Wenn die Behauptung für n gilt, dann gilt
  sie auch für $n + 1$.

  Die Prämisse „die Behauptung gilt für n", heißt *Induktionsvoraussetzung* oder
  -hypothese.

Wenn beide Teile bewiesen sind, folgt die Gültigkeit der Behauptung für alle $n \in$
$\mathbb{N}$. Anschaulich leuchtet dies sofort ein, denn wenn die Behauptung für $n = 1$ gilt
(Induktionsanfang), folgt mit dem Induktionsschritt die Gültigkeit für $n = 2$, wieder
mit dem Induktionsschritt die Gültigkeit für $n = 3$ und so weiter.

Beispiel 1.4.9. Für alle $n \in \mathbb{N}$ gilt

$$\sum_{k=1}^{n} k = \frac{n(n + 1)}{2}$$

Beweis (Induktion nach n).

- $n = 1$: wegen $\sum_{k=1}^{n} 1 = 1 \cdot 2/2$ gilt die Behauptung für $n = 1$.

- $n \to n + 1$: Zu zeigen ist: Aus $\sum_{k=1}^{n} k = \frac{n(n+1)}{2}$ (Induktionsvoraussetzung) folgt
  $\sum_{k=1}^{n+1} k = \frac{(n+1)(n+2)}{2}$. Es gilt

$$\sum_{k=1}^{n+1} k = \left(\sum_{k=1}^{n} k \right) + n + 1$$

Mit der Induktionsvoraussetzung folgt

$$= \frac{n(n+1)}{2} + n + 1$$
$$= \cdots = \frac{(n+1)(n+2)}{2}$$

und damit die Gültigkeit der Behauptung für $n+1$. Im letzten Schritt sind einige einfache Umformungen ausgelassen.   ◁

Beispiel 1.4.10. Eine n-elementige Menge besitzt 2^n Teilmengen (vgl. Satz 1.3.17).

Beweis (Induktion nach n).

- $n = 0$: Die leere Menge besitzt nur die leere Menge als Teilmenge.

- $n \to n + 1$: Wir betrachten eine $n + 1$-elementige Menge M und ein beliebiges Element $x \in M$. Nach Induktionsvoraussetzung besitzt die n-elementige Menge $M - \{x\}$ genau 2^n Teilmengen. Indem wir diesen Teilmengen das Element x hinzufügen, erhalten wir weitere 2^n Mengen. Zusammen sind dies alle Teilmengen von M. Wegen $2 \cdot 2^n = 2^{n+1}$ folgt die Gültigkeit der Behauptung für $n + 1$.   ◁

Beispiel 1.4.11. Für die folgende rekursive Funktion *fac* und alle $n \in \mathbb{N}_0$ gilt $fac(n) = n!$.

```
int fac(int n) {
  if(n == 0) return 1;
  else return n * fac(n - 1);
}
```

Beweis (Induktion nach n).

- $n = 0$: Wegen $fac(0) = 1 = 0!$ ist die Aussage für $n = 0$ richtig.

- $n \to n+1$: Die Induktionsvoraussetzung ist $fac(n) = n!$. Damit folgt $fac(n+1) = (n + 1)fac(n) = (n + 1)n! = (n + 1)!$ und damit die Gültigkeit der Behauptung für $n + 1$.   ◁

Beispiel 1.4.12. Die *Türme von Hanoi* (Abbildung 1.3). Auf einem Brett befinden sich drei Stäbe, auf denen Scheiben gestapelt sind. Zu Beginn sind alle Scheiben auf Stab 1 gestapelt, wobei keine Scheibe auf einer kleineren Scheibe liegt. Die Aufgabe besteht darin, diesen Stapel zu Stab 3 zu bewegen. In jedem Zug darf nur eine Scheibe bewegt werden und jede Scheibe muss auf dem Brett oder einer größeren Scheibe liegen. Wir zeigen:

Um eine Stapel aus n Scheiben zu einem anderen Stab zu bewegen, sind $2^n - 1$ Züge notwendig.

Beweis (Induktion nach n). Wir betrachten jeweils die obersten n Scheiben eines Stapels.

- $n = 1$: Die oberste, kleinste Scheibe lässt sich in $1 = 2^1 - 1$ Zügen zu einem anderen Stab bewegen.

- $n \to n+1$: Die Induktionsvoraussetzung ist: Die obersten n Scheiben des Stapels können in $2^n - 1$ Zügen zu einem anderen Stab bewegt werden.

  Zunächst werden nach Induktionsvoraussetzung die obersten n Scheiben in $2^n - 1$ Zügen von Stab A zu Stab B bewegt. Danach gibt es einen Stab C, auf dem keine Scheiben der Größen 1 bis $n + 1$ liegen. Deshalb wird die $n + 1$-te Scheibe von Stab A zu Stab C bewegt. Dazu ist ein Zug notwendig. Eine weitere Anwendung der Induktionsvoraussetzung ergibt, dass sich die obersten n Scheiben in $2^n - 1$ Zügen von Stab B zu Stab C bewegen lassen. Auf Stab C liegen nun die obersten $n + 1$ Scheiben, die zu Beginn auf Stab A lagen. Insgesamt wurden $2^n - 1 + 1 + 2^n - 1 = 2^{n+1} - 1$ Züge benötigt, womit die Gültigkeit der Behauptung für $n + 1$ gezeigt ist.   □

Damit ist eine exponentielle Anzahl von Zügen notwendig, um einen Stapel zu verschieben. Wenn jeder Zug eine Millisekunde dauert, dauert die Verschiebung von 10 Scheiben eine Sekunde, von 100 Scheiben dagegen $4 \cdot 10^{19}$ Jahre. Zum Vergleich: Das Universums ist $13, 8 \cdot 10^9$ Jahre alt.   ◁

⚠ Wenn $A(n)$ die zu beweisende Behauptung ist, ist die Induktionsvoraussetzung „es gelte $A(n)$". Daraus muß gefolgert werden, dass auch $A(n + 1)$ gilt.

Das Beweisprinzip der vollständigen Induktion ergibt sich aus dem Induktionsaxiom der natürlichen Zahlen. Das Induktionsaxiom ist Bestandteil der Peano-Axiome, die die natürlichen Zahlen formalisieren.

Definition 1.4.13 (Induktionsaxiom). Sei $A(n)$ eine Aussage über die natürlichen Zahlen mit den Eigenschaften

(i) $A(1)$ gilt.

(ii) Für alle $n \in \mathbb{N}$: Wenn $A(n)$ gilt, dann auch $A(n + 1)$.

Dann gilt $A(n)$ für alle $n \in \mathbb{N}$.

Hier ist „Wenn $A(n)$ gilt" die Induktionsvoraussetzung. Um (ii) zu beweisen, wird oft $A(n)$ als wahr angenommen, um damit $A(n + 1)$ zu zeigen. Dies drückt sich aus in Formulierungen wie „Nach Induktionsvoraussetzung gilt $A(n)$. Daraus folgt . . ." oder „Es gelte $A(n)$". Insbesondere wenn $A(n)$ selbst eine Folgerung ist, vermeidet man dadurch umständliche Formulierungen.

Die *strukturelle Induktion* ist eine Verallgemeinerung der vollständigen Induktion, die für induktiv definierte Objekte (Abschnitt 1.1) geeignet ist. Wie bei der vollständigen Induktion wird die Behauptung im ersten Schritt für die Grundobjekte gezeigt, im zweiten Schritt für die zusammengesetzten Objekte.

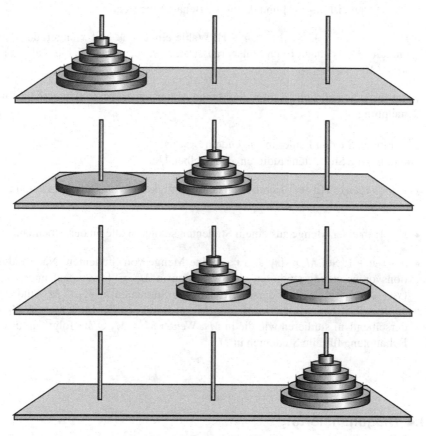

Abb. 1.3 Türme von Hanoi

Beispiel 1.4.14. Für die in Beispiel 1.1.2 induktiv definierten Lego-Bauwerke zeigen wir: Jedes Lego-Bauwerk besteht aus Plastik.

Beweis (Strukturelle Induktion).   • Jeder Lego-Baustein besteht aus Plastik.

   • Seien u, v zwei Lego-Bauwerke. Nach Induktionsvoraussetzung bestehen u, v
     aus Plastik. Wenn u, v zusammen gesteckt werden, ist das Ergebnis wieder ein
     Lego-Bauwerk, das aus Plastik besteht.   ◁

Diese Beweistechnik wird in Abschnitt 2.3 (kontextfreie Grammatiken) als „Induktion über den Aufbau der Grammatik" verwendet.

Aufgaben

1.4.4[2]   Finden Sie den Fehler in folgendem Beweis!
Behauptung: Alle natürliche Zahlen sind ungerade.

Beweis (Induktion). Sei $M = \{1, \dots, n\}$. Wir induzieren nach n.

- $n = 1$: Dann ist $M = \{1\}$ und damit die Behauptung richtig.

- $n \to n + 1$: Sei $M = \{1, \ldots, n + 1\}$. Wähle ein $x \in M$ mit x ungerade. Dann enthält $M - \{x\}$ nach Induktionsvoraussetzung nur ungerade Zahlen, also auch $M = (M - \{x\}) \cup \{x\}$.

Da damit für jede natürliche Zahl n die Menge M nur ungerade Zahlen enthält, folgt die Behauptung.   □

1.4.5[②]   Finden Sie den Fehler in folgendem Beweis!
Behauptung: Alle Studenten studieren an derselben Uni.

Beweis (Induktion). Wir induzieren nach der Mächtigkeit n von Teilmengen von Studenten.

- $n = 1$: In einer Menge aus einem Studenten studieren alle an derselben Uni.

- $n \to n + 1$: Sei $M = \{s_1, \ldots, s_{n+1}\}$ eine Menge von Studenten. Nach Induktionsvoraussetzung studieren alle Studenten in $M_1 = \{s_1, \ldots, s_n\}$ und $M_2 = \{s_2, \ldots, s_{n+1}\}$ jeweils an derselben Uni. Die Studenten in $M_1 \cap M_2$ studieren an derselben Uni wie die in M_1 und M_2, also müssen die Studenten in M_1 an derselben Uni studieren wie die in M_2. Wegen $M = M_1 \cup M_2$ folgt daraus die Behauptung für alle Studenten in M.   □

1.4.4 Diagonalisierung

Diagonalisierung ist ein elegantes und mächtiges Beweisprinzip, mit dem sich Aussagen über Abzählbarkeit beweisen lassen.

Definition 1.4.15. Eine Menge M heißt *abzählbar unendlich*, wenn es eine Bijektion $f : \mathbb{N} \to M$ gibt.

In diesem Fall lässt sich M darstellen durch $M = \{f(1), f(2), f(3), \ldots\}$. Wir nennen f eine *Abzählung* von M.

Definition 1.4.16. Eine Menge M heißt *höchstens abzählbar*, wenn sie endlich oder abzählbar unendlich ist. Eine Menge heißt *überabzählbar*, wenn sie nicht höchstens abzählbar ist.

Der Begriff „abzählbar" (engl. „countable") wird sowohl im Sinne von „abzählbar unendlich" als auch im Sinne von „höchstens abzählbar" verwendet.

$$
\begin{array}{c|ccccccc}
(a_n^{(1)}) & 0 & 0 & 1 & 1 & 0 & 1 & \cdots \\
(a_n^{(2)}) & 1 & 1 & 1 & 0 & 0 & 1 & \cdots \\
(a_n^{(3)}) & 1 & 0 & 1 & 0 & 0 & 1 & \cdots \\
(a_n^{(4)}) & 0 & 1 & 0 & 0 & 0 & 1 & \cdots \\
(a_n^{(5)}) & 0 & 0 & 0 & 1 & 1 & 0 & \cdots \\
\vdots & \vdots & \vdots & \vdots & \vdots & \vdots & \vdots & \ddots \\
\hline
(d_n) & 1 & 0 & 0 & 1 & 0 & & \cdots
\end{array}
$$

$$
\begin{array}{c|cccc}
M_1 & x_1^{(1)} & x_2^{(1)} & x_3^{(1)} & x_4^{(1)} & \cdots \\
M_2 & x_1^{(2)} & x_2^{(2)} & x_3^{(2)} & x_4^{(2)} & \cdots \\
M_3 & x_1^{(3)} & x_2^{(3)} & x_3^{(3)} & x_4^{(3)} & \cdots \\
M_4 & x_1^{(4)} & x_2^{(4)} & x_3^{(4)} & x_4^{(4)} & \cdots \\
\vdots & \vdots & \vdots & \vdots & \vdots & \ddots
\end{array}
$$

Abb. 1.4 Konstruktion der Folge (d_n) in Satz 1.4.17

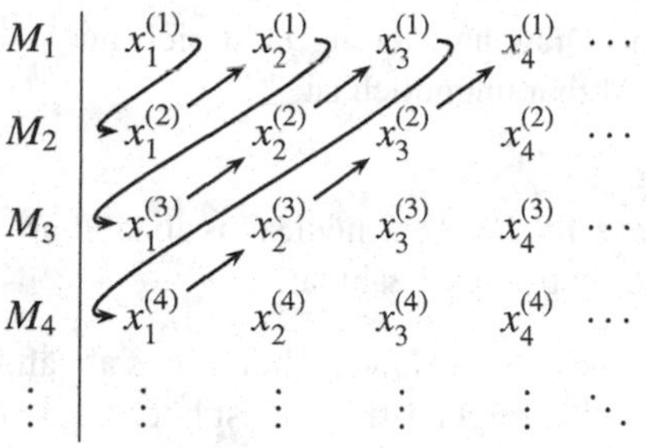

Abb. 1.5 Vereinigung der Mengen in Satz 1.4.19

Eine höchstens abzählbare Menge $M \neq \emptyset$ lässt sich darstellen durch $M = \{g(1), g(2), g(3), \ldots\}$ für eine surjektive Funktion $g : \mathbb{N} \to M$.

Beispiele für überabzählbare Mengen erhalten wir mit Satz 1.4.17 und Korollar 1.4.18.

Satz 1.4.17. Die Menge M aller Folgen (a_n) mit $a_n \in \{0, 1\}$ ist überabzählbar.

Beweis (Diagonalisierung). Angenommen, M ist höchstens abzählbar. Damit sind zwei Fälle zu betrachten:

- M ist endlich. Das ist nicht möglich, denn für jedes $k \in \mathbb{N}$ können wir die Folge (a_n) mit

$$
a_n = \begin{cases} 1 & \text{für } n = k \\ 0 & \text{sonst} \end{cases}
$$

  konstruieren.

- M ist abzählbar unendlich. Wir betrachten eine Abzählung $M = \{(a_n^{(1)}), (a_n^{(2)}), (a_n^{(3)}), \ldots\}$. Nun konstruieren wir eine neue Folge (d_n) mit $d_n = 1 - a_n^{(n)}$ (Abbildung 1.4). Diese Folge ist nicht in M enthalten, denn für alle n ist $d_n \neq a_n^{(n)}$, Widerspruch. $\qquad\square$

Korollar 1.4.18. Die Potenzmenge von $\mathbb{N}$ ist überabzählbar.

Beweis. Jede Teilmenge $A \subseteq \mathbb{N}$ lässt sich charakterisieren durch die Folge

$$
a_n = \begin{cases} 1 & \text{für } n \in A \\ 0 & \text{sonst} \end{cases}
$$

Nach Satz 1.4.17 ist die Menge dieser Folgen überabzählbar. $\qquad\square$

Eine Diagonalisierung lässt sich auch verwenden, um zu zeigen, dass eine Menge abzählbar unendlich ist:

Satz 1.4.19. Eine höchstens abzählbare Vereinigung höchstens abzählbarer Mengen ist höchstens abzählbar.

Beweis. Sei (M_n) eine höchstens abzählbare Folge von höchstens abzählbaren Mengen. Zu zeigen ist: $\bigcup M_n$ ist höchstens abzählbar. Wir stellen die Elemente der Mengen M_n in einer unendlichen Matrix dar wie in Abbildung 1.5. Jetzt durchlaufen wir, beginnend mit der linken oberen Ecke, alle Elemente $x_n^{(k)}$ entlang der Diagonalen, auf denen $n + k$ konstant ist und vereinigen diese Elemente in einer Menge M:

$$M = \{x_1^{(1)}, x_1^{(2)}, x_2^{(1)}, x_1^{(3)}, x_2^{(2)}, x_3^{(1)}, x_1^{(4)}, x_2^{(3)}, x_3^{(2)}, x_4^{(1)}, x_1^{(5)}, x_2^{(4)}, \ldots\}$$

Da auf diese Weise alle Elemente erfasst werden, gilt $M = \bigcup M_n$. Damit ist M höchstens abzählbar.   □

Aufgaben

1.4.6[2]   Das Hotel Hilbert hat unendlich viele Zimmer. Jetzt kommt mitten in der Hochsaison, wo alle Zimmer belegt sind, ein Bus mit unendlich vielen Touristen an. Wie kann man sie alle unterbringen?

1.4.5 Das Finden eines Beweises

Um einen Beweis zu finden, ist Kreativität und logisches Denkvermögen notwendig. Es gibt daher kein allgemeines Verfahren, um einen Beweis zu finden. Tatsächlich lässt sich zeigen, dass es keinen Algorithmus gibt, der zu einer beliebigen mathematischen Behauptung einen Beweis oder ein Gegenbeispiel liefert (s. Abschnitt 3.2).

Jedoch gibt es Prinzipien, die stets beachtet werden müssen und die für einfache Beweise bereits zum Ziel führen:

- Definitionen verwenden

  Für jeden Begriff, der in einer zu beweisenden Aussage vorkommt, gibt es eine Definition (s. Abschnitt 1.1). Wenn diese Definition in die Aussage eingesetzt wird, entsteht eine neue, äquivalente Aussage. In vielen Fällen ist dies ein erster Beweisschritt. In Beispiel 1.4.1 enthält die Prämisse „a ist gerade" den Begriff „gerade", dessen Definition im nächsten Schritt eingesetzt wird. Der gesamte Beweis besteht aus nur drei Schritten, von denen der letzte die erneute Anwendung der Definition von „gerade" ist. Diese Definition wird hier in zwei Richtungen verwendet: Im ersten Beweisschritt, um die Prämisse „a ist gerade" umzuformen, und im letzten Beweisschritt, um aus der erhaltenen Gleichung „a^2 ist gerade" zu folgern.

- Sätze verwenden

  Sätze sind Werkzeuge, mit denen sich Aussagen bearbeiten lassen, um zu neuen Aussagen zu gelangen. Dabei müssen jeweils die Voraussetzungen eines Satzes beachtet werden, so wie ein Metallbohrer für nur Metall und ein Holzbohrer für nur Holz geeignet ist. Das Vorgehen ist ähnlich zu dem in Punkt 1 beschriebenen. Im Unterschied zu einer Definition gibt es unter Umständen mehrere Sätze, die sich auf eine Aussage anwenden lassen, wodurch sich mehrere Möglichkeiten für den nächsten Schritt ergeben, von denen nicht alle zum Ziel führen müssen.

Wesentlich für die Punkte 1 und 2 ist es, die für die zu beweisende Aussage relevanten Definitionen und Sätze zu kennen. Sie müssen diese deshalb gut lernen, um sie stets parat zu haben. Jemand, der etwa die binomischen Formeln nicht kennt, wird auch nicht erkennen, dass $x^2 + 2xy + y^2$ gleich ist zu $(x + y)^2$.

Wenn von einer Behauptung noch nicht bekannt ist, ob sie wahr oder falsch ist, müssen Sie versuchen, die Behauptung zu beweisen oder durch ein Gegenbeispiel zu widerlegen. Wenn Ihnen ein Beweis nicht gelingt, suchen Sie nach einem Gegenbeispiel und umgekehrt. Beachten Sie jedoch, dass allein daraus, dass der Beweis einer Behauptung scheitert, nichts gefolgert werden kann. Denn auch in diesem Fall ist es möglich, dass die Behauptung wahr ist, die zur Beweisführung verwendete Strategie aber nicht zum Ziel führt.

Fehler beim Führen eines Beweises sind:

- Beweis durch Beispiel

  Durch ein Beispiel kann eine Allaussage widerlegt (Gegenbeispiel), aber nicht bewiesen werden. Die Behauptung „alle Informatikstudenten sind männlich" ist falsch, obwohl es zahlreiche Beispiele für männliche Informatikstudenten gibt.

- Kreisbeweis

  Hierbei wird die zu beweisende Behauptung A im Beweis verwendet, also ein Beweis der Art „A ist wahr, weil A wahr ist" geführt. Das ist falsch, weil die Wahrheit von A nicht erwiesen ist, solange der Beweis nicht zu Ende geführt wurde. In einem Beweis dürfen aber nur Tatsachen verwendet werden, deren Wahrheit bereits erwiesen ist.

  Der Induktionsschritt in einem Induktionsbeweis ist kein Kreisbeweis, denn hier wird die *Folgerung $A(n) \Rightarrow A(n + 1)$* bewiesen (s. Abschnitt 1.4.3).

- Wunder geschehen

  Wie eingangs beschrieben, ist ein Beweis eine Kette logischer Folgerungen in der kein Glied fehlen darf. Wenn in einem Beweisschritt unbegründete Annahmen getroffen werden oder unerklärliche Dinge passieren, dann fehlen Glieder in dieser Kette. Auch Annahmen, die intuitiv und plausibel erscheinen, können falsch sein. Berühmte Beispiele sind „die Erde dreht sich um die Sonne" und „die Erde ist eine Scheibe".

- Implikationen werden in der falschen Richtung verwendet

Die Beweiskette logischer Folgerungen hat die Gestalt *Voraussetzung* $\Rightarrow$ *Folgerung* $\Rightarrow$ ... $\Rightarrow$ *Behauptung*. Wenn dabei eine Implikation in der falschen Richtung verwendet wird ($\Leftarrow$ statt $\Rightarrow$), lässt sich die Kette nicht schließen. Wenn etwa der Fakt *Straße nass* und die Implikation *Regen* $\Rightarrow$ *Straße nass* gegeben sind, dann kann daraus nicht *Regen* gefolgert werden (vgl. Tabelle 1.2).

Um schwierigere Beweise zu führen, braucht man zunächst eine Idee (Beweisidee) und versucht anschließend, daraus einen Beweis zu entwickeln. Dazu ist es hilfreich, Spezialfälle zu betrachten und zu versuchen, dies zu beweisen. Oft lässt sich dann ein Prinzip erkennen, aus dem sich eine Beweisidee gewinnen lässt. Ferner ist es nützlich, Folgerungen, die sich aus den Stationen einer Beweisidee ergeben, auf ihre Wahrheit zu prüfen. Denn wenn diese falsch sind, ist auch die Beweisidee falsch und es wird eine neue Idee benötigt. Dies ist vergleichbar mit dem Durchwandern eines unbekannten Terrains, bei dem man sich zuerst eine grobe Marschroute überlegt und sich dann auf das Überwinden von Felsen, Bächen und Schluchten konzentriert und bei unüberwindlichen Hindernissen zurück wandert und eine andere Route wählt. So wie der Bergwanderer dazu Ortskenntnisse und Klettertechniken benötigt, wird zur Beweisführung das Wissen um Definitionen, Sätze und Beweistechniken benötigt.

Aufgaben

1.4.7[①]   Finden Sie den Fehler in folgendem Beweis:
Behauptung. $4 = 3$.

Beweis. Sei $x + y = z$. Daraus folgt $4x + y = 3x + z$ und daraus $4x + 4y = 3x + 3y + z$. Durch Subtraktion von $4z$ folgt $4x + 4y - 4z = 3x + 3y - 3z$. Durch Ausklammern folgt $4(x + y - z) = 3(x + y - z)$ und daraus $4 = 3$. $\square$

1.5 Die O-Notation

In der Informatik wird die O-Notation vor allem dazu verwendet, Aussagen über die Laufzeit oder den Platzbedarf von Algorithmen zu machen. Zur Motivation betrachen wir die Frage, wie sich die Laufzeit des Algorithmus lineare Suche sinnvoll angeben lässt: Die lineare Suche durchsucht ein Feld von vorne nach hinten nach einem Wert. Die Suche wird beendet, wenn der Wert gefunden oder das Feld durchsucht wurde, ohne den Wert zu finden.

```
for (k := 1 to n) {
    if (a[k] = gesuchter Wert) {
        return gefunden
    }
}
return nicht gefunden
```

Wenn die Laufzeit dieses Algorithmus durch eine Zeitmessung bestimmt werden soll, stellen sich folgende Probleme: Die Laufzeit hängt ab von

(i) der Geschwindigkeit des ausführenden Computers und der Effizienz der Implementierung,

(ii) der Länge des Feldes a und der Position des gesuchten Wertes in diesem Feld, falls vorhanden.

Um (i) zu lösen, betrachten die Anzahl Schritte, die bei der linearen Suche ausgeführt werden. Die Laufzeit ergibt sich dann als Anzahl Schleifendurchläufe mal Zeit pro Durchlauf – wobei wird den konstanten Aufwand für die **return**-Anweisung in der letzten Zeile zunächst unberücksichtigt lassen (vgl. Bemerkung zu Satz 1.5.5). Die Zeit pro Schleifendurchlauf ist eine Konstante c, die von der Implementierung und dem verwendeten Computer abhängt. Da wegen (ii) die Anzahl der Schleifendurchläufe variabel ist, betrachten wir eine obere Schranke in Abhängigkeit der Eingabelänge n. Die Laufzeit der linearen Suche ist dann eine Funktion g mit $g(n) \leq cn$. Hierbei ist n der dominierende Faktor: Die Größenordnung der maximalen Laufzeit ist n. In der O-Notation wird dies durch „die Laufzeit liegt in $O(n)$" ausgedrückt. Allgemein gilt: Wenn die Anzahl Durchläufe eines Programms durch eine Funktion f begrenzt ist, dann ist die Laufzeit des Programms eine Funktion g mit $g(n) \leq cf(n)$. In der O-Notation werden alle Funktionen g mit dieser Eigenschaft zu einer Menge zusammengefasst. Ziel ist es, eine möglichst einfache und dichte obere Schranke anzugeben.

> **Definition 1.5.1.** Für eine Funktion $f \geq 0$ ist $O(f)$ die Menge aller Funktionen g mit $0 \leq g(n) \leq cf(n)$ für eine Konstante $c > 0$ und alle hinreichend großen $n \in \mathbb{N}$.

Die Formulierung „hinreichend groß" bedeutet: Alle $n \geq n_0$ für eine natürliche Zahl n_0. Dadurch können endlich viele Werte, für die $g(n) \leq cf(n)$ nicht gilt, ausgeschlossen werden (Abbildung 1.6). Der genaue Wert von n_0 ist unwichtig, da man sich für das Verhalten für große n interessiert. Definition 1.5.1 lässt sich äquivalent schreiben durch

$$O(f) = \{g \mid \text{es gibt ein } n_0 \in \mathbb{N}, \text{ so dass für alle } n \geq n_0 \text{ gilt: } 0 \leq g(n) \leq cf(n)\}$$

Beispiel 1.5.2. Es gilt $17n^2 + 3n + 5 \in O(n^2)$, da $17n^2 + 3n + 5 \leq 17n^2 + 3n^2 + 5n^2 = 25n^2$ für alle $n \geq 1$. Es gilt auch $17n^2 + 3n + 5 \in O(2n^3)$, wir wollen aber eine möglichst einfache und gute obere Schranke angeben.   ◁

Beispiel 1.5.3. Wir bestimmen die Laufzeit g der linearen Suche in einem Feld der Länge n (siehe oben). Sei c_1 die Rechenzeit der **if**-Anweisung und c_2 die Rechenzeit für die **return**-Anweisung in der letzten Zeile. Dann gilt $g(n) \leq c_1 n + c_2 \leq c_1 n + c_2 n = (c_1 + c_2)n \in O(n)$.   ◁

Beispiel 1.5.4. Der folgende Algorithmus A prüft, ob ein Feld der Länge n zwei gleiche Elemente enthält. Dazu prüft A Paare von Elementen auf Gleichheit, bis ein Duplikat gefunden oder das Feld durchsucht wurde, ohne ein Duplikat zu finden.

```
for (k := 1 to n − 1) {
    for (l := k + 1 to n) {
        if (a[k] = a[l]) {
            return Duplikat vorhanden
        }
    }
}
return keine Duplikate vorhanden
```

Laufzeit	Interpretation	Beispiel
$O(1)$	Konstanter Aufwand	Anweisungen ohne Schleifen
$O(\log n)$	Logarithmischer Aufwand	Binäre Suche
$O(n)$	Linearer Aufwand	Lineare Suche
$O(n^2)$	Quadratischer Aufwand	Naive Sortierverfahren
$O(2^n)$	Exponentieller Aufwand	Brute-Force-Algorithmen

Tab. 1.3 Typische Laufzeiten von Algorithmen

Sei g die Laufzeit von A. Da A höchstens alle $\binom{n}{2}$ Paare von Elementen i, j prüft, wird die **if**-Anweisung höchstens $\binom{n}{2}$ mal ausgeführt. Wenn c_1 die dafür benötigte Rechenzeit und c_2 die Rechenzeit der **return**-Anweisung in der letzten Zeile ist, gilt

$$g(n) \leq c_1\binom{n}{2} + c_2 \leq (c_1 + c_2)\binom{n}{2} = (c_1 + c_2)\frac{n(n-1)}{2} \leq \frac{(c_1 + c_2)}{2}n^2$$

Die Laufzeit von A liegt damit in $O(n^2)$.

Wenn auf den Elementen eine Relation $\leq$ definiert ist, läßt sich die Laufzeit deutlich verbessern, wenn das Feld zuerst sortiert wird.   ◁

Für die O-Notation gelten folgende einfache Rechenregeln:

Satz 1.5.5. Für Funktionen f, g und eine Konstante $c > 0$ gilt

$$O(f) + O(g) = O(\max(f, g))$$
$$O(f) + O(g) = O(f + g)$$
$$O(f)O(g) = O(fg)$$
$$O(cf) = O(f)$$
$$f \leq g \Rightarrow O(f) \subseteq O(g)$$

Aus Satz 1.5.5 folgt insbesondere $O(f) + O(1) = O(f)$. Damit können konstante Aufwände, wie in Beispiel 1.5.4, vernachlässigt werden.

Beachten Sie, dass Satz 1.5.5 im Allgemeinen nur für Summen oder Produkte mit einer *konstanten* Anzahl von Summanden bzw. Faktoren gilt. Insbesondere ist die „Rechnung" $O(1 + 2 + \cdots + n) = O(\max(1, 2, \ldots, n)) = O(n)$ falsch. Denn es gilt zwar $1 + 2 + \cdots + n \leq n + n + \ldots n$, aber die Anzahl der Summanden ist hier n und damit keine Konstante, die gemäß der Regel $O(cf) = O(f)$ wegfallen könnte.

Einige typische Klassen von Laufzeiten sind, in aufsteigender Reihenfolge, in Tabelle 1.3 angegeben.

Beispiel (Fortsetzung). Mit Satz 1.5.5 lässt sich die Laufzeit von A wie folgt abschätzen: Die äußere Schleife wird $n - 1 \in O(n)$ mal durchlaufen, die innere Schleife jeweils $n - k \in O(n)$ mal, die **return**-Anweisung in der letzten Zeile besitzt konstante Laufzeit. Jeder Durchlauf beansprucht die Zeit $O(1)$, die Laufzeit ist daher $O(n)O(n)O(1) + O(1) = O(n^2)$.

Die genauere Abschätzung, die berücksichtigt, dass nur Paare $a[k], a[l]$ mit $k < l$ verglichen werden, kommt wegen $O(\frac{1}{2}) = O(1)$ zum gleichen Ergebnis.   ◁

Beispiel 1.5.6. Seien $k > 0$ und $a_k > 0$ Konstanten. Aus Satz 1.5.5 folgt

$$\sum_{m=0}^{k} a_m n^m \in O\left(\sum_{m=0}^{k} a_m n^m\right) = O(\max(a_k n^k, \dots, 1)) = O(a_k n^k) = O(n^k)$$

Dieser Ergebnis wird den Abschnitten 3.3.1, 3.3.2 verwendet.   ◁

Oft wird die *Menge* $O(f)$ identifiziert mit einem Element dieser Menge. In diesem Sinne definieren wir:

Definition 1.5.7. $O(f)$ ist eine *Funktion* g mit $0 \le g(n) \le cf(n)$ für ein $c > 0$ und alle hinreichend großen n.

Beispiel 1.5.8. Mit Definition 1.5.7 und Satz 1.5.5 können wir schreiben

$$\frac{n(n+1)}{2} = O(n^2)$$

sowie

$$\frac{n(n+1)}{2} = \frac{1}{2}n^2 + O(n)$$

                                                                                        ◁

⚠ Beachten Sie, dass „Gleichungen", in denen die O-Notation im Sinne von Definition 1.5.7 verwendet wird, nur von links nach rechts gelesen werden dürfen.

Wenn wir dagegen an einer *unteren* Schranke interessiert sind, verwenden wir die Ω-*Notation*.

Definition 1.5.9. Für eine Funktion $f \ge 0$ ist $\Omega(f)$ die Menge aller Funktionen g mit $g(n) \ge cf(n)$ für eine Konstante $c > 0$ und alle hinreichend großen $n \in \mathbb{N}$.

Die Θ-*Notation* dient schließlich dazu, gleichzeitig eine *obere und untere* Schranke anzugeben (Abbildung 1.7). Damit lässt sich, bis auf Konstanten, das genaue Wachstum einer Funktion angeben.

Definition 1.5.10. Für eine Funktion $f \ge 0$ ist $\Theta(f) = O(f) \cap \Omega(f)$.

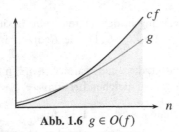

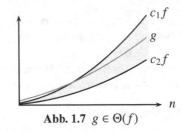

Abb. 1.6 $g \in O(f)$ **Abb. 1.7** $g \in \Theta(f)$

Beispiel (Fortsetzung). Wegen

$$\frac{n(n+1)}{2} \geq \frac{1}{2}n^2$$

gilt außerdem

$$\frac{n(n+1)}{2} \in \Theta(n^2)$$

Das bedeutet, dass das Wachstum dieser Funktion *genau* die Größenordnung n^2 hat.◁

Die Symbole O, Ω, Θ werden *Landau-Symbole* genannt. Es gibt noch weitere Landau-Symbole (o, ω), die jedoch weniger häufig gebraucht werden.

Aufgaben

1.5.1② Sei k konstant. Zeigen Sie für die folgenden Funktionen in $n \in \mathbb{N}$:

a) $(n + c)^k \in O(n^k)$

c) $2^{n+O(1)} \in O(2^n)$

b) $\binom{n}{k} \in O(n^k)$

d) $\log(n!) \in O(n \log n)$

1.5.2② Sei k konstant. Schätzen Sie die folgenden Funktionen in $n \in \mathbb{N}$ mit der O-Notation ab:

a) 2^{2n}

d) $\sum_{j=1}^{n} j^2$

b) $\binom{2n}{k}$

e) $2^{\binom{n}{2}}$

c) $\log(n^k)$

f) $\binom{n+k}{n}$

1.5.3① Sei $g(n) > 0$ für alle n und f beliebig. Ist dann $O(f)/O(g)$ definiert?

1.5.4③ Zeigen Sie, dass folgende Funktionen für keine Konstante k in $O(n^k)$ liegen:

a) $n^{\log n}$

c) $(\log n)^n$

b) $n!$

Hinweis: $e^x = \sum_{k=0}^{\infty} \frac{x^k}{k!}$

1.5.5② Seien $c > 0$ und f eine Funktion. Zeigen Sie: $O(cf) = O(f)$.

1.5.6② Zeigen Sie: $f \in O(g) \Rightarrow O(f) \subseteq O(g)$.

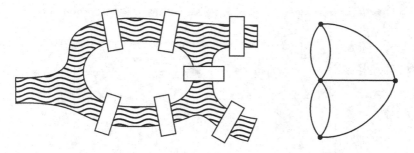

Abb. 1.8 Königsberger Brückenproblem

1.6 Graphen

Graphen werden in der Informatik zur Modellierung und Analyse von Zusammenhängen verwendet. Die Graphentheorie entstand, als Leonhard Euler 1736 untersuchte, ob es einen Rundweg durch Königsberg gibt, der jede der sieben Brücke über den Pregel genau einmal überquert (Königsberger Brückenproblem, Abbildung 1.8). Euler löste das Problem, indem er die durch Brücken verbundenen Gebiete durch die Knoten und die Brücken durch die Kanten eines (Multi)Graphen darstellte und den Satz von Euler (Satz 1.6.13) bewies.

1.6.1 Grundbegriffe

Mit Graphen lassen sich paarweise Beziehungen darstellen. Ein Graph besteht aus Knoten, von denen je zwei durch eine Kante verbunden sein können.

Definition 1.6.1. Ein *(ungerichteter) Graph* ist ein Paar $G = (V, E)$, wobei

- V die Menge der *Knoten* ist,

- E die Menge der *Kanten* ist, die aus ungeordneten Paaren $\{u, v\}$ von Knoten besteht.

Beispiel 1.6.2. In dem Graphen G in Abbildung 1.11 sind Knoten i, j genau dann durch eine Kante verbunden, wenn i, j teilerfremd sind. G ist formal beschrieben durch $G = (V, E)$ mit $V = \{1, 2, \ldots, 6\}$ und $E = \{\{1, 2\}, \{1, 3\}, \{1, 4\}, \{1, 5\}, \{1, 6\}, \{2, 3\}, \{2, 5\}, \{3, 4\}, \{3, 5\}, \{4, 5\}, \{5, 6\}\} = \{\{i, j\} \mid ggT(i, j) = 1\}$. ◁

Falls die Knotenmenge V abzählbar unendlich ist, heißt G *unendlicher Graph*. Unendliche Graphen werden in diesem Abschnitt nicht behandelt.

Die Symbole V, E stehen für *Vertices* (Ecken) und *Edges* (Kanten). Wegen $\{u, v\} = \{v, u\}$ haben die Kanten eines ungerichteten Graphen keine Richtung. Damit können symmetrische Beziehungen beschrieben werden. Graphen, die Knoten enthalten, die

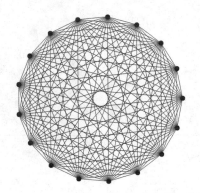 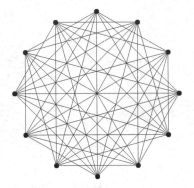

Abb. 1.9 Vollständiger Graph K_{17} mit   **Abb. 1.10** Graph, der eine 5-Clique be-
17 Knoten   sitzt

durch mehrere Kanten verbunden sind, heißen *Multigraphen*. Der Graph in Abbildung
1.8 ist ein *Multigraph*.

Um unsymmetrische Beziehungen zu beschreiben, können *gerichteten Graphen* mit
$E \subseteq V \times V$ (Abbildung 1.18) verwendet werden. Ein gerichteter Graph kann Schlingen
(u, u) besitzen, was bei einem ungerichteten Graphen nicht möglich ist. Im Folgenden
ist ein Graph ein ungerichteter Graph.

Definition 1.6.3. Ein Graph heißt *vollständig*, wenn alle Knoten paarweise verbunden sind.

Satz 1.6.4. Ein vollständiger Graph mit n Knoten besitzt genau $\binom{n}{2}$ Kanten.

Beweis. Es gibt

$$\binom{n}{2} = \frac{n(n-1)}{2}$$

Möglichkeiten, zwei Knoten auszuwählen und diese durch eine Kante zu verbinden.$\Box$

Aus Satz 1.6.4 folgt, dass jeder Graph $O(n^2)$ Kanten besitzt, wenn n die Anzahl der
Knoten ist.

Definition 1.6.5. Ein Knoten v hat den *Grad* k, wenn v mit genau k anderen Knoten
verbunden ist. Wir schreiben dafür $\deg(v) = k$.

Folgenden Satz brauchen wir, um die Laufzeit wichtiger Graphalgorithmen zu bestimmen.

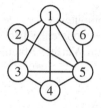
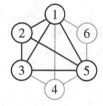
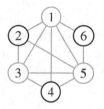

Abb. 1.11 Graph G **Abb. 1.12** Clique   **Abb. 1.13** Anticlique

Satz 1.6.6 (Hand Shake Lemma). Für jeden Graphen (V, E) gilt $\sum_{v \in V} \deg(v) = 2|E|$.

Beweis. Wenn wir jede Kante in der Mitte durchschneiden, ist jeder Knoten v mit genau $\deg(v)$ Hälften verbunden. Die Summe aller Knotengrade ist dann die Anzahl der Kantenhälften, und diese ist $2|E|$. □

Definition 1.6.7. Ein *Subgraph* eines Graphen $G_1 = (V_1, E_1)$ ist ein Graph $G_2 = (V_2, E_2)$ mit $V_2 \subseteq V_1$ und $E_2 = \{\{u, v\} \in E_1 \mid u, v \in V_2\}$.

Der Subgraph G_2 besteht damit aus einer Teilmenge der Knoten von G_1 zusammen mit den zwischen ihnen vorhandenen Kanten.

Definition 1.6.8. Eine *k-Clique* ist ein vollständiger Subgraph, der k Knoten enthält. Eine *k-Anticlique* ist eine Menge von k Knoten, zwischen denen es keine Kanten gibt.

Beispiel 1.6.9. Im Graph G aus Beispiel 1.6.2 sind $1, 2, 3, 5$ teilerfremd. Der durch diese Knoten induzierte Subgraph ist eine 4-Clique (Abbildung 1.12). Der Subgraph, der die Knoten $2, 4, 6$ enthält, ist eine 3-Anticlique (Abbildung 1.13). Diese Knoten enthalten den gemeinsamen Teiler 2. ◁

In Satz 3.3.17 zeigen wir, dass für beliebige G, k das Problem „Enthält G eine k-Clique?" zu einer Klasse besonders schwierig zu lösender Probleme gehört (siehe Abbildung 1.10).

Aufgaben

1.6.1① Auf einer Party mit n Gästen habe jeder Gast genau k anderen Gästen die Hand gegeben. Wie oft haben sich Gäste die Hand gegeben?

1.6.2 [2] Die Connection Machine (massiv paralleler Supercomputer) verwendete folgendes Design: Die Prozessoren sind die Ecken eines d-dimensionalen Würfels (Hypercube), von denen jeder bidirektional mit seinen Nachbarn im Würfel verbunden ist. Wieviele Prozessoren und wieviele Verbindungen gibt es?

1.6.2 Wege und Kreise

Neben der direkten Verbindung zweier Knoten durch eine Kante betrachten wir nun Verbindungen durch Wege und Kreise.

> **Definition 1.6.10.** Sei $G = (V, E)$ ein Graph.
>
> - Ein *Weg* der Länge l (von v_0 nach v_l) ist eine endliche Folge von Knoten $v_0, \ldots, v_l$ mit $\{v_k, v_{k+1}\} \in E$ für $k = 0, \ldots, l-1$.
>
> - G heißt *zusammenhängend*, wenn es für alle Knoten $u, v \in V$, $u \neq v$, einen Weg von u nach v gibt.
>
> - Ein *Pfad* ist ein Weg, der keinen Knoten mehrfach enthält.
>
> - Ein Weg $v_0, \ldots, v_l$ heißt *Zyklus*, wenn $v_0 = v_l$.
>
> - Ein Zyklus $v_0, \ldots, v_l$ heißt *Kreis*, wenn $v_0, \ldots, v_{l-1}$ ein Pfad ist und $l \geq 3$.
>
> - Ein *Hamilton-Kreis* ist ein Kreis, der jeden Knoten in G genau einmal (mit Ausnahme des Start– und Endknotens) enthält.

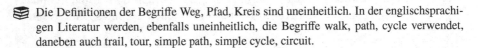 Die Definitionen der Begriffe Weg, Pfad, Kreis sind uneinheitlich. In der englischsprachigen Literatur werden, ebenfalls uneinheitlich, die Begriffe walk, path, cycle verwendet, daneben auch trail, tour, simple path, simple cycle, circuit.

Beispiel 1.6.11. Wie alle regelmäßigen Polyeder enthält der Graph des Dodekaeders (ein geometrischer Körper mit 12 gleichen Seiten) einen Hamilton-Kreis. Der *Petersen-Graph* enthält dagegen keinen Hamilton-Kreis (Abbildung 1.16).

Der Name „Hamilton-Kreis" geht zurück auf Sir W. Hamilton, der 1857 ein Spiel erfand, bei dem Hamilton-Kreise im Dodekaeder konstruiert werden mussten. Die Verkaufszahlen sollen jedoch bescheiden gewesen sein.   ◁

In Satz 3.3.22 werden wir beweisen, dass das Problem „enthält G einen Hamilton-Kreis" besitzt, zu einer Klasse besonders schwierig zu lösender Probleme gehört. Es ist daher kein notwendiges und hinreichendes Kriterium bekannt, mit dem sich auf einfache Weise die Existenz eines Hamilton-Kreises feststellen läßt.

Dagegen ist es sehr einfach, die Existenz eines Euler-Kreises nachzuweisen (Abbildung 1.15).

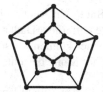
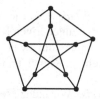

Abb. 1.14 Pfad von v_0 nach v_l

Abb. 1.15 Eulerkreis

Abb. 1.16 Graph des Dodekaeders (links) und Petersen-Graph (rechts)

Definition 1.6.12. Für einen Multigraphen G ist ein *Euler-Kreis* ein Zyklus, der jede Kante von G genau einmal enthält.

Das Königsberger Brückenproblem ist daher lösbar genau dann, wenn der Multigraph in Abbildung 1.8 einen Euler-Kreis besitzt. Mit dem folgenden Satz konnte Euler zeigen, dass es keine Lösung für das Königsberger Brückenproblem gibt.

Satz 1.6.13 (Euler). Ein zusammenhängender Graph enthält einen Euler-Kreis genau dann, wenn der Grad aller Knoten gerade ist.

1.6.3 Bäume

Bäume, insbesondere Wurzelbäume, haben viele besondere Eigenschaften, weshalb sie zu den wichtigsten in der Informatik verwendeten Graphen gehören. In der Theoretischen Informatik dienen Bäume der Algorithmenanalyse, in Anwendungen werden sie zur Speicherung von Daten, zur Suche nach Strings, zur Repräsentation von Mengen oder zur Datenkompression verwendet.

Definition 1.6.14. Ein *Baum* ist ein zusammenhängender Graph, der keinen Kreis enthält. Ein *Blatt* ist ein Knoten v eines Baums mit $\deg(v) \leq 1$.

Lemma 1.6.15. Jeder Baum enthält ein Blatt.

Beweis. Siehe Aufgabe 1.6.4. □

Damit können wir einen Satz über die Anzahl der Kanten eines Baums beweisen.

Satz 1.6.16. Sei $B = (V, E)$ ein Baum. Dann gilt $|E| = |V| - 1$.

Beweis (Idee). Da jeder Baum ein Blatt enthält, können wir dieses Blatt zusammen mit der zugehörigen Kante entfernen. Dadurch verringert sich die Anzahl der Knoten und Kanten um jeweils 1. Dies können wir solange fortführen, bis der Baum nur noch aus einem Knoten und keiner Kante besteht.   □

Beweis. Wir induzieren nach der Anzahl Knoten n:

- $n = 1$: Ein Baum mit einem Knoten enthält keine Kante.

- $n \to n + 1$: Sei B ein Baum mit $n + 1$ Knoten. Nach Lemma 1.6.15 gibt es ein Blatt v. Indem wir v zusammen mit der zugehörigen Kante entfernen, erhalten wir einen Baum B' mit n Knoten. Nach Induktionsvoraussetzung enthält B $n-1$ Kanten. Um wieder den Baum B mit $n + 1$ Knoten zu erhalten, fügen wir wieder den zuvor entfernten Knoten v zusammen mit der zugehörigen Kante hinzu. Damit enthält B $(n + 1) - 1$ Kanten, womit die Behauptung für $n + 1$ Knoten bewiesen ist.   □

In Aufgabe 1.6.5 wird bewiesen, dass ein Baum *minimal zusammenhängend* ist, das heißt, dass Bäume unter allen zusammenhängenden Graphen mit fester Knotenmenge diejenigen mit der kleinsten Anzahl von Kanten sind.

Ein *Wurzelbaum* ist ein Baum, in dem ein Knoten als *Wurzel* ausgezeichnet ist. In der Informatik wachsen Wurzelbäume von oben nach unten, mit der Wurzel oben und den Blättern unten (Abbildung 1.17). Wurzelbäume – oft auch nur „Baum" genannt – werden in der Informatik häufig verwendet:

- Ein Dateisystem lässt sich als Wurzelbaum darstellen.

- Ein Compiler erzeugt beim Verarbeiten des Programmcodes einen Syntaxbaum (Abschnitte 2.3.6, 2.3.8), der die syntaktische Struktur des Programmcodes darstellt. Der Syntaxbaum ist Grundlage für die Programmoptimierung und die Codeerzeugung.

- Züge in Strategiespielen wie Schach lassen sich durch einen Entscheidungsbaum darstellen. Jeder Knoten entspricht dabei einer Stellung, jede Kante einem Zug. Die Aufgabe eines Schachprogramms besteht darin, in diesem Baum eine gute Stellung zu finden. Auch Lernverfahren, die in der Künstlichen Intelligenz eingesetzt werden, verwenden Entscheidungsbäume.

- Binäre Wurzelbäume (s. u.) werden als effiziente Datenstruktur zum Verwalten von Daten genutzt (Suchbäume, Heaps).

In einem Wurzelbaum lässt sich in natürlicher Weise eine Richtung der Kanten von der Wurzel zu den Blättern definieren, wodurch der *Vorgänger* sowie die *Nachfolger* eines Knotens definiert sind.

Definition 1.6.17. Ein *binärer Wurzelbaum* ist ein Wurzelbaum, in dem jeder Knoten, der kein Blatt ist, genau zwei Nachfolger besitzt.

Dazu gleichwertig ist folgende induktive Definition:

Definition 1.6.18. Ein *binärer Wurzelbaum* ist induktiv definiert:

- Ein Knoten v ist ein binärer Wurzelbaum mit Wurzel v.

- Seien l, r binäre Wurzelbäume mit den Wurzeln root(l), root(r). Wenn wir einen neuen ein Knoten v mit root(l), root(r) verbinden, ist das Ergebnis ein binärer Wurzelbaum mit Wurzel v.

Mit dieser induktiven Definition lassen sich Aussagen über binäre Wurzelbäume induktiv beweisen. Wir nutzen dies, um die die Anzahl Blätter eines binären Wurzelbaums zu bestimmen.

Satz 1.6.19. Sei B ein binärer Wurzelbaum, in dem jeder Pfad von der Wurzel zu einem Blatt die Länge k hat. Dann besitzt B genau 2^k Blätter.

Beweis (Induktion nach k).

- $k = 0$: In diesem Fall besteht B nur aus der Wurzel. Da diese zugleich ein Blatt ist, besitzt B genau $2^0 = 1$ Blätter.

- $k \to k + 1$: Sei B ein Baum, in dem jeder Pfad von der Wurzel zu einem Blatt die Länge $k + 1$ hat. Jeder der beiden Teilbäume, die sich unter der Wurzel befinden, ist selbst ein binärer Wurzelbaum, in denen jeder Pfad von der Wurzel zu einem Blatt die Länge k hat. Nach Induktionsvoraussetzung besitzen diese Wurzelbäume jeweils 2^k Blätter. Folglich besitzt B $2 \cdot 2^k = 2^{k+1}$ Blätter. $\quad\square$

Als einfache Folgerung erhalten wir ein Ergebnis, das im Beweis zu Satz 2.3.17 benötigt wird.

Satz 1.6.20. Sei B ein binärer Wurzelbaum mit mindestens 2^k Blättern. Dann enthält B einen Weg der Länge k.

Beweis. Angenommen, alle Wege in B sind kürzer als k. Dann besitzt B nach Satz 1.6.19 höchstens 2^{k-1} Blätter, Widerspruch. $\quad\square$

Aufgaben

1.6.3[2] Zeigen oder widerlegen Sie: Jeder zusammenhängende Graph mit 1000 Knoten besitzt einen Pfad der Länge

a) 3   b) 2

1.6.4[2]   Beweisen Sie Lemma 1.6.15.

1.6.5[3]   Sei G ein zusammenhängender Graph. Zeigen Sie:

a) $|E| \geq |V| - 1$

b) Aus $|E| = |V| - 1$ folgt: G ist ein Baum.

1.6.4 Datenstrukturen zur Repräsentation

Um Graphen im Computer darzustellen, werden Adjazenzmatrizen und Adjazenzlisten verwendet.

Definition 1.6.21. Sei $G = (V, E)$ ein Graph.

- Die *Adjazenzmatrix* von G ist eine Matrix (a_{uv}) mit

$$a_{uv} = \begin{cases} 1 & \text{für } \{u, v\} \in E \\ 0 & \text{sonst} \end{cases}$$

- Die *Adjazenzliste* eines Graphen (V, E) ist ein Feld, das an der Position $u \in V$ eine Liste aller Knoten $v \in V$ mit $\{u, v\} \in E$ enthält.

Beispiel 1.6.22. Die Adjazenzmatrix sowie die Adjazenzliste des Graphen G aus Beispiel 1.6.2 (Seite 35) sind:

$$\begin{array}{c} \\ v_1 \\ v_2 \\ v_3 \\ v_4 \\ v_5 \\ v_6 \end{array} \begin{array}{cccccc} v_1 & v_2 & v_3 & v_4 & v_5 & v_6 \\ \begin{pmatrix} 0 & 1 & 1 & 1 & 1 & 1 \\ 1 & 0 & 1 & 0 & 1 & 0 \\ 1 & 1 & 0 & 1 & 1 & 0 \\ 1 & 0 & 1 & 0 & 1 & 0 \\ 1 & 1 & 1 & 1 & 0 & 1 \\ 1 & 0 & 0 & 0 & 1 & 0 \end{pmatrix} \end{array}$$

v_1	$\to v_2 \to v_3 \to v_4 \to v_5 \to v_6$
v_2	$\to v_1 \to v_3 \to v_5$
v_3	$\to v_1 \to v_2 \to v_4 \to v_5$
v_4	$\to v_1 \to v_3 \to v_5$
v_5	$\to v_1 \to v_2 \to v_3 \to v_4 \to v_6$
v_6	$\to v_1 \to v_5$

◁

Gerichtete Graphen (Abschnitt 1.7) können ebenfalls durch Adjazenzmatrizen und -listen repräsentiert werden. Die Adjazenzmatrix eines gerichteten Graphen ist im Allgemeinen unsymmetrisch und enthält Einträge auf der Hauptdiagonalen, wenn Schlingen vorhanden sind.

Der Speicherbedarf für die Adjazenzmatrix liegt in $O(|V|^2)$, für die Adjazenzliste in $O(|V| + |E|)$. Für Graphen mit wenig Kanten (zum Beispiel Bäume, $|E| = |V| - 1$) verbraucht die Adjazenzliste weniger Speicher. Um die zu einem Knoten u benachbarten Knoten zu bestimmen, ist bei einer Repräsentation durch eine Adjazenzliste der

Aufwand $O(\deg(u))$ nötig, bei einer Adjazenzmatrix $O(|V|)$. Für viele Algorithmen ist die Repräsentation als Adjazenzliste besser geeignet.

Wurzelbäume lassen sich durch rekursive Datenstrukturen darstellen. Dabei enthält jeder Knoten vom Typ Wurzelbaum eine Liste von Nachfolgern vom Typ Wurzelbaum. In der Programmiersprache C lässt sich dies durch Zeiger implementieren, in funktionalen Programmiersprachen werden dazu rekursive Datentypen verwendet.

Beispiel 1.6.23. In der Programmiersprache Scala wird durch

```
abstract sealed class Tree
case class Node(value: Int, succs: List[Tree]) extends Tree
```

der Typ Tree definiert. Ein Wert dieses Typs lässt sich erzeugen durch

```
Node(0, List( Node(1, Nil), Node(2, Nil), Node(3, Nil) ))
```

Dies stellt einen Wurzelbaum dar, der in der Wurzel die Zahl 0 speichert und drei Nachfolger enthält, die die Zahlen 1, 2, 3 speichern. Ein binärer Wurzelbaum lässt sich wie in Definition 1.6.18 definieren durch

```
abstract sealed class BinTree
case class Leaf(value: Int) extends BinTree
case class Node(value: Int, l: BinTree, r:BinTree) extends
    BinTree
```

Auf diese Weise induktiv definierte Datentypen werden auch als *algebraische Datentypen* bezeichnet.   ◁

Aufgaben

1.6.6[2] Geben Sie die Anzahl Graphen an mit genau

a) n Knoten

b) n Knoten und m Kanten

1.6.5 Breitensuche und Tiefensuche

Die Breitensuche (Breadth First Search) und die Tiefensuche (Depth First Search) sind grundlegende Algorithmen, um systematisch Knoten eines Graphen zu durchsuchen. Auf diese Weise können Entfernungen berechnet oder andere Eigenschaften des Graphen bestimmt werden. Die Algorithmen unterscheiden sich darin, in welcher Reihenfolge die Knoten besucht werden.

Von einem Startknoten ausgehend, besucht die *Breitensuche* zuerst die dem Startknoten benachbarten Knoten. Anschließend werden die noch nicht besuchten Nachbarn dieser Knoten besucht und so weiter, bis alle erreichbaren Knoten besucht wurden.

Beispiel 1.6.24. In dem Wurzelbaum in Abbildung 1.17 startet eine Breitensuche im Knoten 0. Zuerst werden die drei Nachbarn des Knotens 0 besucht, danach die noch nicht besuchten Nachbarn dieser Knoten und so weiter. Die Nummern der Knoten

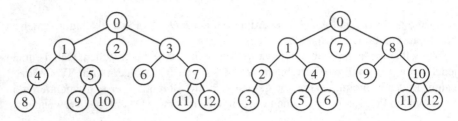

Abb. 1.17 Breitensuche (links) und Tiefensuche (rechts) in einem Wurzelbaum

geben eine mögliche Reihenfolge an, in der die Knoten in der Breitensuche besucht werden (abhängig von der Repräsentation des Graphen). Man erkennt, dass die Knoten „schichtweise" durchlaufen werden.   ◁

Eine Breitensuche kann mit einer Warteschlange implementiert werden. Eine Warteschlange ist eine FIFO (First In, First Out) Datenstruktur, die zwei Operationen besitzt:

- v =dequeue() entfernt das erste Element v aus der Warteschlange,

- enqueue(v) fügt einen Knoten v am Ende der Warteschlange ein.

Beide Operationen können in Zeit $O(1)$ ausgeführt werden.

Die Breitensuche wird gestartet, indem alle Knoten bis auf den Startknoten als nicht besucht markiert werden und der Startknoten in die leere Warteschlange eingefügt wird. Solange die Warteschlange nicht leer ist, wird der aktuellen Knoten aus der Warteschlange entfernt und dessen noch unbesuchte Nachbarn am Ende der Warteschlange eingefügt. Die Variable *adj* bezeichnet die Adjazenzliste (Abschnitt 1.6.4) des Graphen. Der Algorithmus endet, wenn der Zielknoten gefunden wurde oder alle Knoten durchsucht wurden, ohne den Zielknoten zu finden. Die Knoten werden bereits als besucht markiert, wenn sie in die Warteschlange eingefügt werden. Dadurch wird verhindert, dass Knoten mehrfach in die Warteschlange eingefügt werden.

Die *Tiefensuche* durchsucht einen Graphen, indem Pfade maximaler Länge verfolgt werden. Ausgehend von einem Startknoten bestimmt der Algorithmus in jedem Schritt einen noch nicht besuchten Nachbarn v des aktuellen Knotens und führt die Tiefensuche in v weiter. Die Suche endet und kehrt zum zuletzt besuchten Knoten zurück, wenn es keine noch nicht besuchten Nachbarknoten von v mehr gibt.

Beispiel 1.6.25. In dem Graphen aus Beispiel 1.6.24 starten wir eine Tiefensuche in Knoten 0 (Abbildung 1.17). Wenn wir annehmen, dass der Knoten 1 der erste Nachbar des Knotens 0 in der Repräsentation des Graphen ist, startet dann eine Tiefensuche in Knoten 1, die über Knoten 2 schließlich in Knoten 3 endet. Da der Knoten 3 keine Nachbarn besitzt, endet dort die Suche und kehrt zurück zu Knoten 2 und schließlich zu Knoten 1 (Backtracking). Von dort aus wird im noch nicht besuchten Nachbarknoten 4 eine neue Tiefensuche gestartet. Die Tiefensuche ist in Knoten 12 beendet. Die Knoten sind in der Reihenfolge nummeriert, in der sie von der Tiefensuche besucht werden.   ◁

Aus dem oben angegeben Algorithmus Breitensuche erhalten wir eine Tiefensuche, wenn anstelle der Warteschlange ein Stack verwendet wird. Ein Stack ist eine LIFO

```
boolean bfs (node start, node goal) {
    for (v ∈ V) {
        discovered[v] = false
    }
    queue.enqueue(start)
    discovered[start] = true
    while (¬queue.isEmpty) {
        u = queue.dequeue()
        if (u = goal) {
            return true
        }
        else{
            for (v ∈ adj[u]) {
                if (¬discovered[v]) {
                    queue.enqueue(v)
                    discovered[v] = true
                }
            }
        }
    }
    return false
}
```

(Last In, First Out) Datenstruktur, die wie ein Bücherstapel funktioniert, bei dem Bücher nur von oben entnommen oder abgelegt werden können (siehe auch Abschnitt 2.3.1). Der aktuelle Knoten wird bei der Tiefensuche vom Stack entfernt und die noch unbesuchten Nachbarn eines Knotens auf dem Stack abgelegt.

In der rekursiven Variante wird für jeden neu entdeckten Nachbarknoten eine Tiefensuche gestartet, bevor weitere Nachbarknoten gesucht werden. Dadurch entfällt das Speichern weiterer Nachbarknoten, so dass weniger Speicherplatz verbraucht wird.

Die Algorithmen Breitensuche und Tiefensuche unterscheiden sich daher nur in der Reihenfolge, in der die Knotens besucht werden. Zur Laufzeitanalyse genügt es daher, einen der beiden Algorithmen zu analysieren.

Satz 1.6.26. Für einen Graphen (V, E), der als Adjazenzliste gegeben ist, liegen die Laufzeiten der Breitensuche als auch der Tiefensuche in $O(|V| + |E|)$.

Beweis. Das Initialisieren des Feldes *discovered* benötigt die Zeit $O(|V|)$ nötig. Um die unbesuchten Nachbarn des Knotens u zu bestimmen, fällt der Aufwand $O(\deg u)$ an. Da jeder Knoten höchstens einmal aus der Warteschlange bzw. dem Stack entnommen wird, wird auch die while-Schleife für jeden Knoten höchstens einmal durchlaufen. Der gesamte Aufwand ist damit

$$O(|V|) + \sum_{u \in V} O(\deg u) = O(|V|) + O(2|E|) = O(|V| + |E|)$$

nach Satz 1.5.5 und Satz 1.6.6.   □

Wenn der Graph zusammenhängend ist, liegt die Laufzeit folglich in $O(|E|)$.

Aufgaben

1.6.7[1]   Zeigen Sie, dass die Worst-Case Laufzeit der Breitensuche in $\Theta(|V|^2)$ liegt, wenn der Graph durch eine Adjazenzmatrix gegeben ist.

1.6.8[1]   In einem binären Wurzelbaum der Tiefe n (Länge aller Pfade von Wurzel zu einnem Blatt) werde eine Breitensuche in der Wurzel gestartet. Zeigen Sie, dass die Warteschlange den Speicherplatz $O(2^n)$ benötigt.

1.7 Relationen

Relationen werden in der Informatik verwendet, um Beziehungen zwischen mehreren Objekten darzustellen. Relationen sind eine Grundlage für relationalen Datenbanken und intelligente Informationssysteme (Expertensysteme, Semantic Web). Relationen lassen sich, wie in folgendem Beispiel, als Tabellen auffassen.

Beispiel 1.7.1. Wir wollen folgende Beziehungen darstellen:

Person	Studienfach	Studienort
Jan	Informatik	Dresden
Anja	Medizin	München
Jens	Maschinenbau	Aachen

Jede Zeile dieser Tabelle lässt sich als Tupel, bestehend aus Person, Studienfach, Studienort, darstellen. Wenn diese Tupel zu einer Menge zusammengefasst werden, erhalten wir die Relation R = {(Jan, Informatik, Dresden), (Anja, Medizin, München), (Jens, Maschinenbau, Aachen)}. Wenn Person, Studienfach, Studienort jeweils die Menge aller Personen, Studienfächer, Studienorte ist, dann gilt $R \subseteq$ Person $\times$ Studienfach $\times$ Studienort.   ◁

Definition 1.7.2. Seien $A_1, \ldots, A_n$ Mengen. Eine *Relation R* ist eine Teilmenge $R \subseteq A_1 \times \cdots \times A_n$.

Der Spezialfall $n = 2$ und $A_1 = A_2$ ist besonders wichtig.

Definition 1.7.3. Sei V eine Menge. Eine *binäre Relation R* auf V ist eine Teilmenge $R \subseteq V \times V$. Für $(u, v) \in R$ schreiben wir $u R v$.

Abb. 1.18 Gerichteter Graph

Beispiel 1.7.4. Folgende Relationen sind binäre Relationen auf der Menge aller Personen:

- $R_1 = \{(u, v) \mid u \text{ und } v \text{ wohnen in benachbarten Städten }\}$

- $R_2 = \{(u, v) \mid u \text{ wohnt in der selben Stadt wie } v\}$ ◁

Im Folgenden beschränken wir uns auf binäre Relationen R auf einer Menge V. Falls V endlich ist, ist R formal die Kantenmenge eines gerichteten Graphen (Abbildung 1.18). Relationen auf einer Menge V können wir deshalb graphisch darstellen, wie in Beispiel 1.7.9.

Wichtige Eigenschaften binärer Relationen sind:

Definition 1.7.5. Eine binäre Relation R auf V heißt

- *reflexiv*, wenn für alle $u \in V$ gilt: $u R u$.

- *symmetrisch*, wenn für alle $u, v \in V$ gilt: $u R v \Leftrightarrow v R u$.

- *transitiv*, wenn für alle $u, v, w \in V$ gilt: $u R v \wedge v R w \Rightarrow u R w$.

Eine reflexive, symmetrische und transitive Relation heißt *Äquivalenzrelation*.

Beispiel (Fortsetzung). R_1 ist symmetrisch, aber nicht reflexiv und in der Regel nicht transitiv. R_2 is eine Äquivalenzrelation. ◁

Eine Äquivalenzrelation R können wir als eine Art verallgemeinerte Gleichheitsrelation auffassen. In diesem Fall ist es nahe liegend, Elemente u, v mit $u R v$ zusammenzufassen.

Definition 1.7.6. Sei R eine Äquivalenzrelation auf V und $v \in V$. Die *Äquivalenzklasse* von v ist die Menge

$$[v] = \{u \mid u R v\}$$

Das Element v heißt *Repräsentant* der Äquivalenzklasse $[v]$.

Beispiel 1.7.7. Sie R_2 die Äquivalenzrelation aus Beispiel 1.7.4. Wenn Jan in Dresden wohnt, gilt $[\text{Jan}] = \{u \mid u \text{ wohnt in der selben Stadt wie Jan}\} = $ Menge aller Einwohner von Dresden. Weiterhin gilt für jeden Einwohner e von Dresden: $[e] = [\text{Jan}]$. Wenn die Personen u, v in verschiedenen Städten wohnen, gilt $[u] \cap [v] = \emptyset$. ◁

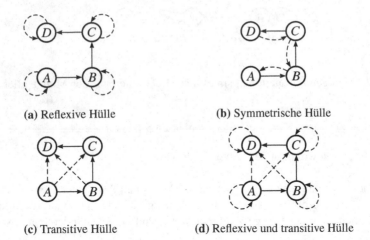

(a) Reflexive Hülle   (b) Symmetrische Hülle

(c) Transitive Hülle   (d) Reflexive und transitive Hülle

Abb. 1.19 Hüllen der Relation aus Beispiel 1.7.9

Eine Relation, die nicht reflexiv, symmetrisch oder transitiv ist, lässt sich um diese Eigenschaften erweitern, indem die dazu fehlenden Elemente hinzugefügt werden.

> **Definition 1.7.8.** Sei R eine binäre Relation auf V.
>
> - Die *reflexive Hülle* von R ist die Relation $R \cup \{(u, u) \mid u \in V\}$.
>
> - Die *symmetrische Hülle* von R ist die Relation $R \cup \{(v, u) \mid (u, v) \in R\}$.
>
> - Die *transitive Hülle* von R ist die kleinste Relation R^+, für die gilt: 1. $R \subset R^+$ 2. Aus $(u, v), (v, w) \in R^+$ folgt $(u, w) \in R^+$.
>
> - Die *reflexive und transitive Hülle* ist die Vereinigung der reflexiven Hülle und der transitiven Hülle.

Beispiel 1.7.9. Sei $R = \{(A, B), (B, C), (C, D)\}$ eine Relation. Die Hüllen dieser Relation sind in Abbildung 1.19 dargestellt.   ◁

Beispiel 1.7.10. Die reflexive Hülle der Relation $<$ ist die Relation $\leq$. Die symmetrische Hülle der Relation $<$ ist die Relation $\neq$. Die transitive Hülle der Relation $<$ ist die Relation $<$ selbst, da $<$ bereits transitiv ist.   ◁

Beispiel 1.7.11. Es soll festgestellt werden, ob es einen Weg durch das Labyrinth in Abbildung 1.20 gibt. Die Nachbarschaftsrelation des Labyrinths lässt sich als Graph darstellen: Dazu wird ein Gitter über das Labyrinth gelegt und je zwei Kästchen, zwischen denen sich keine Wand befindet, durch eine Kante verbunden. Es gibt einen Weg durch das Labyrinth genau dann, wenn (Start, Ziel) in der reflexiven und transitiven Hülle der Nachbarschaftsrelation enthalten ist.   ◁

Die reflexiv-transitive Hülle kann mit einer Breitensuche, bei endlichen Relationen auch mit einer Tiefensuche, berechnet werden.

Abb. 1.20 Um einen Weg durch das Labyrinth zu suchen, muss eine reflexive und transitive Hülle bestimmt werden

Aufgaben

1.7.1[1] Geben Sie die Anzahl aller binären Relationen auf einer Menge mit n Elementen an.

1.7.2[2] Zeigen Sie, dass zwei Äquivalenzklassen entweder disjunkt oder gleich sind.

1.7.3[4] In einem Turnier habe jeder Teilnehmer gegen jeden anderen gekämpft, und es gab kein Unentschieden. Zeigen Sie: Es gibt einen Teilnehmer k, so dass für alle anderen Teilnehmer u gilt: k hat u besiegt, oder k hat jemanden besiegt, der u besiegt hat.

2 Automaten und formale Sprachen

Jeder weiß, was eine Sprache ist, auch wenn sich dieser Begriff nur schwierig definieren lässt. Zum einen dient eine Sprache der Kommunikation. Zum anderen ist eine gesprochene oder geschriebene Sprache ein System, das aus Zeichen und Regeln besteht. Diese Regeln beschreiben, wie aus den Zeichen ein Satz der Sprache entsteht.

Auch eine formale Sprache dient der Kommunikation. Programmiersprachen sind formale Sprachen, die der Kommunikation des Programmierers mit dem Computer oder anderen Programmierern dienen. Ebenso gibt es Regeln, mit denen sich entscheiden lässt, ob ein Programmtext wohlgeformt ist oder nicht.

Im allgemeinsten Fall ist eine formalen Sprache eine Menge von Wörtern. Für praktische Zwecke nützlich sind jedoch nur formale Sprachen, die sich durch endlich viele Regeln beschreiben lassen. Abhängig von der Art dieser Regeln werden die formalen Sprachen in unterschiedliche Klassen eingeteilt. Die einfachsten formalen Sprachen sind die regulären Sprachen (Abschnitt 2.2), gefolgt von den kontextfreien Sprachen (Abschnitt 2.3), gefolgt von den Typ-0-Sprachen (Abschnitt 2.5).

Zur Beschreibung formaler Sprachen gibt es zwei grundlegende Möglichkeiten:

- Eine Sprache wird aus Regeln *erzeugt*. Ein entsprechender Formalismus sind die Grammatiken. Diese beschreiben, wie Wörter der Sprache durch das Anwenden von Regeln aus einem Startsymbol entstehen. Die Sprache ist definiert durch die Menge aller Wörter, die sich dadurch erzeugen lassen.

- Ein Wort wird analysiert und als der Sprache zugehörig *akzeptiert* oder nicht akzeptiert. Ein entsprechender Formalismus sind die Automaten. Ein Automat verarbeitet ein Wort Zeichen für Zeichen und entscheidet, ob das Wort der Sprache angehört. Die Sprache ist definiert durch die Menge aller Wörter, die der Automat akzeptiert.

Beide Formalismen sind gleichwertig. Unterschiedlich ist ihr Zweck: Eine Grammatik wird verwendet, um eine formale Sprache zu konstruieren, der zugehörige Automat, um diese Sprache zu verarbeiten. Die Automatentheorie ist daher die Grundlage zur Verarbeitung formaler Sprachen auf dem Computer und damit insbesondere der Konstruktion von Compilern und Interpretern.

2.1 Formale Sprachen als Wortmenge

Zunächst definieren wir den Zeichenvorrat einer formalen Sprache.

Definition 2.1.1. Ein *Alphabet* Σ ist eine endliche, nicht leere Menge. Jedes $a \in \Sigma$ heißt *Terminalsymbol* oder *Buchstabe*.

Terminalsymbole betrachten wir als kleinste Einheiten, die nicht weiter unterteilt werden sollen. Was diese kleinsten Einheiten und damit das Alphabet sind, hängt von der jeweiligen Anwendung ab.

Beispiel 2.1.2. Wir betrachten Alphabete, die für verschiedene Zwecke geeignet sind:

- Mit dem Alphabet {a,...,z} lassen sich die Schlüsselwörter einer Programmiersprache darstellen.

- Zur Darstellung von DNA-Sequenzen ist das Alphabet $\{a, c, g, t\}$ geeignet.

- Das Alphabet $\{0, \ldots, 9, +, -, *, /\, \text{sqr}, \exp, \log\}$ enthält Symbole, die in arithmetische Ausdrücken vorkommen.   ◁

Wörter erhalten wir, indem Terminalsymbole aneinandergefügt werden.

Definition 2.1.3. Sei Σ ein Alphabet.

- Eine endliche Folge $w = w_1 w_2 \ldots w_n$ von Terminalsymbolen $w_1, w_2, \ldots, w_n \in \Sigma$ heißt *Wort* (über dem Alphabet Σ).

- Die *Länge* $|w|$ eines Wortes w ist die Anzahl Terminalsymbole, aus denen w besteht.

- Das Wort ε der Länge null heißt *leeres Wort*.

- Σ^* ist die Menge aller Wörter über Σ, einschließlich ε.

- $\Sigma^+ = \Sigma^* - \{\varepsilon\}$ ist die Menge aller Wörter mit positiver Länge.

Beispiel 2.1.4.

- Jedes Schlüsselwort einer Programmiersprache ist ein Wort über dem Alphabet {a,...,z}.

- Die Folge **if** $(x = 0)$ $y := 1$ ist ein Wort über dem Alphabet {**if**, (,), **:=**, **=**, x, y, 0, 1}.

- Der Satz „die Katzen schlafen" ist formal ein Wort über dem Alphabet {die, Katzen, schlafen}. Die Bedeutung des Begriffs „Wort" in Definition 2.1.3 ist hier eine andere als im Deutschen.   ◁

Das leere Wort ε ist nach Definition 2.1.3 eine Folge von null Terminalsymbolen. Es entspricht dem Leerstring in einer Programmiersprache. Das leere Wort werden wir weiter unten nochmals betrachten.

Beachten Sie, dass ε, $\{\varepsilon\}$, $\emptyset$ drei verschiedene Dinge sind: ε ist ein Wort, $\{\varepsilon\}$ eine Menge, die nur aus dem leeren Wort besteht und $\emptyset$ ist die leere Menge.

Die Mengen Σ^* und Σ^+ enthalten unendlich viele Wörter, da Σ nach Definition 2.1.1 nicht leer ist:

Beispiel 2.1.5. Für das Alphabet $\Sigma = \{a, b\}$ ist $\Sigma^* = \{\varepsilon, a, b, aa, ab, ba, bb, aaa, \ldots\}$. ◁

Nun können wir eine formale Sprache definieren als Menge von Wörtern über einem Alphabet:

Definition 2.1.6. Eine *formale Sprache* über einem Alphabet Σ ist eine Teilmenge von Σ^*.

Diese Definition ist jedoch sehr allgemein. Auch eine unstrukturierte, „unsinnige" Wortmenge ist damit eine formale Sprache. In der Informatik sind formale Sprachen mit einer besonderen Struktur von Interesse. In den folgenden Abschnitten werden Formalismen vorgestellt, mit denen sich formale Sprachen, die im Allgemeinen unendlich sind, endlich beschreiben lassen.

Beispiel 2.1.7. Folgende Mengen sind formale Sprachen (vgl. Beispiel 2.1.2):

- Die Menge $\{a, c, g, t\}^+$ aller Bruchstücke von DNA-Sequenzen über dem Alphabet $\Sigma = \{a, c, g, t\}$.

- Die Menge aller arithmetischen Ausdrücke über dem Alphabet $\{0, \ldots, 9, +, -, *, /, \mathrm{sqr}, \exp, \log\}$. ◁

Wenn man Wörter aneinanderfügt, entstehen neue Wörter. Wir nennen dies Konkatenation (dies entspricht dem String-Operator „+" in Java).

Definition 2.1.8. Seien A, B Sprachen und v, w Wörter.

- Das Wort vw heißt *Konkatenation* der Wörter v, w.

- Das Wort w^n ist die n-fache Konkatenation von w. Dabei ist $w^0 = \varepsilon$.

- Die *Konkatenation* (oder das *Produkt*) der Sprachen A, B ist $AB = \{vw \mid v \in A, w \in B\}$.

- Die Sprache A^n ist die n-fache Konkatenation von A. Dabei ist $A^0 = \{\varepsilon\}$.

Für das leere Wort ε und alle Wörter w gilt

$$\varepsilon w = w\varepsilon = w$$

Das leere Wort ε ist damit das neutrale Element bezüglich der Konkatenation (vergleichbar mit der 1 für die Multiplikation). Ebenso gilt

$$\{\varepsilon\}A = A\{\varepsilon\} = A$$

für alle Sprachen A.

Mit diesen Operatoren lassen sich auf einfache Weise regelmässig aufgebaute Mengen konstruieren. Diese Idee wird in Abschnitt 2.2.6 mit den regulären Ausdrücken weitergeführt.

Beispiel 2.1.9. Sei $N_0 = \{0, 1, \ldots, 9, 10, \ldots\}$ die Sprache aller Dezimalzahlen aus $\mathbb{N}_0$. Dann ist $\{-\}N_0$ die Sprache aller negativen Dezimalzahlen und der Null und $Z = N_0 \cup \{-\}N_0$ die Sprache aller Dezimalzahlen aus $\mathbb{Z}$. Für $n \geq 0$ ist $Z(\{+\}Z)^n$ die Sprache aller Summen von Dezimalzahlen mit $n + 1$ Summanden.   ◁

Mit Definition 2.1.8 erhalten wir eine äquivalente Darstellung der Mengen Σ^* und Σ^+. Da Σ^n die Menge aller Wörter der Länge n ist, können wir Σ^* und Σ^+ schreiben als Vereinigung:

$$\Sigma^* = \bigcup_{n \geq 0} \Sigma^n \qquad \text{sowie} \qquad \Sigma^+ = \bigcup_{n \geq 1} \Sigma^n$$

Ferner ist Σ^* abgeschlossen unter Konkatenation: Für Wörter $w_1, w_2 \in \Sigma^*$ ist auch $w_1 w_2 \in \Sigma^*$. Daher heißt Σ^* auch *Konkatenationsabschluss* der Menge Σ.

Aufgaben

2.1.1[①] Bestimmen Sie $\emptyset^*$, $\{\varepsilon\}^*$, $\{a\}^*$.

2.1.2[①] Sei $\Sigma = \{a, b, c\}$ und $V = \{S, T, U\}$. Geben Sie für jede der folgenden Mengen drei Elemente mit verschiedener Länge an, die in der Menge liegen, und drei Elemente mit verschiedener Länge, die nicht in der Menge liegen:

  a) $\Sigma \cup \{\varepsilon\} \cup \Sigma V$

  b) $(V \cup \Sigma)^* V (V \cup \Sigma)^*$

2.1.3[①] Seien S, T, U Mengen. Zeigen Sie: $S(T \cup U) = ST \cup SU$.

2.1.4[②] Zeigen Sie, dass Σ^* abzählbar unendlich ist.

2.1.5[②] Zeigen Sie, dass die Menge aller Sprachen überabzählbar ist.

2.1.6[④] Zeigen Sie formal: $(\Sigma^*)^* = \Sigma^*$. Verwenden Sie dabei $\Sigma^* = \bigcup_{n \geq 0} \Sigma^n$.

2.2 Reguläre Sprachen

Reguläre Grammatiken, endliche Automaten sowie reguläre Ausdrücke (Abschnitt 2.2.6) beschreiben genau die regulären (Typ-3) Sprachen. Die endlichen Automaten umfassen die deterministischen und die nichtdeterministischen endlichen Automaten. Ein Automat ist ein Formalismus, der einen Zwischenschritt auf dem Weg zur maschinellen Verarbeitung einer formalen Sprache darstellt. Zwischen diesen Formalismen bestehen enge Zusammenhänge, die im Folgenden dargestellt werden.

2.2.1 Deterministische endliche Automaten (DFAs)

Während sich mit einer Grammatik ein Wort in einer Folge von Ableitungsschritten erzeugen lässt, verarbeitet ein Automat ein Wort und akzeptiert dieses oder nicht. Die Eingabe des Automaten ist eine Folge von Zeichen, die schrittweise verarbeitet werden. Nach jedem verarbeiteten Zeichen kann der Automat in einen beliebigen Zustand übergehen und die Folge der bisher verarbeiteten Zeichen entweder (i) akzeptieren oder (ii) nicht akzeptieren. Jeder Zustand, in dem sich der Automat im Fall (i) befindet, heißt *Endzustand*. Vor der Eingabe des ersten Zeichens befindet sich der Automat im *Startzustand*. Die einzige Möglichkeit, sich Dinge zu merken, besteht für den Automaten darin, in einen von endlich vielen Zuständen überzugehen.

Die Funktionsweise eines endlichen Automaten lässt sich am einfachsten durch einen gerichteten Graphen beschreiben, dessen Kanten mit Zeichen aus Σ beschriftet sind. Jeder Knoten des Graphen entspricht einem Zustand des Automaten. Der Startzustand ist durch einen eingehenden Pfeil gekennzeichnet, Endzustände durch zwei Kreise.

Beispiel 2.2.1. Der Automat M_1 in Abbildung 2.1 akzeptiert alle Wörter über $\Sigma = \{a, b, c\}$, die abc enthalten. Für jede Eingabe aus Σ^* startet M_1 im Startzustand z_0 und liest nacheinander alle Zeichen der Eingabe, wobei M_1 entsprechend der Kantenbeschriftung Zustände wechselt. Der Folgezustand kann dabei auch der selbe Zustand sein. Sobald M_1 den Endzustand z_E erreicht, hat M_1 die Eingabe akzeptiert. Für die

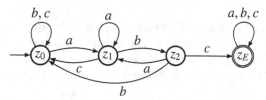

Abb. 2.1 DFA M_1

Eingabe $w = cbaababcc$ durchläuft M_1, beginnend mit dem Startzustand z_0, die Zustände $z_0, z_0, z_0, z_1, z_1, z_2, z_1, z_2, z_E, z_E$. Da der letzte Zustand ein Endzustand ist, akzeptiert M_1 das Wort w. ◁

Die Erkennung von Zeichenketten ist eine der wichtigsten Anwendungen endlicher Automaten. Im Compilerbau werden endliche Automaten für die lexikalische Analyse (Abschnitt 2.2.9) verwendet.

Abb. 2.2 Überführungsfunktion δ mit $\delta(z, a) = z'$

Der Automat aus dem eben betrachteten Beispiel ist ein DFA *(Deterministic Finite Automaton)*, was bedeutet, dass der Automat nach jedem gelesenen Zeichen in genau einen Folgezustand wechselt. Für die graphische Darstellung heißt das, dass von keinem Knoten zwei mit dem gleichen Zeichen beschriftete Kanten ausgehen.

Ein DFA M besitzt genau einen Startzustand und mindestens einen Endzustand. Die von M akzeptierte Sprache $L(M)$ besteht aus allen Eingaben $w \in \Sigma^*$, so dass M nach dem Lesen von w einen Endzustand erreicht.

Definition 2.2.2. Ein *DFA* ist ein Tupel $M = (Z, \Sigma, \delta, z_0, E)$, wobei gilt

- Z ist die Menge der Zustände.

- Σ ist das Eingabealphabet.

- $\delta : Z \times \Sigma \to Z$ ist die *Überführungsfunktion*. Dabei bedeutet $\delta(z, a) = z'$, dass M im Zustand z für die Eingabe a in den Zustand z' wechselt (Abbildung 2.2).

- $z_0 \in Z$ ist der Startzustand.

- $E \subseteq Z$ ist die Menge der Endzustände.

Beispiel (Fortsetzung). Der DFA M_1 lässt sich formal beschreiben durch $M_1 = (Z, \Sigma, \delta, z_0, E)$ mit $Z = \{z_0, z_1, z_2, z_E\}$, $\Sigma = \{a, b, c\}$, $E = \{z_E\}$ und δ wie in folgender Tabelle angeben:

δ	z_0	z_1	z_2	z_E
a	z_1	z_1	z_1	z_E
b	z_0	z_2	z_0	z_E
c	z_0	z_0	z_E	z_E

◁

Wir definieren nun die Sprache $L(M)$ als Menge aller Wörter w, für die der DFA M, gestartet im Zustand z_0 mit Eingabe w, einen Endzustand erreicht. Dazu definieren wir die erweiterte Überführungsfunktion $\hat{\delta}$. $\hat{\delta}(z, w)$ gibt an, in welchen Zustand sich M befindet, nachdem M, ausgehend vom Zustand z, das Wort w gelesen hat.

Definition 2.2.3. Sei $M = (Z, \Sigma, \delta, z_0, E)$ ein DFA.

- Die *erweiterte Überführungsfunktion* $\hat{\delta} : Z \times \Sigma^* \to Z$ von M ist definiert durch

$$\hat{\delta}(z, w) = \begin{cases} z & \text{für } w = \varepsilon \\ \hat{\delta}(\delta(z, a), x) & \text{für } w = ax \text{ mit } a \in \Sigma, x \in \Sigma^* \end{cases}$$

- Die von M *akzeptierte Sprache* ist $L(M) = \{w \in \Sigma^* \mid \hat{\delta}(z_0, w) \in E\}$.

Wenn wir die rekursive Definition der erweiterte Überführungsfunktion $\hat{\delta}$ expandieren, erhalten wir $\hat{\delta}(z, a_1 a_2 \ldots a_n) = \delta(\ldots \delta(\delta(z, a_1), a_2) \ldots, a_n)$.

Beispiel (Fortsetzung). Mit δ wie in obiger Tabelle angegeben erhalten wir

$$\hat{\delta}(z_0, cbaababcc) = \hat{\delta}(\delta(z_0, c), baababcc) =$$
$$\hat{\delta}(z_0, baababcc) = \hat{\delta}(\delta(z_0, b), aababcc) =$$
$$\hat{\delta}(z_0, aababcc) = \hat{\delta}(\delta(z_0, a), ababcc) =$$
$$\hat{\delta}(z_1, ababcc) = \hat{\delta}(\delta(z_1, a), babcc) =$$
$$\hat{\delta}(z_1, babcc) = \hat{\delta}(\delta(z_1, b), abcc) =$$
$$\hat{\delta}(z_2, abcc) = \hat{\delta}(\delta(z_2, a), bcc) =$$
$$\hat{\delta}(z_1, bcc) = \hat{\delta}(\delta(z_1, b), cc) =$$
$$\hat{\delta}(z_2, cc) = \hat{\delta}(\delta(z_2, c), c) =$$
$$\hat{\delta}(z_E, c) = \hat{\delta}(\delta(z_E, c), \varepsilon) =$$
$$\hat{\delta}(z_E, \varepsilon) = z_E$$

und damit $cbaababcc \in L(M_1)$. In dieser Ableitung erhalten wir genau die Zustandsfolge, die der DFA für die Eingabe $cbaababcc$ durchläuft. ◁

Aus Definition 2.2.3 erhält man eine Methode, um einen DFA zu implementieren. In folgendem Code muss die Überführungsfunktion δ als zweidimensionales Array `delta` und die Menge der Endzustände als Array `finalStates` gegeben sein. Damit lässt sich $\hat{\delta}$ als rekursive Funktion darstellen. Der Aufruf `w.substring(1)` liefert das Wort `w` ohne das erste Zeichen. Wenn der Startzustand des DFA 0 ist, kann damit festgestellt werden, ob ein Wort zu der vom DFA akzeptierten Sprache gehört. Dieses Verfahren besitzt eine Laufzeit in $O(|w|)$, da in jedem Schritt ein Zeichen von w verarbeitet wird.

```
int deltaHat(int z, String w) {
  if(w.length() == 0) return z;
  else return deltaHat(delta[z][w.charAt(0)], w.substring(1));
}

boolean isFinalState(int z) {
  return finalStates.asList.contains(z);
}

boolean accepted(String w) {
  int startState = 0;
  return isFinalState(deltaHat(startState, w));
}
```

Wenn ein Unicode-Zeichensatz verwendet wird, enthält das Array `delta` allerdings 2^{16} Spalten. Es lassen sich Zeit und Platz bei der Konstruktion des DFA sparen, wenn die Zeichen auf ein kleineres Alphabet abgebildet werden.

Aufgaben

2.2.1[①]   Geben Sie einen DFA an, der alle Wörter über dem Alphabet $\{a, n, s, x\}$ akzeptiert, die auf ananas enden.

2.2.2[②]   Geben Sie alle Sprachen an, die in $\{L(M) \mid L(M)$ wird akzeptiert von einem DFA mit genau einem Zustand$\}$ liegen.

2.2.3[②]   Sei $M = (Z, \Sigma, \delta, z_0, E)$ ein DFA und $M' = (Z, \Sigma, \delta, z_0, Z)$. Zeigen Sie: $L(M') = \Sigma^*$.

2.2.4[②]   Konstruieren Sie einen DFA über $\Sigma = \{a, b, c\}$, der alle Strings akzeptiert, die aba oder acb enthalten.

Welche Zeit braucht der DFA, um aba oder acb in einem String der Länge n zu finden?

2.2.5[④]   Sei $L = \{x \in \{0, 1\}^+ \mid$ Die Binärzahl x ist durch 3 teilbar$\}$. Geben Sie einen DFA M an mit $L(M) = L$.

2.2.2 Nichtdeterministische endliche Automaten (NFAs)

Nichtdeterminismus ist ein wichtiges Konzept in der Automatentheorie, das auch bei den Kellerautomaten (Abschnitt 2.3.1) und den Turing-Maschinen (Abschnitt 2.5.5) verwendet wird. Von zentraler Bedeutung ist der Unterschied zwischen deterministischen und nichtdeterministischen Turing-Maschinen in der Komplexitätstheorie (Abschnitt 3.3).

In Beispiel 2.2.1 oder in Aufgabe 2.2.1 besteht eine Schwierigkeit darin, die Rückwärtskanten des DFA zu konstruieren. Die Rückwärtskanten sind die Übergänge, die zu einem bereits durchlaufenen Zustand führen, wenn mit dem gelesenen Zeichen ein Präfix des gesuchten Wortes nicht verlängert werden kann. Bei der Konstruktion eines nichtdeterministischen Automaten besteht dieses Problem nicht. Für viele Probleme ist es einfacher, einen nichtdeterministische Automaten anzugeben als einen deterministischen Automaten.

Ein nichtdeterministischer endlicher Automat oder *NFA (Nondeterministic Finite Automaton)* ist eine Verallgemeinerung eines deterministischen endlichen Automaten (DFA). Während ein DFA für jedes Paar aus Zustand und gelesenem Zeichen genau einen Folgezustand besitzt, besitzt ein NFA beliebig viele Folgezustände. In der graphischen Darstellung wird dies durch ebenso viele mit dem gleichen Zeichen beschriftete Kanten ausgedrückt, die von einem Knoten (Zustand) ausgehen (Abbildung 2.3). Die Anzahl der möglichen Folgezustände für ein gelesenes Zeichen kann auch null sein.

Beispiel 2.2.4. Der NFA M_2 in Abbildung 2.4 akzeptiert die gleiche Sprache wie der DFA M_1 aus Beispiel 2.2.1. Verglichen mit dem DFA M_1 ist der NFA M_2 wesentlich einfacher konstruiert, da keine Rückwärtskanten notwendig sind.   ◁

Wie ist dieser Nichtdeterminismus zu verstehen? Eine Möglichkeit besteht darin, einen NFA als ein Modell zur Beschreibung zulässiger Zustandsfolgen zu betrachten.

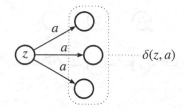

Abb. 2.3 Überführungsfunktion eines NFA

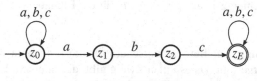

Abb. 2.4 NFA M_2

So wie eine Straßenkarte ein Modell für die möglichen Wege durch eine Stadt ist, so ist ein NFA ein Modell, das mögliche Wege im NFA bzw. Zustandsfolgen bei der Verarbeitung eines Wortes beschreibt. Der NFA akzeptiert eine Eingabe, wenn es dabei eine Zustandsfolge gibt, die zu einem Endzustand führt. So wie auch eine Straßenkarte nicht „weiß", welche Abzweigung an einer Kreuzung zu nehmen ist, so „weiß" auch ein NFA nicht, welcher Folgezustand auszuwählen ist. Wir können lediglich ablesen, welche Übergänge möglich sind und welche nicht.

⚠ Ein NFA „weiß" nicht, welcher Folgezustand auszuwählen ist. Ein NFA ist ein abstraktes Modell, das mögliche Zustandsfolgen beschreibt. Ein NFA lässt sich nicht unmittelbar als Programm implementieren.

Beispiel (Fortsetzung). Für die Eingabe $w = cbaababcc$ kann M_2 die Zustandsfolge $z_0, z_0, z_0, z_0, z_0, z_0, z_1, z_2, z_E, z_E$ durchlaufen und damit einen Endzustand erreichen. Daher wird w von M_2 akzeptiert. Für die Eingabe $abcabc$ gibt es zwei Zustandsfolgen, die M_2 durchlaufen kann, um einen Endzustand zu erreichen ($z_0, z_0, z_0, z_0, z_1, z_2, z_E$ sowie $z_0, z_1, z_2, z_E, z_E, z_E, z_E$). Dagegen gibt es für die Eingabe $abba$ keine Zustandsfolge, mit der M_2 einen Endzustand erreichen kann. Daher wird $abba$ nicht von M_2 akzeptiert. ◁

Oft werden Formulierungen wie „der NFA wählt nichtdeterministisch ein Folge von Zuständen aus, die zu einem Endzustand führt." verwendet. Diese ist in dem Sinne zu verstehen, dass für die gegebene Eingabe eine derartige Zustandsfolge existiert. Dies ist vergleichbar mit der Auswahl von Regeln einer Grammatik, um ein gegebenes Wort abzuleiten.

Eine andere Möglichkeit zum Verständnis des Nichtdeterminismus besteht darin, diesen als parallele Berechnung zu betrachten. Wenn es mehrere Folgezustände gibt, teilt sich die Berechnung in mehrere Zweige auf, die unabhängig voneinander verfolgt werden. Wenn einer dieser Zweige einen Zustand erreicht, der keinen Folgezustand besitzt, wird die Berechnung dieses Zweigs beendet. Erreicht ein Zweig mit dem letzten Zeichen der Eingabe einen Endzustand, dann wird die Eingabe akzeptiert.

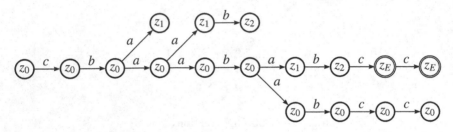

Abb. 2.5 Berechnungsbaum des NFA M_2 für die Eingabe $w = cbaababcc$

Beispiel (Fortsetzung). Der Berechnungsbaum für die Eingabe $w = cbaababcc$ ist in Abbildung 2.5 dargestellt. Da es einen Zweig gibt, der in einem Endzustand endet und der alle Zeichen von w enthält, akzeptiert M_2 die Eingabe w.   ◁

Den beiden Betrachtungsweisen des Nichtdeterminismus entsprechen zwei Möglichkeiten, den Übergang des NFA in Folgezustände formal zu definieren. Dies lässt sich zum einen durch eine Überführungsrelation δ definieren, die Tripel der Form (Zustand, Zeichen, Folgezustand) enthält. Die andere Möglichkeit besteht darin, eine Überführungsfunktion δ zu definieren, in der die möglichen Folgezustände zu einer Menge zusammengefaßt sind: Für einen Zustand z und ein Zeichen $a \in \Sigma$ ist $\delta(z, a)$ die Menge von Zuständen, in die M übergehen kann (Abbildung 2.3). Damit ist die Überführungsfunktion eines NFA eine Abbildung in die Potenzmenge von Z. Überführungsrelation und Überführungsfunktion sind gleichwertige Formalismen. Wir verwenden hier die Überführungsfunktion zur Definition eines NFA.

Definition 2.2.5. Ein *NFA* ist ein Tupel $M = (Z, \Sigma, \delta, S, E)$, wobei gilt

- Z ist die Menge der Zustände.

- Σ ist das Eingabealphabet.

- $\delta : Z \times \Sigma \to \mathcal{P}(Z)$ ist die *Überführungsfunktion*. Dabei bedeutet $z' \in \delta(z, a)$, dass M im Zustand z für die Eingabe a in den Zustand z' wechseln kann.

- $S \subseteq Z$ ist die Menge der Startzustände.

- $E \subseteq Z$ ist die Menge der Endzustände.

Ein DFA können wir als Spezialfall eines NFA mit einem Startzustand und $|\delta(z, a)| = 1$ für alle $z \in Z$, $a \in \Sigma$ betrachteten. Für $\delta(z, a) = \emptyset$ besitzt ein NFA keinen Folgezustand. Dies lässt sich als „Sackgasse" oder erfolgloses Ende eines Berechnungszweiges interpretieren.

Beispiel (Fortsetzung). Der NFA M_2 lässt sich formal beschreiben durch $M_2 = (Z, \Sigma, \delta, S, E)$ mit $Z = \{z_0, z_1, z_2, z_E\}$, $\Sigma = \{a, b, c\}$, $S = \{z_0\}$, $E = \{z_E\}$ und δ wie in folgender

Tabelle angeben:

δ	z_0	z_1	z_2	z_E
a	$\{z_0, z_1\}$	$\emptyset$	$\emptyset$	$\{z_E\}$
b	$\{z_0\}$	$\{z_2\}$	$\emptyset$	$\{z_E\}$
c	$\{z_0\}$	$\emptyset$	$\{z_E\}$	$\{z_E\}$

◁

Um schließlich die Definition der erweiterten Überführungsfunktion eines DFA (Definition 2.2.3) für einen NFA zu verallgemeinern, stellen wir zwei Überlegungen an:

- Da nach Definition 2.2.5 die Überführungsfunktion δ eines NFA in eine Menge von Folgezuständen abbildet, muss das erste Argument von $\hat{\delta}$ eine Menge von Zuständen bzw. ein Element $\mathbf{z}$ der Potenzmenge von Z sein.

- Aus dem gleichen Grund muss auch $\hat{\delta}(\mathbf{z}, w)$ eine Menge von Zuständen sein.

Für einen NFA M definieren wir $\hat{\delta}(\mathbf{z}, w)$ als Menge der Zustände, die M für die Eingabe $w \in \Sigma^*$ erreichen kann, wenn M sich in einem der Zustände aus $\mathbf{z}$ befindet. Damit definieren wir die von M akzeptierte Sprache als Menge aller Wörter, für die M ausgehend von einem Startzustand einen Endzustand erreichen kann.

Definition 2.2.6. Sei $M = (Z, \Sigma, \delta, S, E)$ ein NFA.

- Die *erweiterte Überführungsfunktion* $\hat{\delta} : \mathcal{P}(Z) \times \Sigma^* \to \mathcal{P}(Z)$ von M ist definiert durch

$$\hat{\delta}(\mathbf{z}, w) = \begin{cases} \mathbf{z} & \text{für } w = \varepsilon \\ \hat{\delta}(\delta(\mathbf{z}, a), x) & \text{für } w = ax \text{ mit } a \in \Sigma, x \in \Sigma^* \end{cases}$$

wobei

$$\delta(\mathbf{z}, a) := \bigcup_{z \in \mathbf{z}} \delta(z, a)$$

- Die von M akzeptierte Sprache ist $L(M) = \{w \in \Sigma^* \mid \hat{\delta}(S, w) \cap E \neq \emptyset\}$.

Auch die rekursive Definition der erweiterte Überführungsfunktion $\hat{\delta}$ eines NFA lässt sich expandieren zu $\hat{\delta}(\mathbf{z}, a_1 a_2 \ldots a_n) = \delta(\ldots \delta(\delta(\mathbf{z}, a_1), a_2) \ldots, a_n)$. Beachten Sie, dass in Definition 2.2.6 das erste Argument der Überführungsfunktion δ erweitert wird auf Mengen von Zuständen. Um die Notation einfach zu halten, verwenden wir in beiden Fällen die Bezeichnung δ.

Beispiel (Fortsetzung). Mit δ wie in obiger Tabelle angegeben erhalten wir

$$\hat{\delta}(\{z_0\}, cbaababcc) = \hat{\delta}(\delta(\{z_0\}, c), baababcc) = \hat{\delta}(\delta(z_0, c), baababcc) =$$

$$\hat{\delta}(\{z_0\}, baababcc) = \hat{\delta}(\delta(\{z_0\}, b), aababcc) = \hat{\delta}(\delta(z_0, b), aababcc) =$$

$$\hat{\delta}(\{z_0\}, aababcc) = \hat{\delta}(\delta(\{z_0\}, a), ababcc) = \hat{\delta}(\delta(z_0, a), ababcc) =$$

$$\hat{\delta}(\{z_0, z_1\}, ababcc) = \hat{\delta}(\delta(\{z_0, z_1\}, a), babcc) = \hat{\delta}(\delta(z_0, a) \cup \delta(z_1, a), babcc) =$$

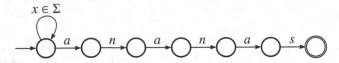

Abb. 2.6 NFA, der Wörter erkennt, die auf ananas enden (vgl. Aufgabe 2.2.1)

$$\hat{\delta}(\{z_0, z_1\}, babcc) = \hat{\delta}(\delta(\{z_0, z_1\}, b), abcc) = \hat{\delta}(\delta(z_0, b) \cup \delta(z_1, a), b), abcc) =$$

$$\hat{\delta}(\{z_0, z_2\}, abcc) = \hat{\delta}(\delta(\{z_0, z_2\}, a), bcc) = \hat{\delta}(\delta(z_0, a) \cup \delta(z_2, a), bcc) =$$

$$\hat{\delta}(\{z_0, z_1\}, bcc) = \hat{\delta}(\delta(\{z_0, z_1\}, b), cc) = \hat{\delta}(\delta(z_0, b) \cup \delta(z_1, b), cc) =$$

$$\hat{\delta}(\{z_0, z_2\}, cc) = \hat{\delta}(\delta(\{z_0, z_2\}, c), c) = \hat{\delta}(\delta(z_0, c) \cup \delta(z_2, c)) =$$

$$\hat{\delta}(\{z_0, z_E\}, c) = \hat{\delta}(\delta(\{z_0, z_E\}, c), \varepsilon) = \hat{\delta}(\delta(z_0, c) \cup \delta(z_E, c)) =$$

$$\hat{\delta}(\{z_0, z_E\}, \varepsilon) = \{z_0, z_E\}$$

und damit $cbaababcc \in L(M_1)$. Die Zustandsmengen, die als erstes Argument sowie als Funktionswert der Funktion $\hat{\delta}$ vorkommen, lassen sich interpretieren als „der NFA kann mit den gelesenen Zeichen jeden Zustand aus dieser Menge erreichen". In diesem Sinne kann der NFA nach dem Lesen des Wortes jeden Zustand aus $\{z_0, z_E\}$ und daher einen Endzustand erreichen. Vergleichen Sie die Folge der Zustandsmengen, die sich aus dieser Ableitung ergibt, mit Abbildung 2.5.   ◁

Mit einem NFA lässt sich sehr einfach ein Pattern-Matcher konstruieren, der zum Beispiel alle Wörter erkennt, die abc enthalten (Beispiel 2.2.4) oder die auf ananas enden (Abbildung 2.6). Um daraus einen effizienten Algorithmus zur Suche in Texten zu erhalten, sind weitere Schritte notwendig. Zwar kann Definition 2.2.6 verwendet werden, um einen NFA auf dem Computer zu simulieren (vgl. das Verfahren am Ende von Abschnitt 2.2.1). Effizienter ist es jedoch, den NFA zuerst in einen DFA umzuwandeln.

Aufgaben

2.2.6[①] Sei $M = (\{z_1, z_2, z_3\}, \{a, b\}, \delta, \{z_1\}, \{z_3\})$, wobei δ durch folgende Tabelle gegeben ist:

δ	z_1	z_2	z_3
a	$\{z_1, z_2\}$	$\{z_2\}$	$\emptyset$
b	$\{z_1\}$	$\{z_2, z_3\}$	$\emptyset$

a) Ist M ein NFA oder ein DFA?

b) Berechnen Sie $\hat{\delta}(\{z_1\}, ba)$ sowie $\hat{\delta}(\{z_1\}, babb)$ und entscheiden Sie, ob die Wörter akzeptiert werden. Verwenden Sie dazu die entsprechenden Definitionen von $\hat{\delta}$ und $L(M)$.

Abb. 2.7 Konstruktion neuer Zustände bei der Umwandlung NFA → DFA

2.2.3 Umwandlung eines NFA in einen DFA

Der Beweis des folgenden Satzes liefert ein Verfahren, um einen NFA in einen DFA umzuwandeln.

Satz 2.2.7. Für jeden NFA gibt es einen DFA, der die gleiche Sprache akzeptiert.

Beweis (Idee). Wir konstruieren eine DFA, der jede mögliche Berechnung des NFA simuliert. Dazu fassen wir jeweils mehrere Zustände $z_{i_1}, z_{i_2}, \ldots$ des NFA zu einem Zustand $\mathbf{z} = \{z_{i_1}, z_{i_2}, \ldots\}$ des DFA zusammen, den wir mit „der NFA befindet sich in einem der Zustände aus $\mathbf{z}$" interpretieren. Wir beginnen mit den Startzuständen des NFA, die wir zum Startzustand des DFA zusammenfassen. Für jeden neu konstruierten Zustand $\mathbf{z}$ des DFA und jedes Zeichen $a \in \Sigma$ betrachten wir anschließend die Zustände, die der NFA mit der Eingabe a von einem der Zustände aus $\mathbf{z}$ erreichen kann. Die Menge dieser Zustände definiert einen weiteren Zustand $\mathbf{z}'$ des DFA und einen Übergang $\delta(\mathbf{z}, a) = \mathbf{z}'$ (Abbildung 2.7). Diesen Übergang interpretieren wir mit „wenn sich der NFA in einem der Zustände aus $\mathbf{z}$ befindet, dann wechselt er mit der Eingabe a in einen der Zustände aus $\mathbf{z}'$".

Wenn $\mathbf{z}$ ein Zustand des DFA ist, der einen Endzustand des NFA enthält, dann ist auch $\mathbf{z}$ ein Endzustand.

Alle jetzt noch fehlenden Übergänge des DFA führen wir in einen Fehlerzustand, der nicht mehr verlassen werden kann (Abbildung 2.8).

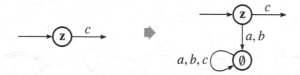

Abb. 2.8 Fehlerzustand

Für einen NFA $M_{NFA} = (Z, \Sigma, \delta_{NFA}, S, E)$ ist der entsprechende DFA gegeben durch $M_{DFA} = (\mathcal{P}(Z), \Sigma, \delta_{DFA}, S, \{\mathbf{z} \mid \mathbf{z} \cap E \neq \emptyset\})$ mit $\delta_{DFA}(\mathbf{z}, a) = \delta_{NFA}(\mathbf{z}, a)$, wobei $\mathbf{z} \in \mathcal{P}(Z)$, $a \in \Sigma$ und $\delta_{NFA}(\mathbf{z}, a)$ in Definition 2.2.3 als Vereinigung von Zustandsmengen definiert ist. Überflüssige Zustände, also solche, die vom Startzustand aus nicht erreichbar sind, können dabei entfernt werden. □

Beispiel 2.2.8. Wir konstruieren aus dem NFA M_2 aus Beispiel 2.2.4 schrittweise einen DFA M_3, der die gleiche Sprache akzeptiert. Der einzige Startzustand ist z_0, der für die Eingaben b, c nicht verlassen werden kann. Für die Eingabe a kann M_2 in z_0 bleiben oder in z_1 wechseln. Im ersten Schritt erhalten wir für M_3 also die Zustände $\{z_0\}$ und $\{z_0, z_1\}$:

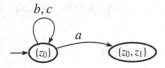

Als Nächstes betrachten wir den neuen Zustand $\{z_0, z_1\}$, der die Zustände z_0 und z_1 von M_2 repräsentiert. Für die Eingabe a kann M_2 im Zustand z_0 in z_0 bleiben oder in z_1 wechseln. Vom Zustand z_1 geht dagegen keine mit a beschriftete Kante aus, so dass hier die Menge der Folgezustände leer ist. Für die Eingabe a ist die Menge der Folgezustände von z_0 und z_1 damit wieder $\{z_0, z_1\}$, und wir erhalten eine Kante von $\{z_0, z_1\}$ nach $\{z_0, z_1\}$. Für die Eingabe b bleibt M_2 im Zustand z_0 in diesem Zustand, in z_1 geht M_2 in z_2 über. Damit erhalten wir eine mit b beschriftete Kante nach $\{z_0, z_2\}$. Für die Eingabe c bleibt M_2 im Zustand z_0 in diesem Zustand, in z_1 gibt es für c keinen Folgezustand. Die Menge der Zustände, die M_2 für die Eingabe c von $\{z_0, z_1\}$ aus erreichen kann, ist folglich $\{z_0\}$. Damit erhalten wir im zweiten Schritt:

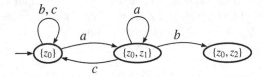

Im nächsten Schritt betrachten wir $\{z_0, z_2\}$ und erhalten

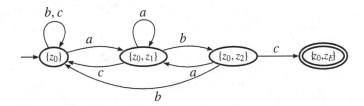

Der Zustand $\{z_0, z_E\}$ ist ein Endzustand, weil er einen Endzustand von M_2 enthält. Zuletzt müssen wir nur noch $\{z_0, z_E\}$ betrachten, wobei wir gleich eine vereinfachende Betrachtung anstellen: Da M_2 in z_E für jede Eingabe in z_E bleibt, ist in M_3 jeder Zustand, der von $\{z_0, z_E\}$ ausgeht, ebenfalls ein Endzustand. Das heißt aber, dass diese Zustände die von M_3 akzeptierte Sprache nicht verändern und deshalb zu einem einzigen Endzustand zusammengefasst werden können:

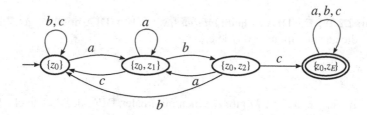

Bis auf die Benennung der Zustände ist der DFA M_3 mit M_1 identisch.   ◁

2.2.4 Minimierung von Automaten

Bei der Umwandlung eines NFA in einen DFA kann im ungünstigsten Fall jede Teilmenge von Zuständen des NFA zu einem Zustand des DFA werden. Der DFA kann daher bis zu $|\mathcal{P}(Z)| = 2^{|Z|}$ Zustände enthalten, wenn Z die Zustandsmenge des NFA ist. Oft enthält der so konstruierte DFA Zustände, die sich zusammenfassen lassen. Bei der Konstruktion des *Minimalautomaten* werden Paare von nicht äquivalenten Zuständen markiert und die verbleibenden, äquivalenten Zustände zusammengefasst. Weil sich die Nicht-Äquivalenz von Zuständen einfacher feststellen läßt als deren Äquivalenz (s. Ende dieses Abschnitts), definieren wir:

Definition 2.2.9. Zwei Zustände z, z' sind *nicht äquivalent*, wenn

(1) entweder z oder z' ein Endzustand ist oder

(2) für ein Zeichen $a \in \Sigma$ die Folgezustände $\delta(z, a)$, $\delta(z', a)$ nicht äquivalent sind.

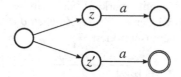

Abb. 2.9 z, z' sind nicht äquivalent.

Diese Definition liefert einen rekursiven Algorithmus, um Paare nicht äquivalenter Zustände zu bestimmen. Dazu stellen wir eine Tabelle von Paaren von Zuständen $\{z, z'\}$ auf und markieren Paare, die (1) in Definition 2.2.9 erfüllen. Dann werden rekursiv Paare markiert, die (2) erfüllen, bis sich nichts mehr ändert. Die dann noch unmarkierten Paare von Zuständen sind nicht nicht äquivalent (und damit äquivalent) und können zusammengefasst werden. Falls es Zustände gibt, die vom Startzustand aus nicht erreichbar sind (überflüssige Zustände), werden diese vorher entfernt.

Mit diesem Verfahren lässt sich zu jedem DFA ein eindeutiger Minimalautomat konstruieren.

Definition 2.2.10. Ein DFA M heißt *minimal*, wenn kein DFA mit weniger Zuständen als M die gleiche Sprache wie M erkennt.

Satz 2.2.11. Für jeden DFA M gibt es einen minimalen DFA, der die gleiche Sprache erkennt wie M. Der minimale DFA ist eindeutig bis auf Umbenennung der Zustände.

Beispiel 2.2.12. Wir minimieren folgenden DFA:

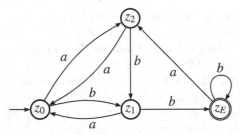

In der Zustandstabelle (aus Symmetriegründen brauchen wir nur das obere Dreieck) markieren wir Paare von Endzuständen und Nicht-Endzuständen mit ×:

	z_0	z_1	z_2	z_E
z_0	░			×
z_1	░	░		×
z_2	░	░	░	×

Nun betrachten wir das Paar $\{z_0, z_1\}$. Für das Zeichen b ist das Paar der Folgezustände $\{\delta(z_0, b), \delta(z_1, b)\} = \{z_1, z_E\}$ bereits markiert, also wird auch $\{z_0, z_1\}$ markiert. Auch $\{z_1, z_2\}$ wird markiert, denn wieder ist für das Zeichen b das Paar der Folgezustände $\{\delta(z_1, b), \delta(z_2, b)\} = \{z_E, z_1\}$ bereits markiert.

	z_0	z_1	z_2	z_E
z_0	░	×		×
z_1	░	░	×	×
z_2	░	░	░	×

Für das Paar $\{z_0, z_2\}$ finden wir für kein Zeichen ein Paar von markierten Folgezuständen, was bedeutet, dass z_0 und z_2 äquivalent sind. Indem diese Zustände verschmolzen werden, erhalten wir den Minimalautomaten:

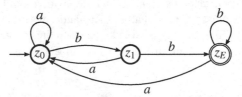

Bis auf die Benennung der Zuständc ist jeder DFA, der die Sprache $\{xbb \mid x \in \{a, b\}^*\}$ akzeptiert, mit diesem Minimalautomaten identisch. $\triangleleft$

Mit Hilfe der erweiterten Überführungsfunktion $\hat{\delta}$ können äquivalente Zustände wie folgt beschrieben werden: Zustände z, z' sind äquivalent, wenn für alle $w \in \Sigma^*$ gilt:

$$\hat{\delta}(z, w) \in E \iff \hat{\delta}(z', w) \in E$$

Das heißt, für kein $w \in \Sigma^*$ macht es einen Unterschied, ob der DFA in z oder z' startet.

Aufgaben

2.2.7[②] Zeigen oder widerlegen Sie folgende Behauptung: Seien M_1, M_2 minimale DFAs mit k_1 bzw. k_2 Zuständen. Dann gilt: $L(M_1) \subseteq L(M_2) \implies k_1 \leq k_2$.

2.2.5 Automaten und reguläre Grammatiken

Die regulären Grammatiken sind ein Spezialfall der kontextfreien Grammatiken, die in Abschnitt 2.3.2 eingeführt werden.

Nach Tabelle 2.2 haben in einer regulären Grammatik alle Regeln eine der Formen

$$\begin{aligned}
\textit{Variable} \quad &\rightarrow \quad \varepsilon \\
\textit{Variable} \quad &\rightarrow \quad \textit{Terminalsymbol} \\
\textit{Variable} \quad &\rightarrow \quad \textit{Terminalsymbol Variable}
\end{aligned}$$

Die regulären Grammatiken erzeugen nach Definition 2.6.1 genau die regulären Sprache. Im Folgenden wird gezeigt, dass die endlichen Automaten genau die regulären Sprachen akzeptieren.

Lemma 2.2.13. Für jeden DFA M gibt es eine reguläre Grammatik G mit $L(G) = L(M)$.

Beweis (Idee). Die Zustände von M entsprechende den Variablen von G, die Zustandsübergänge den Regeln der Grammatik. Für jeden Zustand z führen wir eine Variable Z ein, für jeden Übergang $\delta(z, a) = z'$ die Regel $Z \rightarrow aZ'$. Für jeden Endzustand z führen wir die Regel $Z \rightarrow \varepsilon$ ein. Wenn z_0 der Startzustand von M ist, dann ist Z_0 das Startsymbol der Grammatik. $\square$

Beispiel 2.2.14. Für den DFA M_1 aus Beispiel 2.2.1 geben wir eine Grammatik G an mit $L(G) = L(M_1)$. Dazu führen wir für die Zustände z_0, z_1, z_2, z_E die Variablen Z_0, Z_1, Z_2, Z_E ein und die Regeln

$$\begin{aligned}
Z_0 &\rightarrow aZ_1 \mid bZ_0 \mid cZ_0 \\
Z_1 &\rightarrow aZ_1 \mid bZ_2 \mid cZ_0 \\
Z_2 &\rightarrow aZ_1 \mid bZ_0 \mid cZ_E \\
Z_E &\rightarrow aZ_E \mid bZ_E \mid cZ_E \mid \varepsilon
\end{aligned}$$

Das Startsymbol ist Z_0. Das Beispielwort $w = cbaababcc$ lässt sich ableiten durch

$Z_0 \Rightarrow cZ_0 \Rightarrow cbZ_0 \Rightarrow cbaZ_1 \Rightarrow cbaaZ_1 \Rightarrow cbaabZ_2 \Rightarrow cbaabaZ_1 \Rightarrow cbaababZ_2 \Rightarrow$
$cbaababcZ_E \Rightarrow cbaababccZ_E \Rightarrow cbaababcc$

In dieser Ableitung erscheinen die Variablen in der gleichen Reihenfolge, in der auch die entsprechenden Zustände des DFA M_1 durchlaufen werden.   ◁

Dieses Vorgehen lässt sich umkehren, um aus einer regulären Grammatik einen endlichen Automaten zu erzeugen. Da eine reguläre Grammatik jedoch Regeln wie $S \rightarrow aX, S \rightarrow aY$ enthalten kann, ist das Ergebnis ein NFA.

Lemma 2.2.15. Für jede reguläre Grammatik G gibt es einen NFA M mit $L(M) = L(G)$.

Beweis (Idee). Die Variablen von G sind die Zustände von M, die Regeln entsprechenden den Zustandsübergängen. Für jede Regel $A \rightarrow aA'$ führen wir einen Übergang $A' \in \delta(A, a)$ ein. Falls $A \rightarrow \varepsilon$ eine Regel der Grammatik ist, so ist A ein Endzustand. Regeln der Form $A \rightarrow a$ ersetzen wir durch $A \rightarrow aA', A' \rightarrow \varepsilon$, wobei A' eine neue Variable ist. Die Menge der Startzustände des NFA ist $\{S\}$, wenn S das Startsymbol der Grammatik ist.   □

Beispiel 2.2.16. Sei G die Grammatik mit den Regeln

$$S \rightarrow aS \mid bS \mid cS \mid aA$$
$$A \rightarrow bB$$
$$B \rightarrow cC$$
$$C \rightarrow aC \mid bC \mid cC \mid \varepsilon$$

Mit dem Verfahren aus Lemma 2.2.15 erhalten wir folgenden NFA:

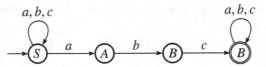

Bis auf die Benennung der Zustände ist dieser mit dem NFA aus Beispiel 2.2.4 identisch.   ◁

Wir erhalten mit den Lemmata 2.2.13, 2.2.15 und Satz 2.2.7 allgemeine Verfahren für die folgenden Umformungen:

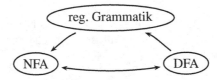

Als Folgerung erhalten wir

Satz 2.2.17. NFAs und DFAs akzeptieren genau die regulären Sprachen.

Aufgaben

2.2.8[②] Zeigen Sie, dass sich jede mehrdeutige reguläre Grammatik G_1 immer in eine eindeutige reguläre Grammatik G_2 umwandeln lässt. Wie viele Variablen kann G_2 in diesem Fall enthalten?

2.2.9[②] Sei $L = \{x \in \{0,1\}^+ \mid x = x_1 \ldots x_n$ für ein n und $x_1 \oplus \cdots \oplus x_n = 0\}$, wobei $\oplus$ die Addition modulo 2 ist. Zeigen Sie, dass L regulär ist.

2.2.10[②] Sei $L = \{x \in \{a,b\}^* \mid x$ enthält genauso viele Substrings ab wie Substrings $ba\}$. Zeigen Sie, dass L regulär ist.

2.2.11[③] Seien L eine reguläre Sprache und $a \in \Sigma$. Zeigen Sie, dass auch

a) $L_1 = \{w \mid aw \in L\}$

b) $L_2 = \{w \mid wa \in L\}$

regulär sind.

2.2.12[③] Sei L regulär. Zeigen Sie, dass auch

$$L^R = \{w^R \mid w \in L\}$$

regulär ist.

2.2.13[③] Sei $L \neq \emptyset$ eine reguläre Sprache. Zeigen Sie, dass

$$\text{Präfix}(L) = \{w \mid \text{Es gibt ein } x \in \Sigma^* \text{ mit } wx \in L\}$$

und

$$\text{Suffix}(L) = \{w \mid \text{Es gibt ein } x \in \Sigma^* \text{ mit } xw \in L\}$$

regulär sind.

2.2.14[③] Seien L eine reguläre Sprache und $a \in \Sigma$. Zeigen Sie, dass auch

$$L' = \{uav \mid uv \in L\}$$

regulär ist.

2.2.6 Reguläre Ausdrücke

Mit den Mengenoperatoren Vereinigung und Konkatenation lassen sich Mengen zu neuen Mengen kombinieren, wie in $\{0\} \cup \{\varepsilon, -\}\{1, 2, 3\} = \{-3, -2, -1, 0, 1, 2, 3\}$. Auf ähnliche Weise können reguläre Sprachen durch reguläre Ausdrücke dargestellt werden. Zum Beispiel lässt sich die angegebene Menge darstellen durch den regulären Ausdruck $0 \mid (\varepsilon \mid -)(1 \mid 2 \mid 3)$. Die regulären Ausdrücke sind der wichtigste Formalismus, um reguläre Sprachen anzugeben.

Definition 2.2.18. Sei Σ ein Alphabet. Ein *regulärer Ausdruck E* über Σ sowie die durch E erzeugte Sprache $L(E)$ sind induktiv definiert:

1. $\emptyset$ ist ein regulärer Ausdruck und $L(\emptyset) = \emptyset$.

2. Für jedes $a \in \Sigma \cup \{\varepsilon\}$ ist a ein regulärer Ausdruck und $L(a) = \{a\}$.

3. Für reguläre Ausdrücke E_1, E_2 sind $(E_1|E_2)$, (E_1E_2), (E_1^*) reguläre Ausdrücke und $L(E_1|E_2) = L(E_1) \cup L(E_2)$, $L(E_1E_2) = L(E_1)L(E_2)$, $L(E_1^*) = L(E_1)^*$.

Die Regel (1.) wird lediglich gebraucht, um die leere Sprache zu erzeugen. Beachten Sie den Unterschied zwischen $\emptyset$ und ε: Es gilt $L(\emptyset) = \emptyset$, aber $L(\varepsilon) = \{\varepsilon\}$.

Um Klammern zu sparen, legen wir folgende Regeln für die *Priorität der Operatoren* zur Bildung regulärer Ausdrücke fest: Die höchste Priorität besitzt der Operator *, gefolgt von der Konkatenation, gefolgt vom Operator $|$.

Beispiel 2.2.19. Mit Definition 2.2.18 erhalten wir:

- Für den regulären Ausdruck $(a|b)^*$ gilt $L((a|b)^*) = (L(a|b))^* = (L(a) \cup L(b))^* = (\{a\} \cup \{b\})^* = \{a, b\}^*$.

- Ein regulärer Ausdruck für die Sprache aller Wörter über $\{a, b, c\}$, die mit a beginnen, mindestens ein b enthalten und mit c enden, ist $a(a|b|c)^*b(a|b|c)^*c$.

- Ein regulärer Ausdruck für die Sprache aller ganzen Zahlen (Aufgabe 2.6.3) ist $0 \mid (\varepsilon|-) (1|2|3|4|5|6|7|8|9) (0|1|2|3|4|5|6|7|8|9)^*$.

- Viele Computerprogramme erlauben für reguläre Ausdrücke zusätzlich die Postfix-Operatoren $^+$ und $?$. Diese können dargestellt werden durch $E^+ = EE^*$, $E? = \varepsilon|E$.

  In den Aufgaben wird auch der Operator $^+$ als regulärer Ausdruck mit der Bedeutung $E^+ = EE^*$ verwendet, um die Notation einfach zu halten.

- Für jeden regulären Ausdruck E gilt $L(E\varepsilon) = E$ und $L(E\emptyset) = \emptyset$. $\triangleleft$

Satz 2.2.20. Reguläre Ausdrücke erzeugen genau die regulären Sprachen.

Beweis. $\Rightarrow$: Wir zeigen durch Induktion über den Aufbau regulärer Ausdrücke: Für jeden regulären Ausdruck E gibt es einen NFA M mit $L(E) = L(M)$.
Induktionsanfang:

- Für $E = \emptyset$ ist M ein NFA, der keine Endzustände besitzt.

- Für $E = a$ mit $a \in \Sigma$ konstruieren wir einen NFA mit genau zwei Zuständen, der mit a vom Startzustand in den Endzustand übergeht. Für $E = \varepsilon$ besteht der NFA aus genau einem Zustand, der gleichzeitig Start- und Endzustand ist.

Induktionsschritt: Seien E_1, E_2 reguläre Ausdrücke und nach Induktionsvoraussetzung und Satz 2.2.7 M_1, M_2 DFAs mit $L(M_1) = E_1, L(M_2) = E_2$.

- Der NFA für $E_1|E_2$ ergibt sich ohne weiteres als Vereinigung von M_1 und M_2, da ein NFA mehrere Startzustände besitzen darf. Gegebenenfalls müssen Zustände umbenannt werden.

- Um einen NFA für E_1E_2 zu konstruieren, führen wir für jeden Übergang $\delta(z, a) = z_E$ in M_1 in einem Endzustand z_E einen Übergang $\delta(z, a) = z_0'$ zum Startzustand z_0' von M_2 ein. Die Endzustände des kombinierten Automaten sind die Endzustände von M_2, der Startzustand ist der Startzustand z_0 von M_1.

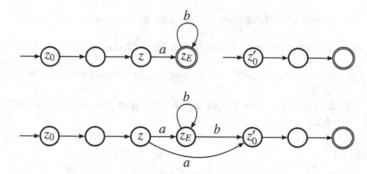

- Ein NFA für E_1^* ergibt sich wie folgt: Für jeden Übergang $\delta(z, a) = z_E$ in M_1 zu einem Endzustand z_E führen wir einen Übergang $\delta(z, a) = z_0$ zum Startzustand z_0 ein. Falls $\varepsilon \notin L(M_1)$, wird ein weiterer Zustand eingefügt, der gleichzeitig Start– und Endzustand ist und keine Verbindungen mit M_1 besitzt.

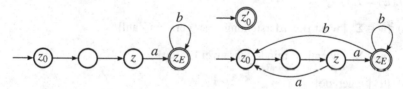

$\Leftarrow$: Für jede reguläre Sprache L gibt es einen regulären Ausdruck E mit $L(E) = L$: ohne Beweis. $\qquad\qquad\qquad\qquad\qquad\qquad\qquad\qquad\qquad\qquad\qquad\qquad\qquad$ $\square$

Aufgaben

2.2.15[2] Untersuchen Sie, welche Sprache folgender Automat M akzeptiert und geben Sie einen regulären Ausdruck E an mit $L(M) = L(E)$:

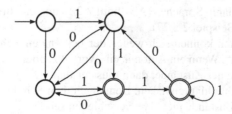

2.2.16[2] Der durch ε-Kanten aufgerüstete NFA M_ε in Abbildung 2.10 kann an diesen Kanten den Zustand wechseln, ohne dabei ein Zeichen gelesen zu haben. Wenn M_ε zum Beispiel in Zustand A ist, kann er ohne Weiteres in Zustand B oder C wechseln.

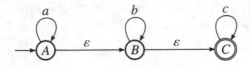

Abb. 2.10 Automat M_ε

a) Geben Sie die von M_ε akzeptierte Sprache als regulären Ausdruck an.

b) Konstruieren Sie einen herkömmlichen NFA M mit $L(M) = L(M_\varepsilon)$.

c) Zeigen Sie, dass jeder ε-NFA in einen NFA umgebaut werden kann.

2.2.17[1] Sei $\Sigma = \{0, 1\}$. Geben Sie zu jedem regulären Ausdruck E einen NFA M an mit $L(M) = L(E)$.

a) $0(0|1)^*1$

b) 001^*

c) $(11)^*010$

d) $1(001)^*$

e) $(1(00)^*1)^*$

f) $(0|10|11)^+$

2.2.18[2] Sei $\Sigma = \{0, 1\}$. Geben Sie zu jeder Sprache L eine regulären Ausdruck E an mit $L(E) = L$.

a) $\{w \in \Sigma^+ \mid w$ ist Binärdarstellung einer geraden Zahl$\}$

b) $\{w \in \Sigma^+ \mid w$ enthält mindestens zwei Einsen$\}$

c) $\{0^n \mid n$ gerade$\}$

d) $\{0^n 1^m \mid n$ gerade genau dann, wenn m ungerade$\}$

2.2.7 Das Pumping-Lemma

Das Pumping-Lemma ist das wichtigste Hilfsmittel, um Aufgaben der Art „Zeigen Sie, dass L nicht regulär ist" zu lösen. Andere Möglichkeiten sind die Abschlusseigenschaften der regulären Sprachen (Abschnitt 2.2.8) und die direkte Anwendung des Schubfachprinzips (Beispiel 2.2.27).

   Endliche Automaten können sich wegen der begrenzten Zahl ihrer Zustände nur endlich viel „merken". Wenn ein Automat ein Wort akzeptiert, das mindestens so lang ist wie die Anzahl seiner Zustände, dann muss er dabei einen Zustand zweimal und damit eine Schleife durchlaufen haben. Denn nach dem Schubfachprinzip (Abschnitt 1.4.1) können diese Zustände nicht alle verschieden sein.

Beispiel 2.2.21. Für $x = abcdecfg$ durchläuft der abgebildete Automat den Zustand z zweimal, da $|x|$ größer ist als die Anzahl der Zustände des Automaten. Wir können nun x zerlegen in $x = uvw$ mit $u = ab$, $v = cde$, $w = cfg$, so dass auch alle Wörter $uv^k w$ mit $k \geq 0$ vom Automaten akzeptiert werden.

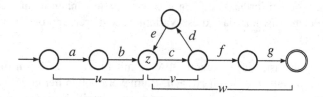

In diesem Beispiel lassen sich die Wörter u, v, w explizit angeben, weil der Automat gegeben ist.

◁

Im Folgenden zeigen wir, dass es für jede reguläre Sprache L und alle genügend langen Wörter in L eine derartige Zerlegung gibt.

Satz 2.2.22 (Pumping-Lemma). Für jede reguläre Sprache L gibt es ein $n > 0$, so dass es für alle Wörter $x \in L$ mit $|x| \geq n$ eine Zerlegung $x = uvw$ gibt, so dass gilt:

(1) $|v| \geq 1$, $|uv| \leq n$

(2) $uv^k w \in L$ für alle $k \geq 0$

Ohne Einschränkung ist n die Anzahl der Zustände des Minimalautomaten, der L akzeptiert.

Bevor wir das Pumping-Lemma beweisen, betrachten wir die Aussage des Satzes. Obige Formulierung lässt sich als wechselnde Abfolge von allquantisierten („für alle") und existenzquantisierten(„existiert") Variablen darstellen: **Für alle** reguläre Sprachen L **existiert** ein $n > 0$ und **für alle** $x \in L$ mit $|x| \geq n$ **existieren** u, v, w mit $x = uvw$ und (1), (2). Dabei hängt jede Variable von allen vorangehenden Variablen ab. Insbesondere folgt:

- Das Pumping-Lemma lässt sich für jede reguläre Sprache L anwenden.

- Die Pumping-Lemma Zahl n hängt von L ab und ist positiv. Darüber hinaus ist über n nichts bekannt (außer, der Minimalautomat ist bekannt).

- Alle $x \in L$ mit $|x| \geq n$ lassen sich gemäß Pumping-Lemma zerlegen. Insbesondere können wir ein beliebiges Wort aus der Sprache L, das die geforderte Mindestlänge besitzt, zur Zerlegung auswählen. Dabei ist zu beachten, dass der Wert von n unbekannt ist (siehe zweiter Punkt).

- Die Wörter u, v, w hängen von x, n, L ab und haben die Eigenschaften (1), (2). Mehr ist über u, v, w nicht bekannt.

Weiterhin folgt:

- Die allquantisierten Variablen L, x können frei gewählt werden (sofern die Bedingungen L regulär und $x \in L$, $|x| \geq n$ erfüllt sind).

- Die existenzquantisierten Variablen n sowie u, v, w können nicht frei gewählt werden. Bekannt ist nur, dass diese Variablen existieren und bestimmte Eigenschaften haben.

Beweis. Da L regulär ist, gibt es einen DFA M mit $L(M) = L$. Sei n die Anzahl der Zustände von M und $x \in L$ mit $|x| \geq n$. Beim Verarbeiten der ersten n Zeichen des Wortes x durchläuft M genau $n + 1$ Zustände und damit einen Zustand zweimal (Schubfachprinzip). Wir nennen diesen Zustand z. Sei u das Teilwort, das M bis zum ersten Besuch von z gelesen hat und uv das Teilwort, das M bis zum zweiten Besuch von z gelesen hat. Daraus folgt $|uv| \leq n$ und $|v| \geq 1$. Sei nun w das letzte Teilwort von x, das heißt $x = uvw$ für ein $w \in \Sigma^*$. Dann gilt $uv^k w \in L$ für alle $k \geq 0$, denn v ist das Wort, das M in der Schleife gelesen hat, und M kann diese Schleife beliebig oft durchlaufen. Damit sind die ersten beiden Behauptungen bewiesen. Der Beweis ist insbesondere für den Minimalautomaten zu L richtig, woraus die letzte Behauptung folgt.   □

Um zu zeigen, dass eine Sprache L nicht regulär ist, verwendet man das Pumping-Lemma in einem Widerspruchsbeweis (s. Abschnitt 1.4.1): Zunächst wird angenommen, dass L regulär ist. Mit dem Pumping-Lemma folgt die Existenz einer Zahl n, so dass sich alle $x \in L$ mit $|x| \geq n$ gemäß Pumping-Lemma zerlegen lassen. Insbesondere gilt die Behauptung auch für ein geeignetes Wort $x \in L$ mit $|x| \geq n$. Ein derartiges Wort zu finden, ist ein wichtiger Schritt, weil mit einem unpassenden Wort x der Beweis nicht zu Ende geführt werden kann. Da das Pumping-Lemma ferner nur die Eigenschaften der Zerlegung $x = uvw$ garantiert, die Zerlegung selbst jedoch unbekannt ist, darf nur mit den Eigenschaften (1), (2) argumentiert werden. Typischerweise wird gezeigt, dass v wegen (1) eine bestimmte Eigenschaft besitzt und mit (2) gefolgert, dass es ein $k \geq 0$ gibt mit $uv^k w \notin L$. Damit ist ein Widerspruch hergeleitet.

Beispiel 2.2.23. Wir zeigen, dass die Sprache $L = \{a^n b^n \mid n \in \mathbb{N}\}$ aus Abbildung 2.34 (Seite 116) nicht regulär ist.

Angenommen, L ist regulär. Dann gibt es ein $n \in \mathbb{N}$, so dass sich alle $x \in L$ mit $|x| \geq n$ gemäß Pumping-Lemma zerlegen lassen. Um einen Widerspruch herzuleiten, versuchen wir, ein Wort x zu finden, so dass in jeder Zerlegung v nur aus Buchstaben a bestehen kann. Dazu betrachten wir das Wort $x = a^n b^n = uvw$ der Länge $2n$. Wegen $|uv| \leq n$ und $|v| \geq 1$ ist v nicht leer und kann nur aus Buchstaben a bestehen. Daraus folgt $v = a^{|v|}$. Da $uw = a^{n-|v|} b^n$ weniger Buchstaben a als b enthält, liegt uw nicht in L. Damit ergibt sich ein Widerspruch.

a	$\cdots$	a	b	$\cdots$	b
u	v			w	

Beachten Sie, dass die genaue Gestalt der Wörter u, v, w unbekannt ist. Insbesondere darf **nicht** $u = a^{n-1}$, $v = a$, $w = b^n$ angenommen werden.   ◁

Beispiel 2.2.24. Wir zeigen, dass $L = \{zz \mid z \in \{a, b\}^*\}$ nicht regulär ist.

Angenommen, L ist regulär. Dann gibt es ein $n \in \mathbb{N}$ gemäß Pumping-Lemma. Ein geeignetes Wort für eine Zerlegung ist $x = a^n b a^n b$. Wegen $|uv| \leq n$ und $|v| \geq 1$ ist v nicht leer kann nur aus Buchstaben a bestehen. Das Wort $uw = a^{n-|v|} b a^n b$ lässt sich nicht in in die Form $uw = zz$ bringen und ist daher nicht in L enthalten, Widerspruch.◁

Beispiel 2.2.25. Wir zeigen, dass $L = \{a^{(2^n)} \mid n \in \mathbb{N}\}$ nicht regulär ist.

Sei wieder angenommen, dass L regulär ist und $n \in \mathbb{N}$ gemäß Pumping-Lemma. Wir betrachten $x = a^{(2^n)}$. In einer Zerlegung $x = uvw$ kann v nur aus Buchstaben a bestehen. Damit ist $uv^k w = a^{2^n + (k-1)|v|}$. Wir müssen zeigen, dass $|uv^k w| = 2^n + (k-1)|v|$ nicht für alle $k \in \mathbb{N}$ eine Zweierpotenz ist:

- 1. Fall: $|v|$ ist ungerade. Dann ist $|uv^2 w| = 2^n + |v|$ auch ungerade und $uv^2 w \notin L$.

- 2. Fall: $|v|$ ist gerade. Dann ist $|uv^{2^n+1} w| = 2^n + 2^n |v| = 2^n(1 + |v|)$ keine Zweierpotenz, da $1 + |v|$ ungerade ist. Damit folgt auch hier $uv^{2^n+1} w \notin L$.

Da wir in beiden Fällen einen Widerspruch hergeleitet haben, ist L nicht regulär. ◁

Der häufigste Fehler beim Anwenden des Pumping-Lemmas ist es, Werte für eine der existenzquantisierten Variablen zu wählen (wie etwa in der Formulierung „wähle die Zerlegung $x = uvw$ mit $u = a^{n-1}$, $v = a$, $w = b^n$"). Existenzquantisierten Variablen können jedoch nicht frei gewählt werden. Wenn zum Beispiel die Aussage „es gibt eine Frau f, die mit Jan verheiratet ist, und f ist blond" gegeben ist, dann ist die Argumentation „Heidi Klum ist blond, wähle also f = Heidi Klum als Ehefrau von Jan, und deshalb ..." falsch. Die Argumentation wäre nur dann richtig, wenn f allquantisiert, Jan also mit allen blonden Frauen verheiratet wäre.

 Bei der Anwendung des Pumping-Lemmas dürfen n, u, v, w nicht frei gewählt werden.

Eine weitere Folgerung aus dem Pumping-Lemma ist

Satz 2.2.26. Sei L regulär und n die Anzahl der Zustände des Minimalautomaten für L. Es gilt $|L| = \infty$ genau dann, wenn es ein $x \in L$ gibt mit $n \leq |x| < 2n$.

Beweis. Es sind zwei Richtungen zu zeigen.

$\Rightarrow$: Da es nur endlich viele Wörter der Länge kleiner n gibt, gibt es ein Wort $x \in L$ mit $|x| \geq n$. Sei x das kürzeste Wort in L mit $x \geq n$. Mit dem Pumping-Lemma lässt sich x zerlegen in $x = uvw$ mit $|uv| \leq n, |v| \geq 1$ und $uw \in L$. Da x das kürzeste Wort in L mit $x \geq n$ ist, gilt $|uw| < n$. Damit erhalten wir $|x| = |uvw| \leq |uv| + |uw| < n + n = 2n$.

$\Leftarrow$: Wenn es ein $x \in L$ gibt mit $|x| \geq n$, lässt sich x zerlegen in $x = uvw$ mit $|v| \geq 1$ und es gilt $uv^k w \in L$ für alle $k \geq 0$. Damit ist $|L|$ unendlich. □

Auch ohne das Pumping-Lemma lässt sich zeigen, dass eine Sprache nicht regulär ist.

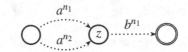

Abb. 2.11 Zum Beweis in Beispiel 2.2.27

Beispiel 2.2.27. Wir wenden das Schubfachprinzip an, um zu zeigen, dass $L = \{a^n b^n \mid n \in \mathbb{N}\}$ nicht regulär ist.

Angenommen, L ist regulär. Dann gibt einen DFA M mit $L(M) = L$. Nach dem Lesen von a^n befindet sich M in einem von $|Z|$ Zuständen. Da es mehr Präfixe a^n als Zustände gibt, folgt aus dem Schubfachprinzip: Es gibt zwei verschiedene Wörter a^{n_1}, a^{n_2}, so dass sich M nach dem Lesen von a^{n_1} bzw. a^{n_2} im gleichen Zustand z befindet (hier sind die Wörter die Gegenstände und die Zustände die Schubfächer). Da M nach Annahme $a^{n_1} b^{n_1}$ akzeptiert, gelangt M von z durch das Lesen von b^{n_1} in einen Endzustand. Da z auch mit dem Wort a^{n_2} erreicht wird, folgt, dass M auch $a^{n_2} b^{n_1}$ akzeptiert (Abbildung 2.11). Dies ist ein Widerspruch, weil dieses Wort nicht in L enthalten ist.   ◁

Aufgaben

2.2.19[1]   Sei M ein DFA mit 4 Zuständen. Zeigen oder widerlegen Sie: Wenn M ein Wort der Länge 4 akzeptiert, dann ist $L(M)$ unendlich.

2.2.20[2]   Zeigen Sie, dass $\{a^n b^m \mid n < m\}$ nicht regulär ist.

2.2.21[2]   Sei $c \in \Sigma$. Zeigen Sie, dass $\{wcw \mid w \in \{a, b\}^*\}$ nicht regulär ist.

2.2.22[2]   Ein *Palindrom* ist ein Wort w mit $w = w^R$, zum Beispiel *otto* oder *anna*. Zeigen Sie, dass die Sprache aller Palindrome nicht regulär ist.

Dabei bezeichnet w^R das Wort w umgedreht, zum Beispiel $(abc)^R = cba$.

2.2.23[3]   Sei $L = \{x \in \{a, b\}^* \mid$ alle Substrings in bxb, die links und rechts durch b begenzt werden, haben verschiedene Längen}. Zum Beispiel ist $x_1 = abaaabbaa \in L$, aber $x_2 = abbb \notin L$, da bx_2b zwei beidseitig durch b begrenzte Substrings a^0 der Länge 0 enthält.

Zeigen Sie, dass L nicht regulär ist.

2.2.24[4]   Zeigen oder widerlegen Sie: $L = \{a^p \mid p$ ist eine Primzahl$\}^*$ ist regulär. *Hinweis:* 1 ist per Definition keine Primzahl!

2.2.8 Abschlusseigenschaften

In diesem Abschnitt betrachten wir, ob reguläre Sprachen, die durch einen Mengenoperator verknüpft werden, wieder eine reguläre Sprache bilden. In diesem Fall sind die regulären Sprachen *abgeschlossen* unter diesem Mengenoperator. Abgeschlossenheit bedeutet daher, dass die Klasse der regulären Sprachen nicht verlassen wird.

Satz 2.2.28. Die regulären Sprachen sind unter Vereinigung, Durchschnitt, Produkt, Komplement und Stern abgeschlossen.

Beweis.   • Vereinigung, Produkt und Stern: Für reguläre Sprachen L_1, L_2 gibt es reguläre Ausdrücke E_1, E_2 mit $L(E_1) = L_1$, $L(E_2) = L_2$. Da $E_1|E_2$ ein regulärer Ausdruck ist, der $L_1 \cup L_2$ erzeugt, sind die regulären Sprachen unter Vereinigung abgeschlossen. Entsprechend folgt der Abschluss unter Produkt und Stern mit $E_1 E_2$ bzw. E_1^*.

• Komplement: Sei L eine reguläre Sprache und M ein DFA mit $L(M) = L$. Indem wir die Endzustände von M mit Nicht-Endzuständen vertauschen, erhalten wir einen DFA, der genau $\bar{L}$ akzeptiert.

• Durchschnitt: Da reguläre Sprachen unter Vereinigung und Komplement abgeschlossen sind, folgt mit $L_1 \cap L_2 = \overline{\overline{L_1 \cap L_2}} = \overline{\overline{L_1} \cup \overline{L_2}}$ (Regel von de Morgan) der Abschluss unter Durchschnitt. □

Mit Satz 2.2.28 erhalten wir eine weitere Möglichkeit, um zu zeigen, dass eine Sprache nicht regulär ist. In einigen Fällen lässt sich dieser Nachweis einfacher führen als mit dem Pumping-Lemma (Satz 2.2.22).

Beispiel 2.2.29. $L = \{a^n b^m \mid n \neq m\}$ ist nicht regulär.

Beweis. Angenommen, L sei regulär. Dann ist auch $\overline{L} \cap L(a^* b^*) = \{a^n b^m \mid n = m\}$ regulär, Widerspruch zu Beispiel 2.2.23. □

Aufgaben

2.2.25[2]   Sei $L = \{0, 1\}^* - \{111\}$.

a) Geben Sie einen DFA M an mit $L(M) = L$.

b) Geben Sie einen regulären Ausdruck E an mit $L(E) = L$.

2.2.26[2]   Verwenden Sie Beispiel 2.2.23 und die Abschlusseigenschaften der regulären Sprachen, um zu zeigen, dass folgende Sprachen nicht regulär sind:

a) $L_1 = \{a^n b^m \mid n < m\}$

b) $L_2 = \{w \in \{a, b\}^* \mid$ in w gibt es genau soviele Buchstaben a wie Buchstaben $b\}$

c) Ausdrücke in Postfix-Notation (Aufgabe 2.3.15)

2.2.27[4]   Sei M ein NFA. Geben Sie jeweils ein Verfahren an, das entscheidet, ob gilt:

a) $L(M) = \Sigma^*$

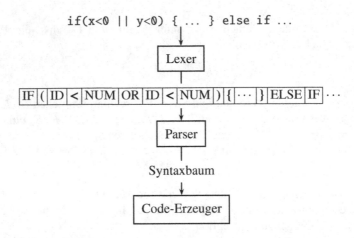

Abb. 2.12 Schritte, die ein Compiler ausführt

b) $L(M)$ enthält kein Wort aus der Menge $\{a^{2n} \mid n \geq 0\}$.

c) $|L(M)| \geq 10$

d) Es gibt eine Teilmenge von $L(M)$, die nicht regulär ist.

2.2.9 Lexikalische Analyse

Die Lexikalische Analyse ist der erste Schritt, den ein Compiler ausführt. Ein Programm, das eine lexikalische Analyse vornimmt, heißt *Lexer*. Ein Lexer sucht im Sourcecode nach Schlüsselwörtern und Bezeichnern, die er als – gegebenenfalls um weitere Informationen angereicherte – *Tokens* an den Parser weiterleitet. Auf diese Weise entsteht aus dem Sourcecode ein Strom aus endlich vielen Tokens (Abbildung 2.12). Die Tokens sind Elemente des Alphabets, mit dem der Parser arbeitet. Die Aufgabe des Parsers wird in Abschnitt 2.3.8 besprochen.

Zunächst betrachen wir das Problem, in einem Text $t = t_0 \ldots t_{|t|-1}$ eine Zeichenfolge $s = s_0 \ldots s_{|s|-1}$ zu finden. Der naive Algorithmus vergleicht dazu jede Position in t von links nach rechts mit s.

```
for (i := 0 to |t| − |s|) {
    if (t_i ... t_{i+|s|−1} = s_0 ... s_{|s|−1}) {
        return gefunden
    }
}
return nicht gefunden
```

Da jeder Vergleich des Substrings $t_i \ldots t_{i+|s|-1}$ mit s die Zeit $O(|s|)$ benötigt, liegt die Laufzeit des Algorithmus in $O(|s||t|)$. Wird dagegen ein DFA für s zur Suche in t verwendet, liegt die Suchzeit nur in $O(|t|)$, da der DFA in jedem Schritt ein Zeichen von t verarbeitet. Ein DFA kann darüberhinaus in Zeit $O(|t|)$ mehrere Suchwörter gleichzeitig verarbeiten. Ferner können diese Suchwörter durch reguläre Ausdrücke gegeben sein, um zum Beispiel Dezimalzahlen zu erkennen.

Ein Lexer verwendet daher zur Erkennung der Tokens einen DFA. Ein Token ist damit ein Wort einer regulären Sprache. Ein *Lexer-Generator* ist ein Programm, das aus einer Beschreibung der Tokens einen Lexer erzeugt, der diese Tokens erkennt. Zur Beschreibung der Tokens werden reguläre Ausdrücke verwendet, woraus der Lexer-Generator einen DFA erzeugt, der für jedes Tokes einen Endzustand besitzt. Dazu wird aus dem regulären Ausdruck wie im Beweis zu Satz 2.2.20 ein NFA erzeugt, dieser in einen DFA umgewandelt und minimiert.

Ein Lexer-Generator für die Programmiersprache C ist Flex, nach dessen Vorbild Lexer-Generatoren für andere Sprachen entwickelt wurden. Flex erzeugt ein C-Programm, das anschließend kompiliert werden muss.

Beispiel 2.2.30. Mit dem Programm Flex konstruieren wir einen Lexer, der Spamverdächtige Wörter identifiziert. Ein passendes Lexer-Skript ist

```
%option case-insensitive
%{
void out(char s[]) {
  printf("%s : %s\n",yytext,s);
}
%}

A    a|@
I    i|1
L    l|1|i
x    [ ]*.?[ ]*

%%

v{x}{I}{x}{A}{x}g{x}r{x}{A}      {out("Viagra");}
c{x}{I}{x}{A}{x}{L}{x}{I}{x}s    {out("Cialis");}
v{x}{A}{x}{L}{x}{I}{x}u{x}m      {out("Valium");}
p{x}{I}{x}{L}{x}{L}{x}s          {out("Pills");}
.                                {}

%%

int main() {yylex(); return 0;}
```

Mit option case-insensitive wird Flex angewiesen, nicht zwischen Groß- und Kleinschreibung zu unterscheiden. Zwischen den Zeichen %{ und %} steht Programmtext, der in den Lexer kopiert wird. Der String yytext enthält den vom Lexer jeweils erkannten Text. Die darauf folgenden Zeilen definieren Abkürzungen für reguläre Ausdrücke. Der Ausdruck [ ] steht für ein Leerzeichen, der Ausdruck .? für ein beliebiges Zeichen oder das leere Wort. Eingeschlossen in geschweiften Klammern werden diese verwendet, um in dem Abschnitt nach %% weitere reguläre Ausdrücke zusammen mit auszuführenden Code zu definieren. Für jedes Wort im Eingabetext, das zu einem der regulären Ausdrücke passt, wird der zugehörige Code (*Action Code*) ausgeführt. Die letzte Zeile sorgt dafür, dass alle anderen Zeichen ignoriert werden.

Wenn das Lexer-Skript spam.l heißt, erzeugt

```
$ flex -o spam.c spam.l
```

```
$ gcc -o spam spam.c -lfl
```

daraus einen ausführbaren Lexer.

Dieser Text ist ein Ausschnitt aus einer E-Mail:

```
C m i a a h I f i x s $ f 99 (1 4M 0 o p z i d l r l t s q ) d V b a h I
w i a u o m $1 d 05 ( Cn 30 c p f i a l q l p s w ) s V k i f a d g v r
h a $ u 69 (1 tP 0 a p p i g l l l d s z ).
```
Dem Lexer entgeht darin nichts:

```
$ ./spam < spam.txt
C m i a a h I f i x  s: Cialis
p z i d l r l t  s: Pills
V b a h I w i a u o  m: Valium
p f i a l q l p  s: Pills
V k i f a d g v r h  a: Viagra
p p i g l l l d  s: Pills
```

Auf der linken Seite stehen dabei die im Text erkannten Tokens.   ◁

2.3 Kontextfreie Sprachen

Durch kontextfreie Sprachen lassen sich verschachtelte Strukturen beschreiben, wie sie in geklammerten Ausdrücken, Codeblöcken, Syntaxbeschreibungen und XML-Dokumenten vorkommen. Auch natürliche Sprache lässt sich – mit Einschränkungen – als kontextfreie Sprache darstellen. Kontextfreie Sprachen werden von Kellerautomaten akzeptiert und von kontextfreien Grammatiken erzeugt.

2.3.1 Kellerautomaten

In Beispiel 2.2.23 wurde gezeigt, dass ein endlicher Automat die Sprache $L = \{a^n b^n \mid n \in \mathbb{N}\}$ nicht akzeptieren kann. Ein Kellerautomat dagegen kann L akzeptieren, indem er die Buchstaben a in einem Stack speichert und für jedes gelesene b ein a vom Stack holt.

Ein *Kellerautomat* (Pushdown Automaton, PDA) besitzt gegenüber einem NFA zwei zusätzliche Eigenschaften:

- Ein Kellerautomat kann den Zustand wechseln, ohne ein Eingabezeichen zu lesen (ε-Übergänge).

- Ein Kellerautomat besitzt einen Stack (oder Keller), in dem er eine unbegrenzte Anzahl von Zeichen speichern kann (Abbildung 2.13). In jedem Schritt kann der Kellerautomat das oberste Zeichen vom Stack entfernen und ein Zeichen auf den Stack schreiben (wie bei einem Bücherstapel). Der Stack ist damit eine LIFO (last in, first out) Datenstruktur.

Ferner gibt es nur einen Startzustand, was wegen der ε-Übergänge keine Einschränkung ist.

Um PDAs graphisch darzustellen, erweitern wir die Darstellung endlicher Automaten um Stackoperationen (Abbildung 2.14). Jeder Pfeil von einem Zustand z_1 zu z_2 ist mit $a, \gamma/\gamma'$ beschriftet, was bedeutet:

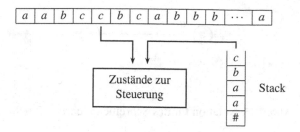

Abb. 2.13 Kellerautomat (PDA)

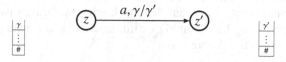

Abb. 2.14 Zustandsübergang eines PDA und Kellerinhalt in z (links) und in z' (rechts)

- Der PDA befindet sich in Zustand z, liest die Eingabe a und ersetzt das oberste Stackzeichen γ durch γ'.

- Danach wechselt der PDA in den Zustand z'.

Jedes der Zeichen a, γ, γ' kann ε sein. Für den Fall $a = \varepsilon$ kann der PDA den beschriebenen Übergang ausführen, ohne ein Zeichen der Eingabe zu lesen. Für $\gamma = \varepsilon$ kann der PDA den Übergang ausführen, ohne das oberste Stackzeichen zu lesen und zu entfernen. Für $\gamma' = \varepsilon$ schreibt der PDA kein Zeichen auf den Stack.

Damit ein PDA einen leeren Stack erkennen kann, wird das Ende des Stacks mit dem *untersten Stackzeichen* # markiert. Zu Beginn jeder Rechnung enthält der Stack einzig das Zeichen #.

Ebenso ließe sich das Ende der Eingabe markieren. Wir definieren stattdessen, dass eine Eingabe akzeptiert ist, wenn ein PDA einen Endzustand erreicht hat und alle Zeichen der Eingabe gelesen wurden.

Beispiel 2.3.1. Der unten dargestellte PDA akzeptiert die Sprache $L = \{a^n b^n \mid n \in \mathbb{N}\}$. Im Zustand z_0 wird für jedes gelesene a ein a auf den Stack geschrieben, im Zustand z_1 wird für jedes gelesene b ein a vom Stack geholt. Wenn danach das Zeichen # auf dem Stack liegt, müssen genauso viele a wie b gelesen worden sein, so dass der PDA in den Endzustand übergeht. Hierbei ist es gleichgültig, welches Zeichen der PDA im letzten Schritt auf den Stack schreibt. Wenn alle Zeichen der Eingabe gelesen wurden, ist die Eingabe akzeptiert. Wenn der PDA im Zustand z_1 ein a liest, bleibt er in einer Sackgasse stecken. Das Gleiche gilt, wenn er in z_0 ein b liest, ohne dass a das oberste Stackzeichen ist.

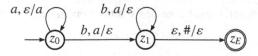

Wenn wir für diese Fälle und die Übergänge aus z_E einen Übergang in einen Fehlerzustand vorsehen, erhalten wir einen deterministischen PDA. ◁

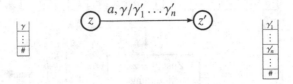

Abb. 2.15 Notation für das Schreiben mehrerer Zeichen

Im Folgenden erlauben wir, dass ein PDA mehrere Zeichen auf den Stack schreibt. Wir schreiben $a, \gamma/\gamma'_1 \ldots \gamma'_n$, wenn der PDA für die Eingabe a und oberstem Stackzeichen γ nacheinander $\gamma'_n, \ldots, \gamma'_1$ auf den Stack schreibt. Danach ist γ'_1 das oberste Stackzeichen (Abbildung 2.15). Ein PDA wird dadurch nicht mächtiger, da sich dies durch mehrere Zustände realisieren lässt.

Definition 2.3.2. Ein PDA ist ein Tupel $M = (Z, \Sigma, \Gamma, \delta, z_0, \#, E)$, wobei gilt

- Z ist die Menge der Zustände.

- Σ ist das Eingabealphabet.

- Γ ist das Stackalphabet.

- $\delta : Z \times \Sigma_\varepsilon \times \Gamma_\varepsilon \to \mathcal{P}(Z \times \Gamma_\varepsilon)$ ist die Überführungsfunktion, wobei $\Sigma_\varepsilon = \Sigma \cup \{\varepsilon\}$, $\Gamma_\varepsilon = \Gamma \cup \{\varepsilon\}$.

  Dabei bedeutet $(z', \gamma') \in \delta(z, a, \gamma)$, dass M im Zustand z für Eingabe a die Möglichkeit hat, das oberste Stackzeichen γ durch die Folge von Stackzeichen γ' zu ersetzen und in den Zustand z' überzugehen. Für $a = \varepsilon$ kann M diesen Schritt ausführen, ohne ein Zeichen der Eingabe zu lesen, und für $\gamma = \varepsilon$, ohne das oberste Stackzeichen zu lesen und zu entfernen.

- $z_0 \in Z$ ist der Startzustand.

- $\# \in \Gamma$ ist das unterste Stackzeichen.

- $E \subseteq Z$ ist die Menge der Endzustände.

Weil die formale Definition der von einem PDA M akzeptierten Sprache schwierig ist, geben wir eine informale Definition an.

Definition 2.3.3. Die von einem PDA M akzeptierten Sprache $L(M)$ ist die Menge aller $x \in \Sigma^*$, für die gilt: Der PDA M kann, ausgehend vom Startzustand und dem initialen Stackinhalt $\#$, durch das Lesen des Wortes x einen Endzustand erreichen.

 $L(M)$ lässt sich ebenso definieren als Menge aller Wörter, mit denen M einen leeren Stack erreichen kann. In diesem Fall werden Endzustände nicht benötigt. Beide Definitionen sind gleichwertig.

Aufgaben

2.3.1[③] Geben Sie jeweils einen PDA an, der die Sprache

a) $\{a^m b^n \mid m, n \in \mathbb{N}, n \leq 2m\}$

b) $\{a^m b^n \mid 1 \leq m \leq n \leq 2m\}$

akzeptiert.

2.3.2 Kontextfreie Grammatiken

Kontextfreie Grammatiken sind der wichtigste Formalismus, um kontextfreie Sprachen darzustellen. Eine kontextfreie Grammatik beschreibt, wie durch das Ersetzen von Variablen Wörter der Sprache erzeugt werden können. Jede Ersetzungsregel hat die Form *linke Seite* → *rechte Seite*, wobei *linke Seite* eine Variable und die *rechte Seite* beliebig ist. Beginnend mit einem Startsymbol können diese Regeln solange angewendet werden, bis alle Variablen ersetzt wurden.

Beispiel 2.3.4. Eine Teilmenge der Sätze der deutschen Sprache kann durch folgende Regeln beschrieben werden:

$$Satz \rightarrow Nominalphrase\ Verbalphrase$$
$$Nominalphrase \rightarrow Artikel\ Nomen$$
$$Artikel \rightarrow \text{die}$$
$$Nomen \rightarrow \text{Katze}$$
$$Nomen \rightarrow \text{Maus}$$
$$Verbalphrase \rightarrow Verb$$
$$Verbalphrase \rightarrow Verb\ Nominalphrase$$
$$Verb \rightarrow \text{jagt}$$

In dieser Grammatik ist *Satz* das Startsymbol. Aus dieser Grammatik lässt sich ableiten: *Satz* ⇒ *Nominalphrase Verbalphrase* ⇒ *Artikel Nomen Verbalphrase* ⇒ die *Nomen Verbalphrase* ⇒ die Katze *Verbalphrase* ⇒ die Katze *Verb Nominalphrase* ⇒ die Katze jagt *Nominalphrase* ⇒ die Katze jagt *Artikel Nomen* ⇒ die Katze jagt die *Nomen* ⇒ die Katze jagt die Maus. Die Struktur dieser Ersetzungen lässt sich durch einen Syntaxbaum darstellen:

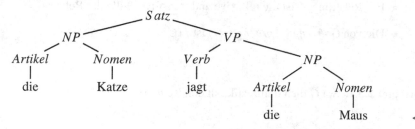

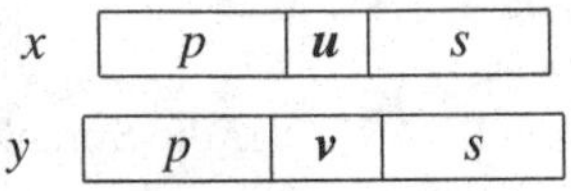

$$x \quad \boxed{\begin{array}{c|c|c} p & \boldsymbol{u} & s \end{array}}$$

$$y \quad \boxed{\begin{array}{c|c|c} p & \boldsymbol{v} & s \end{array}}$$

Abb. 2.16 Mit der Regel $u \to v$ gilt $x \Rightarrow y$ (Definition 2.3.6).

Definition 2.3.5. Eine *kontextfreie Grammatik* ist ein Tupel $G = (V, \Sigma, P, S)$, wobei gilt:

- V ist die endliche Menge der Variablen oder *Nonterminalzeichen*.

- Σ ist das Alphabet und $V \cap \Sigma = \emptyset$. Die Elemente aus Σ heißen auch *Terminalzeichen*.

- P ist die endlichen Menge von Regeln (oder *Produktionen*) der Form $u \to v$ mit $u \in V$ und $v \in (V \cup \Sigma)^*$.

- $S \in V$ ist das Startsymbol.

Beispiel (Fortsetzung). Die Grammatik ist formal definiert durch (V, Σ, P, S) mit $V = \{Satz, Nominalphrase, Verbalphrase, Artikel, Nomen, Verb\}$, $\Sigma = \{die, Katze, Maus, jagt\}$, $S = Satz$ und P wie oben angegeben.   ◁

Die Zeichen aus Σ werden Terminalzeichen genannt, da aus ihnen keine weiteren Zeichen abgeleitet werden können: Terminalzeichen terminieren den Ableitungsprozess. Im Folgenden verwenden wir für Terminalzeichen Kleinbuchstaben, für Variablen Großbuchstaben.

Das Erzeugen eines Wortes $w \in \Sigma^*$ aus dem Startsymbol S ist eine Folge von Ableitungsschritten $S \Rightarrow \ldots \Rightarrow w$, bei der zunächst Zwischenformen entstehen, die Variablen oder Buchstaben enthalten. Auf diesen Zwischenformen definieren wir die Relationen $\Rightarrow$ und $\Rightarrow^*$. Wir schreiben $x \Rightarrow y$, wenn sich aus x durch die Anwendung genau *einer* Regel y erzeugen lässt. Wir schreiben $x \Rightarrow^* y$, wenn sich aus x durch die Anwendung *beliebig vieler* Regeln y erzeugen lässt. Wir nennen dies Ableitung.

Definition 2.3.6. Sei $G = (V, \Sigma, P, S)$ eine Grammatik.

- Für $x, y \in (V \cup \Sigma)^*$ gilt $x \Rightarrow y$, wenn es eine Regel $u \to v$ gibt, so dass $x = pus$ und $y = pvs$ für $p, s \in (V \cup \Sigma)^*$.

- Die Relation $\Rightarrow^*$ ist die reflexive und transitive Hülle der Relation $\Rightarrow$.

- Die von G *erzeugte Sprache* $L(G)$ ist $L(G) = \{w \in \Sigma^* \mid S \Rightarrow^* w\}$.

Beispiel 2.3.7. Sei G die Grammatik mit den Regeln

$$S \to \varepsilon$$

$$S \to 0S\,1$$

und dem Startsymbol S. In G sind folgende Ableitungen möglich:

$$S \Rightarrow \varepsilon$$
$$S \Rightarrow 0S\,1 \Rightarrow 0\varepsilon 1 = 01$$
$$S \Rightarrow 0S\,1 \Rightarrow 00S\,11 \Rightarrow 00\varepsilon 11 = 0011$$

Damit gilt:

$$S \Rightarrow^* \varepsilon$$
$$S \Rightarrow^* 01$$
$$S \Rightarrow^* 0011$$

Folglich sind ε, 01, 0011 Elemente aus $L(G)$. In Aufgabe 2.3.3 wird $L(G) = \{0^n 1^n \mid n \in \mathbb{N}_0\}$ bewiesen. ◁

Wenn eine linke Seite durch verschiedene rechte Seiten ersetzt werden kann, verwenden wir das Zeichen | („oder"), um eine Alternative anzugeben.

Beispiel (Fortsetzung). Die Grammatik G können wir damit kürzer schreiben als $S \to \varepsilon \mid 0S\,1$. ◁

Beispiel 2.3.8. Die Grammatik mit den Regeln $S \to SS \mid (S) \mid \varepsilon$ erzeugt korrekte Klammerstrukturen:

$$S \Rightarrow \varepsilon$$
$$S \Rightarrow (S) \Rightarrow (\varepsilon) = ()$$
$$S \Rightarrow (S) \Rightarrow ((S)) \Rightarrow (())$$
$$S \Rightarrow SS \Rightarrow (S)S \Rightarrow ()S \Rightarrow ()(S) \Rightarrow ()()$$
$$S \Rightarrow SS \Rightarrow (S)S \Rightarrow ((S))S \Rightarrow (())S \to (())(S) \Rightarrow (())()$$ ◁

An diesen Beispielen zeigen sich wichtige Konstruktionsprinzipien für kontextfreie Grammatiken:

- Mit einer Regel der Form $X \to aXb$ werden genau so viele Zeichen a wie b erzeugt. Am Syntaxbaum für drei aufeinander folgende Ableitungsschritte wird das Prinzip sichtbar:

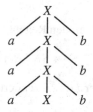

- Mit einer Regel der Form $X \to XX$ wächst der Syntaxbaum in die Breite. Damit können mehrere Ableitungen aus X nebeneinander erzeugt werden:

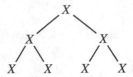

- Ein Terminalsymbol wird gebraucht, um die Rekursion zu beenden.

Beispiel 2.3.9. Durch die Grammatik G_N mit den Regeln

$$S_N \to 0 \mid 1 \mid \cdots \mid 9 \mid 0S_N \mid 1S_N \mid \cdots \mid 9S_N$$

und dem Startsymbol S_N können wir natürliche Zahlen inklusive Null darstellen. Die Zahl 120 lässt sich ableiten durch

$$S_N \Rightarrow 1S_N \Rightarrow 12S_N \Rightarrow 120$$

Diese Grammatik ist regulär (Abschnitt 2.2.5) und damit auch kontextfrei. Die Regeln der Grammatik G_N verwenden wir in einer Grammatik G_E, um arithmetische Ausdrücke zu erzeugen, die die Operatoren $+, -, *, /$ sowie Klammern enthalten. Dazu stellen wir folgende Vorüberlegung an:

- Die Operatoren $+, -, *, /$ sind binär, weshalb vor und nach jedem Operator ein arithmetischer Ausdruck stehen muss. Dass ein Divisor Null sein kann, lassen wir unberücksichtigt.

- Auf jede öffnende Klammer muss eine schließende Klammer folgen.

Damit erhalten wir die Grammatik G_E mit den Regeln

$$S_E \to S_E + S_E \mid S_E - S_E \mid S_E * S_E \mid S_E/S_E$$
$$\mid (S_E) \mid S_N$$

und dem Startsymbol S_E. Der Ausdruck $2 * (3 + 4)$ lässt sich ableiten durch

$$S_E \Rightarrow S_E * S_E \Rightarrow S_E * (S_E) \Rightarrow S_E * (S_E + S_E) \Rightarrow S_E * (S_E + S_N)$$
$$\Rightarrow S_E * (S_E + 4) \Rightarrow S_E * (S_N + 4) \Rightarrow S_E * (3 + 4) \Rightarrow S_N * (3 + 4) \Rightarrow 2 * (3 + 4)$$

Diese Grammatik werden wir in Abschnitt 2.3.6 näher untersuchen.   ◁

Aufgaben

2.3.2[①]   Sei G eine Grammatik mit den Regeln

$$S \to SS \mid (S) \mid \varepsilon$$

Konstruieren Sie einen PDA, der $L(G)$ akzeptiert.

2.3.3[③]   Beweisen Sie durch Induktion $L(G) = \{0^n 1^n \mid n \in \mathbb{N}_0\}$ für die Grammatik G aus Beispiel 2.3.7.

2.3.4[4] Sei $L = \{w \in \{0,1\}^* \mid w$ enthält genauso viele Nullen wie Einsen$\}$. Geben Sie eine kontextfreie Grammatik G an mit $L(G) = L$ und beweisen Sie dies durch Induktion.

2.3.5[4] Sei $L = \{w \in \Sigma^* \mid w = w^R\}$ die Sprache der Palindrome über $\Sigma = \{a,b\}$ (vgl. Aufgabe 2.2.22).

a) Zeigen Sie: Für $w \in \{a,b\}^*$ gilt $w = w^R$ genau dann, wenn $w = xyx^R$ für $x \in \{a,b\}^*, y \in \{\varepsilon, a, b\}$.

b) Konstruieren Sie einen PDA, der L akzeptiert.

c) Geben Sie eine Grammatik G an mit $L(G) = L$ und beweisen Sie dies.

2.3.3 Kellerautomaten und kontextfreie Grammatiken

Die kontextfreien Grammatiken erzeugen nach Definition 2.6.1 genau die kontextfreien Sprachen. Im Folgenden wird gezeigt, dass die Kellerautomaten genau die kontextfreien Sprachen akzeptieren.

Aus dem Beweis des folgenden Satzes erhalten wir eine Methode, um aus einer kontextfreien Sprache L einen PDA zu konstruieren, der L akzeptiert. Dazu muss eine kontextfreie Grammatik für L bekannt sein.

Satz 2.3.10. Kellerautomaten akzeptieren genau die kontextfreien Sprachen.

Beweis. Es müssen zwei Richtungen gezeigt werden, wobei wir nur für eine Richtung einen Beweis angeben:

1. Für jeden PDA M gibt es eine kontextfreie Grammatik G mit $L(G) = L(M)$. Ohne Beweis.

2. Für jede kontextfreie Grammatik G gibt es einen PDA M mit $L(G) = L(M)$.

   Die Idee ist, dass M auf seinem Stack eine Ableitung aus G simuliert, bei der jeweils die am weitesten links stehende Variable ersetzt wird (Linksableitung).

   Für $G = (V, \Sigma, P, S)$ ist das Stackalphabet des PDA M die Menge $\Gamma = V \cup \Sigma \cup \{\#\}$. Wir konstruieren einen PDA M mit drei Zuständen (Abbildung 2.17) wie folgt:

   - Im Startzustand schreibt M das Startsymbol S auf den Stack und wechselt in einen weiteren Zustand.

   In diesem Zustand werden drei Fälle unterschieden: Das oberste Stackzeichen ist

   - eine Variable A. Wenn es eine Regel $A \to \gamma$ der Grammatik G gibt, kann M das oberste Stackzeichen A durch γ ersetzen.

   - ein Zeichen $a \in \Sigma$, das mit dem nächsten Zeichen der Eingabe übereinstimmt. Dann wird a vom Stack entfernt.

Abb. 2.17 PDA zu Satz 2.3.10   **Abb. 2.18** PDA zu Beispiel 2.3.11

- die Stackende-Markierung #, woraufhin M in den Endzustand übergeht.

Damit gibt es für jede Regel $A \to \gamma$ und jedes Zeichen $a \in \Sigma$ einen Übergang des PDA M.

Da M nichtdeterministisch ist, kann M für eine Eingabe $w \in L(G)$ auf diese Weise eine Ableitung $S \Rightarrow^* w$ auf dem Stack simulieren und w akzeptieren, nachdem alle Zeichen von w verarbeitet wurden. Damit folgt $L(G) \subseteq L(M)$. Wenn umgekehrt M für eine Eingabe w einen Endzustand erreichen kann, dann gibt es eine Ableitung $S \Rightarrow^* w$ in G. Damit folgt auch $L(M) \subseteq L(G)$.   □

Beispiel 2.3.11. Wir betrachten die Sprache $L = \{a^n b^n \mid n \in \mathbb{N}_0\}$ (vgl. Beispiel 2.3.1). L wird erzeugt von der Grammatik mit den Regeln

$$S \to aSb \mid \varepsilon$$

Aus dem Beweis von Satz 2.3.10 erhalten wir den in Abbildung 2.18 angegebenen PDA M, für den $L(M) = L$ gilt. Wir demonstrieren dessen Verhalten für die Eingabe $aabb$: Nachdem M im ersten Schritt S auf den Stack geschrieben hat, wählt M die Regel $S \to aSb$ aus und schreibt aSb auf den Stack. Da nun das oberste Zeichen auf dem Stack mit dem ersten Zeichen der Eingabe übereinstimmt, werden diese Zeichen vom Stack entfernt bzw. gelesen.

In den beiden folgenden Schritten wird ebenso vorgegangen.

Im nächsten Schritt wird die Regel $S \to \varepsilon$ ausgewählt und S vom Stack geholt. Anschließend werden die verbleibenden Zeichen verglichen und gelesen bzw. vom Stack entfernt.

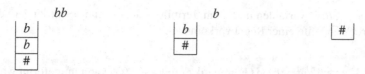

Zuletzt kann M in den Endzustand übergehen und das Zeichen # vom Stack holen. Da nun alle Zeichen der Eingabe verarbeitet sind und M einen Endzustand erreicht hat bzw. der Stack leer ist, hat M die Eingabe *aabb* akzeptiert. ◁

Der so erhaltene PDA ist im Allgemeinen nichtdeterministisch. Für geeignete Grammatiken erhält man mit der Konstruktion aus Satz 2.3.10 jedoch ein deterministisches Verfahren, indem Regeln in Anhängigkeit des nächsten zu lesenden Zeichens ausgewählt werden. Einem PDA wird dazu erlaubt, das nächste Zeichen der Eingabe zu sehen (*Lookahead*), ohne es zu lesen. Auf diese Weise arbeiten *prädiktive Parser* (Abschnitt 2.3.8).

Sprachen, die von einem deterministischen PDA akzeptiert werden, heißen *deterministisch kontextfrei*. Die deterministisch kontextfreien Sprachen sind eine echte Teilmenge der kontextfreien Sprachen. Insbesondere sind deterministische PDAs weniger mächtig als nichtdeterministische PDAs. Weil sich jede deterministische kontextfreie Sprache durch eine eindeutige Grammatik darstellen lässt, werden diese Sprachen für den Compilerbau verwendet.

Aufgaben

2.3.6[2] Zeigen Sie, dass $L = \{v0uv^R \mid u, v \in \{a, b\}^*\}$ kontextfrei ist.

2.3.4 Der CYK-Algorithmus

Für eine Sprache L und ein Wort $x \in \Sigma^*$ heißt die Frage „liegt x in L?" *Wortproblem*. Das Wortproblem heißt entscheidbar, wenn es einen Algorithmus gibt, der für jede Eingabe x die Ausgabe „ja, $x \in L$" oder „nein, $x \notin L$" liefert. Für Typ-1-Sprachen ist das Wortproblem entscheidbar, im Allgemeinen aber mit exponentiellem Aufwand. Für eine kontextfreie Sprache L ist das Wortproblem in der Zeit $O(|x|^3)$ lösbar, wenn L in Chomsky-Normalform vorliegt.

Definition 2.3.12. Eine Grammatik $G = (V, \Sigma, P, S)$ liegt in *Chomsky-Normalform (CNF)* vor, wenn für alle Produktionen $u \to v \in P$ gilt: $v \in VV \cup \Sigma$.

Dies bedeutet, dass alle Regeln die Form

$$A \to BC$$

oder

$$A \to a$$

haben, wobei A, B, C Variablen und a ein Terminalzeichen sind. Insbesondere darf ε auf keiner rechten Seite einer Regel vorkommen.

Satz 2.3.13. Jede kontextfreie Grammatik G mit $\varepsilon \notin L(G)$ kann umgeformt werden in Chomsky-Normalform (CNF).

Beweis. Im ersten Schritt wird jedes $a \in \Sigma$ auf der rechten Seite einer Regel ersetzt durch eine Variable A und die Regel $A \to a$ hinzugefügt (außer wenn sich die Regel bereits in dieser Form befindet). Danach werden Regeln der Form $X \to Y_1 \ldots Y_k$ mit $k > 2$ ersetzt durch $X \to Y_1 Z, Z \to Y_2 \ldots Y_k$. Da die rechten Seiten dabei stets um mindestens eine Variable kürzer werden, ist nach endlich vielen Schritten die Grammatik in CNF umgeformt. Ferner liefert jeder Umformungsschritt eine Grammatik, die genau die gleiche Sprache erzeugt wie die Grammatik des vorherigen Schritts. Damit erzeugt die so umgeformte Grammatik die gleiche Sprache wie die Grammatik G. $\square$

Beispiel 2.3.14. Die Grammatik G mit den Regeln

$$S \to SS \mid (S) \mid ()$$

erzeugt korrekt geklammerte Ausdrücke. Um G in CNF umzuformen, führen wir im ersten Schritt Variablen L, R und die Regeln $L \to (, R \to)$ ein und erhalten:

$$S \to SS \mid LSR \mid LR$$
$$L \to ($$
$$R \to)$$

Nun müssen wir noch die Regel $S \to LSR$ ersetzten. Dazu führen wir eine weitere Variable A und die Regel $A \to SR$ ein:

$$S \to SS \mid LA \mid LR$$
$$L \to ($$
$$R \to)$$
$$A \to SR$$

Die so erhaltene Grammatik G' ist in Chomsky-Normalform und erzeugt die gleiche Sprache wie G.   ◁

Der Ableitungsbaum eines Wortes, das von einer Grammatik in CNF erzeugt wurde, ist – bis auf die Kanten zu den Blättern (Zeichen aus Σ) – ein binärer Wurzelbaum. Wenn folglich ein Wort $x = x_1 x_2 \ldots x_n$ mit $n \geq 2$ aus S ableitbar ist ($S \Rightarrow^* x$), dann gibt es Variablen A, B mit $S \to AB$ und ein $k \in \{1, \ldots, n\}$ mit $A \Rightarrow^* x_1 \ldots x_k, B \Rightarrow^* x_{k+1} \ldots x_n$ (Abbildung 2.19). Entsprechend lässt sich das Teilstück $x_1 \ldots x_k$ für $k \geq 2$ in zwei weitere Teilstücke zerlegen und so weiter. Die Teilwörter der Länge eins können nur aus einzelnen Variablen abgeleitet werden.

Der *CYK-Algorithmus* (benannt nach seinen Erfindern Cocke, Younger und Kasami) entscheidet das Wortproblem, indem eine Tabelle T berechnet wird (Abbildung

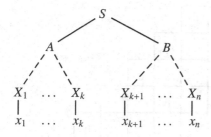
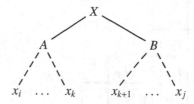

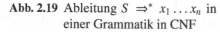

Abb. 2.19 Ableitung $S \Rightarrow^* x_1 \ldots x_n$ in einer Grammatik in CNF

Abb. 2.20 Konstruktion der Menge T_{ij} im CYK-Algorithmus

2.20). Der Eintrag T_{ij} ist die Menge der Variablen X mit $X \Rightarrow^* x_i \ldots x_j$. Die Mengen T_{ii} in der untersten Zeile ergeben sich aus Regeln $X \to x_i$ der Grammatik. Für $i < j$ wird geprüft, ob sich $x_i \ldots x_j$ zerlegen lässt in $x_i \ldots x_k, x_{k+1} \ldots x_j$, so dass gilt

(i) es gibt eine Regel $X \to AB$ und

(ii) $A \Rightarrow^* x_i \ldots x_k, B \Rightarrow^* x_{k+1} \ldots x_j$

Die Menge T_{ij} enthält alle Variablen X mit dieser Eigenschaft. Da (ii) nach Definition von T_{ij} äquivalent ist zu $A \in T_{ik}, B \in T_{k+1,j}$ erhalten wir

$$T_{ii} = \{X \mid \text{es gibt eine Regel } X \to x_i\}$$

$$T_{ij} = \bigcup_{i \le k < j} \{X \mid \text{es gibt eine Regel } X \to AB \wedge A \in T_{ik} \wedge B \in T_{k+1,j}\}$$

Wenn die Mengen T_{ij} in aufsteigender Reihenfolge von $j - i$ berechnet werden (zuerst alle T_{ii}, dann $T_{i\,i+1}$ usw.), dann kann mit obiger Gleichung jede Menge T_{ij} aus bereits berechneten Mengen aufgebaut werden. Die Tabelle muss dazu von unten nach oben aufgefüllt werden. Für den Eintrag T_{ij} müssen dabei alle Kombinationen geprüft werden, die den Zerlegungen $x_i \ldots x_j = x_i \ldots x_k x_{k+1} \ldots x_j$ für $i \le k < j$ entsprechen(Abbildung 2.22). Das Wort x liegt genau dann in der Sprache, wenn $S \in T_{1n}$ gilt.

Beispiel 2.3.15. Wir prüfen $(()()) \in L(G')$ für die Grammatik G' aus Beispiel 2.3.14. Im ersten Schritt füllt der CYK-Algorithmus die unterste Zeile der Tabelle, die den Mengen T_{11} bis T_{66} entsprechen (Abbildung 2.23). Um im zweiten Schritt die Einträge T_{12} bis T_{56} zu berechnen, wird geprüft, ob es Regeln mit rechten Seiten LL, LR, RL, RR gibt. Um den dritten Schritt zu verstehen, betrachten Sie den Eintrag T_{46}. Für die Paare von Mengen T_{44}, T_{56} sowie T_{45}, T_{66} wird geprüft, ob es Regeln $X \to YZ$ gibt, so dass Y in der ersten und Z in der zweiten Menge enthalten ist. Dies ist nur für die Regel $A \to SR$ und das Mengenpaar T_{45}, T_{66} der Fall. Für die Mengen T_{13} bis T_{35} gibt es keine entsprechenden Variablen, so dass diese Einträge leer bleiben. Im letzten Schritt wird in T_{16} das Startsymbol S eingetragen, woraus $S \Rightarrow^* (()())$ und damit $(()()) \in L(G')$ folgt. Aus der Tabelle können wir eine Ableitung ablesen: $S \Rightarrow LA \Rightarrow LSR \Rightarrow LSSR \Rightarrow^* LLRLRR \Rightarrow^* (()())$. ◁

Der CYK-Algorithmus ist ein Beispiel für *dynamisches Programmieren*. Beim dynamischen Programmieren wird eine Tabelle aufgebaut, die Teillösungen enthält, aus

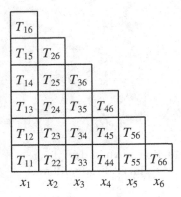

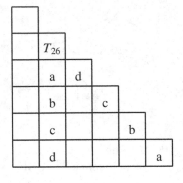

Abb. 2.21 Die vom CYK-Algorithmus konstruierte Tabelle für $|x| = 6$

Abb. 2.22 Die für den Eintrag T_{26} zu prüfenden Kombinationen

denen die Lösung zusammengesetzt wird. Die Laufzeit ergibt sich aus der Anzahl Tabelleneinträge mal Aufwand pro Eintrag. Für ein Wort der Länge n untersucht der CYK-Algorithmus $O(n)$ Zerlegungen des Teilwortes für jeden Tabelleneintrag. Damit ist die Laufzeit des CYK-Algorithmus $O(n^2)O(n) = O(n^3)$.

Für eine deterministisch kontextfreie Sprache L lässt sich das Wortproblem in linearer Zeit lösen, wenn L durch eine Grammatik gegeben ist, die für einen Parser geeignet ist (Abschnitt 2.3.8).

Aufgaben

2.3.7[①] Zeigen oder widerlegen Sie: Jede kontextfreie Grammatik G mit $\varepsilon \notin L(G)$ lässt sich in eine äquivalente Grammatik umformen, in der alle Regeln die Form $A \to BCD$ oder $A \to a$ haben und ε auf keiner rechten Seite einer Regel vorkommt.

2.3.8[②] Sei $L = \{a^n b^m \mid n > m > 0\}$ und $w = aaabb$. Zeigen Sie mit dem CYK-Algorithmus $w \in L$, und geben Sie damit eine Ableitung von w an.

2.3.5 Das Pumping-Lemma für kontextfreie Sprachen

Wie für die regulären Sprachen gibt es auch für die kontextfreien Sprachen ein Pumping-Lemma, mit dem sich der Nachweis führen läßt, dass eine Sprache nicht kontextfrei ist. Der Beweis ist etwas komplizierter als der von Satz 2.2.22, verwendet jedoch das gleiche Prinzip. Zunächst ein ausführliches Beispiel.

Beispiel 2.3.16. Sei G die Grammatik in CNF aus Beispiel 2.3.14 und $z = ((()) \in L(G)$. Der Ableitungsbaum für z ist der in Abbildung 2.24 (a) dargestellte binäre (bis auf die Blätter) Wurzelbaum. In diesem Baum gibt es einen Weg, auf dem eine Variable zweimal vorkommt, zum Beispiel A auf dem fett eingezeichneten Weg. Das aus dem unteren A abgeleitete Teilwort nennen wir w, das aus dem oberen A abgeleitete Teilwort vwx. Dadurch können wir z zerlegen in $z = uvwxy$ mit $u, v = ($, $w = ()$,

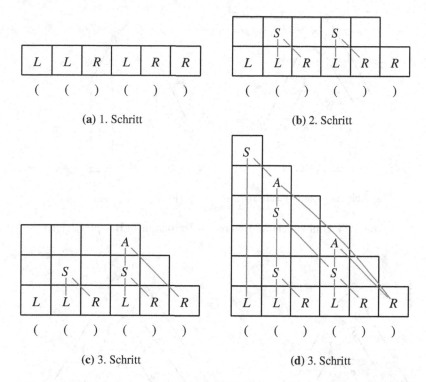

(a) 1. Schritt

(b) 2. Schritt

(c) 3. Schritt

(d) 3. Schritt

Abb. 2.23 Ableitung von (()()) mit dem CYK-Algorithmus (Beispiel 2.3.15)

$x =$), $y = \varepsilon$. Nun kann der an dem unteren A hängende Teilbaum an die Stelle des oberen A gehängt werden, wodurch der Ableitungsbaum des Wortes $uwy = $ (()) entsteht (Abbildung 2.24 (b)).

Ebenso können wir eine Kopie des Teilbaums, der an dem oberen A hängt, an die Stelle des unteren A einhängen. Da am linken bzw. rechten Rand des eingehängten Teilbaums das Wort v bzw. x steht, entsteht dadurch der Ableitungsbaum des Wortes $uv^2wx^2y = $ (((()))) (Abbildung 2.25). Diesen Vorgang können wir beliebig oft wiederholen, um den Ableitungsbaum des Wortes uv^kwx^ky für ein $k \geq 0$ zu erhalten. ◁

Satz 2.3.17 (Pumping-Lemma für kontextfreie Sprachen). Für jede kontextfreie Sprache L gibt es ein n, so dass sich alle $z \in L$ mit $|z| \geq n$ zerlegen lassen in $z = uvwxy$, so dass

1. $|vx| \geq 1$, $|vwx| \leq n$

2. $uv^kwx^ky \in L$ für alle $k \geq 0$

Beweis. Sei G eine Grammatik in CNF mit $L(G) = L - \{\varepsilon\}$ und $n = 2^{|V|}$, wobei $|V|$ die Anzahl der Variablen von G ist. Für jedes $z \in L$ mit $|z| \geq n$ enthält der Ableitungsbaum

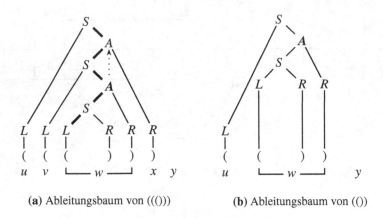

(**a**) Ableitungsbaum von ((()))   (**b**) Ableitungsbaum von (())

Abb. 2.24 Umhängen des unteren A-Teilbaums in Beispiel 2.3.16

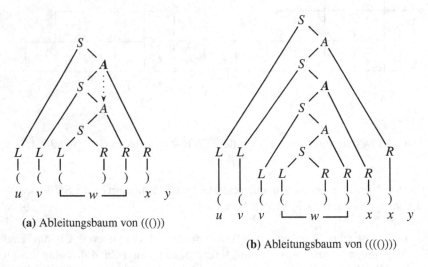

(**a**) Ableitungsbaum von ((()))

(**b**) Ableitungsbaum von ((((()))))

Abb. 2.25 Umhängen des oberen A-Teilbaums in Beispiel 2.3.16

A_z von z mindestens $n = 2^{|V|}$ Blätter. Wenn wir in A_z alle Terminalzeichen (also alle Blätter) entfernen, erhalten wir einen binären Wurzelbaum B_z, der nach Satz 1.6.20 einen Weg mindestens der Länge $|V|$ enthält. Diesen Weg verlängern wir in B_z nach unten, so dass er an einem Blatt (also einer Variablen, aus der nur ein Terminalzeichen abgeleitet werden kann) endet, und verkürzen ihn oben, so dass er genau die Länge $|V|$ hat. Auf diesem Weg befinden sich mindestens $|V| + 1$ Variablen. Da diese nicht alle verschieden sein können (Schubfachprinzip), gibt es eine Variable A, die zweimal vorkommt. Der Teilbaum von A_z, der an dem unteren A hängt, ist Ableitungsbaum eines Wortes w. Der am oberen A hängende Teilbaum ist Ableitungsbaum eines Wortes vwx. Da G eine Grammatik in CNF ist, ist auf das obere A eine Regel der Form $A \to BC$ angewendet worden, woraus $|vwx| > |w|$ und damit $|vx| \geq 1$ folgt. Da in B_z alle vom oberen A ausgehenden Wege höchstens die Länge $|V|$ haben, folgt aus Satz 1.6.19 $|vwx| \leq n$.

Wenn wir in Λ_z den am unteren A hängenden Teilbaum an die Stelle des oberen A hängen, erhalten wir den Ableitungsbaum des Wortes uwy, woraus $uwy \in L$ folgt. Den Ableitungsbaum des Wortes uv^2wx^2y erhalten wir, indem wir umgekehrt den oberen Teilbaum an die Stelle des unteren hängen. Diesen Vorgang können wir wie in Beispiel 2.3.16 beliebig oft wiederholen, woraus $uv^kwx^ky \in L$ für alle $k \geq 0$ folgt. □

Beispiel 2.3.18. Sei $L = \{a^nb^nc^n \mid n \in \mathbb{N}\}$ (vgl. Abbildung 2.34 auf Seite 116). Angenommen, L sei kontextfrei. Dann gibt es ein n, so dass sich $z = a^nb^nc^n$ nach Satz 2.3.17 zerlegen lässt in $z = uvwxy$. Wegen $|vx| \geq 1$ enthält vx mindestens einen und wegen $|vwx| \leq n$ höchstens zwei der Buchstaben a, b, c. Daher kann vx aber nicht alle der Buchstaben a, b, c enthalten. Folglich enthält uwy nicht jeweils die gleiche Anzahl Buchstaben a, b, c, Widerspruch. ◁

Aufgaben

2.3.9[1] Zeigen Sie, dass $L = \{x \mid x \in \{a, b, c\}^* $ und x enthält die gleiche Anzahl Buchstaben $a, b, c\}$ nicht kontextfrei ist.

2.3.10[2] Zeigen Sie, dass $L = \{a^nb^{2n}c^{3n} \mid n \geq 0\}$ nicht kontextfrei ist.

2.3.11[3] Zeigen Sie, dass $L = \{a^nb^na^nb^n \mid n \geq 0\}$ nicht kontextfrei ist.

2.3.6 Mehrdeutigkeit

Für einen Compiler ist es nicht nur wichtig, festzustellen, ob ein Wort syntaktisch korrekt ist, also in der durch eine Grammatik definierten Sprache liegt. Ein Compiler muss auch die syntaktische Struktur eines Wortes eindeutig analysieren können, weil diese oft eine Bedeutung für die Semantik besitzt. Im Compilerbau werden typischerweise Unterklassen von kontextfreien Grammatiken verwendet.

Definition 2.3.19. Sei G eine kontextfreie Grammatik.

- Eine *Rechtsableitung* eines Wortes $w \in L(G)$ ist eine Ableitung $S \Rightarrow^* w$, in der jeweils die am weitesten rechts stehende Variable durch die rechte Seite einer Regel von G ersetzt wird.

- G heißt *mehrdeutig*, wenn es ein $w \in L(G)$ gibt, für das zwei Rechtsableitungen existieren.

📚 Äquivalent lassen sich mehrdeutige Grammatiken über die Linksableitung oder über Ableitungsbäume definieren.

Beispiel 2.3.20. Sei wie in Beispiel 2.3.9 (Seite 86) G_E eine Grammatik für arithmetische Ausdrücke, wobei wir hier das Startsymbol E nennen:

$$E \rightarrow E + E \mid E - E \mid E * E \mid E/E \mid (E)$$

$$| x | y | z$$

Der Ausdruck $x + y * z$ besitzt die Rechtsableitungen

$$E \Rightarrow E + E \Rightarrow E + E * E \Rightarrow E + E * z \Rightarrow E + y * z \Rightarrow x + y * z$$

und

$$E \Rightarrow E * E \Rightarrow E * z \Rightarrow E + E * z \Rightarrow E + y * z \Rightarrow x + y * z$$

die den unterschiedlichen Möglichkeiten entsprechen, diesen Ausdruck zu klammern.
Den beiden Ableitungen des Wortes $x + y * z$ entsprechen folgende Ableitungsbäume:

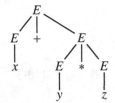   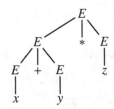

Die an einem Knoten hängenden Symbole entsprechen, von links nach rechts gelesen, einer Regel der Grammatik. An jedem inneren Knoten des Baums wird ein
Ausdruck berechnet.

Aus der Grammatik geht nicht hervor, welcher Operator Vorrang haben soll. G_E ist
sogar mehrdeutig, wenn wir nur den Operator „$-$" betrachten: Verschiedene Rechtsableitungen für $x - y - z$ sind

$$E \Rightarrow E - E \Rightarrow E - z \Rightarrow E - E - z \Rightarrow E - y - z \Rightarrow x - y - z$$

und

$$E \Rightarrow E - E \Rightarrow E - E - E \Rightarrow E - E - z \Rightarrow E - y - z \Rightarrow x - y - z$$

Diese Ableitungen entsprechen die Klammerungen $(x - y) - z$ bzw. $x - (y - z)$. Die
zugehörigen Ableitungsbäume sind:

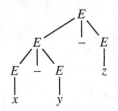   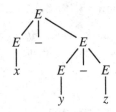

Nur der linke Baum stellt die Semantik korrekt dar, da „$-$" links-assoziativ ist.   ◁

Mehrdeutigkeiten können aufgelöst werden, indem festgelegt wird, welche Regel im
Konfliktfall bevorzugt werden soll oder durch die Umformung der Grammatik in eine
eindeutige Grammatik. Wir behandeln hier nur die zweite Möglichkeit.

Beachten Sie, dass ein Ableitungsbaum nicht verdreht werden darf, da es einen
Unterschied macht, ob eine Regel $A \to BC$ oder $A \to CB$ lautet. Wir müssen die-
sen Begriff nicht formal definieren, weil wir Ableitungsbäume nur als anschauliches
Hilfsmittel verwenden.

Opcratoren, die sich weiter unten in einem Ableitungsbaum befinden, besitzen eine höhere Priorität, weil die entsprechenden Konstrukte zuerst ausgewertet werden. Dies legt nahe, eine Grammatik so zu konstruieren, dass sich ein Operator niedrigster Priorität nur aus dem Startsymbol ableiten lässt. Dazu führen wir neue Symbole ein, die nur auf bestimmten Ebenen des Ableitungsbaums vorkommen können.

Beispiel 2.3.21. Die Grammatik G'_E mit den Regeln

$$E \rightarrow E - T \mid E + T \mid T$$
$$T \rightarrow T * F \mid T/F \mid F$$
$$F \rightarrow (E) \mid x \mid y \mid z$$

erzeugt die gleiche Sprache wie die Grammatik G_E aus Beispiel 2.3.20, berücksichtigt aber Priorität und Assoziativität der Operatoren. Aus dem Startsymbol E können nur mit $+$ oder $-$ verknüpfte Terme oder ein einzelner Term T abgeleitet werden. Aus jedem Term können durch $*$ oder $/$ verknüpfte Faktoren oder ein einzelner Faktor abgeleitet werden. Ein Faktor kann ein geklammerter Ausdruck oder eine Variable sein. Ferner sind alle Operatoren links-assoziativ, weil die Variablen T und F hinter den jeweiligen Operatoren stehen, so dass auf der linken Seite der übergeordnete Teilausdruck E bzw. T steht.

Die eindeutige Rechtsableitung für $x + y * z$ ist

$$E \Rightarrow E + T \Rightarrow E + T * F \Rightarrow E + T * z$$
$$\Rightarrow E + F * z \Rightarrow E + y * z \Rightarrow T + y * z \Rightarrow F + y * z \Rightarrow x + y * z$$

Der zugehörige Ableitungsbaum ist

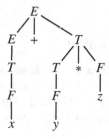

Die Priorität der Operatoren ist aus dem Ableitungsbaum ersichtlich.

Die eindeutige Rechtsableitung für $x - y - z$ ist

$$E \Rightarrow E - T \Rightarrow E - F \Rightarrow E - z \Rightarrow E - T - z$$
$$\Rightarrow E - F - z \Rightarrow E - y - z \Rightarrow T - y - z \Rightarrow F - y - z \Rightarrow x - y - z$$

Am zugehörigen Ableitungsbaum ist zu sehen, dass der Operator „$-$" links-assoziativ ist:

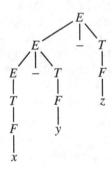

Der in Abschnitt 2.3.8 vorgestellte Taschenrechner verwendet im Wesentlichen diese Grammatik.   ◁

Für die meisten praktisch brauchbaren kontextfreien Sprachen lassen sich eindeutige Grammatiken angeben. Es gibt jedoch auch kontextfreie Sprachen, für die jede Grammatik mehrdeutig ist (inhärent mehrdeutige Sprachen). Ein Beispiel ist die kontextfreie Sprache $L = \{a^i b^j c^k \mid i = j \vee j = k\}$. Man kann zeigen, dass es für jede kontextfreie Grammatik G mit $L(G) = L$ ein m gibt, so dass das Wort $a^m b^m c^m$ zwei verschiedene Rechtsableitungen in G besitzt.

Aufgaben

2.3.12[①]   Erweitern Sie die eindeutige Grammatik G'_E aus Beispiel 2.3.21 um Regeln, um Ausdrücke abzuleiten, die die Operatoren log und exp enthalten. Die Grammatik soll dabei eindeutig bleiben und die Priorität der unären Operatoren berücksichtigen. Geben Sie die Ableitung von $x * \exp \log y + z$ an. Die Priorität der Operatoren soll dabei wie in $xe^{\log y} + z$ interpretiert werden.

2.3.7 Abschlusseigenschaften

Wie in Abschnitt 2.2.8 untersuchen wir, ob kontextfreie Sprachen, die durch einen Mengenoperator verknüpft werden, wieder eine kontextfreie Sprachen bilden. Der folgende Satz zeigt sich, dass für die kontextfreien Sprachen nicht alle Abschlusseigenschaften der regulären Sprachen erhalten bleiben.

Satz 2.3.22. Die kontextfreien Sprachen sind unter Vereinigung, Produkt und Stern abgeschlossen, aber nicht unter Durchschnitt und Komplement.

Beweis.   • Vereinigung, Produkt und Stern: Für kontextfreie Sprachen L_1, L_2 gibt es kontextfreie Grammatiken G_1, G_2 mit $L(G_1) = L_1$, $L(G_2) = L_2$. Seien S_1 bzw. S_2 die Startsymbole von G_1 bzw. G_2. Dann können wir eine neue Grammatik G mit Startsymbol S konstruieren, die alle Regeln von G_1 und G_2 enthält sowie die Regel $S \to S_1 \mid S_2$. Damit erzeugt G die Sprache $L_1 \cup L_2$. Enthält G stattdessen die Regel $S \to S_1 S_2$, so wird $L_1 L_2$ erzeugt.

Um L_1^* zu erzeugen, verwenden wir die Regel $S \to \varepsilon \mid S_1 S_1$. Damit können für jedes $n \in \mathbb{N}$ alle Wörter aus $\bigcup_{k=0}^{n} L_1^k$ erzeugt werden und damit L_1^*.

- Durchschnitt und Komplement: Da $L_1 = \{a^n b^n c^m \mid n, m \in \mathbb{N}\}$ und $L_2 = \{a^n b^m c^m \mid n, m \in \mathbb{N}\}$ kontextfrei sind, nicht aber $L_1 \cap L_2 = \{a^n b^n c^n \mid n \in \mathbb{N}\}$ (Beispiel 2.3.18), sind die kontextfreien Sprachen nicht unter Durchschnitt abgeschlossen. Da die kontextfreien Sprachen unter Vereinigung abgeschlossen sind, folgt daraus mit den Regeln von de Morgan, dass sie auch unter Komplement nicht abgeschlossen sind. □

Die kontextfreien Sprachen sind aber unter Schnitt mit regulären Sprachen abgeschlossen:

Satz 2.3.23. Aus L kontextfrei und R regulär folgt: $L \cap R$ ist regulär.

Beweis (Idee). Da L kontextfrei und R regulär sind, gibt es einen PDA M_L mit $L(M_L) = L$ und einen DFA M_R mit $L(M_R) = R$. Aus M_L und M_R wird der Produktautomat mit den Zuständen $\{(z_L, z_R) \mid z_L \in Z_L, z_R \in Z_R\}$ konstruiert, wobei Z_L die Zustandsmenge von M_L und Z_R die von M_R ist. Beim Verarbeiten eines Wortes werden dadurch parallel M_L und M_R durchlaufen. □

Aufgaben

2.3.13[①] Verwenden Sie die Abschlusseigenschaften der kontextfreien Sprachen, um zu zeigen, dass folgende Sprachen nicht kontextfrei sind:

a) $L_1 = \{x \in \{a, b, c\}^* \mid$ die Anzahl Buchstaben a, b, c in x ist gleich$\}$

b) $L_2 = \{a^n b^{n+1} c^n \mid n \in \mathbb{N}_0\}$

2.3.14[②] Oberhuber behauptet: „Für jede kontextfreie Sprache L gibt es einen PDA M mit $L(M) = L$. Indem man die Endzustände von M mit den Nicht-Endzuständen vertauscht, erhält man einen PDA, der genau $\bar{L}$ akzeptiert. Also sind die kontextfreien Sprachen doch unter Komplement abgeschlossen." Finden Sie den Fehler in Oberhubers Argumentation!

2.3.8 Syntaxanalyse

Mit dem CYK-Algorithmus (Abschnitt 2.3.4) lässt sich für jede kontextfreie Sprache L mit $\varepsilon \notin L$ das Wortproblem entscheiden und ein Ableitungsbaum erstellen. Dieses Verfahren erfordert im Allgemeinen jedoch kubische Laufzeit und ist dehalb für die Praxis ungeeignet. Für jede deterministisch kontextfreie Sprache gibt es eine Grammatik, mit der ein geeigneter Parser das Wortproblem in linearer Zeit entscheiden kann. Parser erzeugen beim Lesen der Eingabe implizit einen Ableitungsbaum, durch den sich zwei Klassen von Parsern unterscheiden lassen: *Top-down* Parser bauen einen Ableitungsbaum von oben nach unten auf, *bottom-up* Parser von unten nach oben. Ein Parser, der die nächsten k Buchstaben der noch zu verarbeitenden Eingabe kennt, besitzt einen *Lookahead* von k.

Top-down Parser

Ein Top-down Parser arbeitet wie das in Satz 2.3.10 beschriebene Verfahren: Beginnend mit dem Startsymbol werden auf dem Stack Variablen durch die rechte Seite einer Regel ersetzt und Zeichen mit Zeichen der Eingabe verglichen, bis die Eingabe verarbeitet und der Stack leer ist. Dadurch wird eine Linksableitung konstruiert.

Ein Top-down Parser lässt sich durch eine Menge rekursiver Prozeduren implementieren, von denen jede Prozedur einer Variable der Grammatik und den zugehörigen Regeln entspricht. Die Reihenfolge der Prozeduraufrufe übernimmt dabei die Funktion des Stacks des PDA in Satz 2.3.10. Derartige Parser heißen *Recursive Descent Parser*. Ein Recursive Descent Parser mit einem Lookahead von 1, der kein Backtracking benötigt, heißt *prädiktiver Parser*.

Beispiel 2.3.24. Das folgende Java-Programm ist ein prädiktiver Parser für die Sprache $\{a^n b^n \mid n \in \mathbb{N}_0\}$ aus Beispiel 2.3.11. Die Methode S entspricht den Regeln $S \to aSb$ (if-Zweig) und $S \to \varepsilon$ (else-Zweig).

```java
public class Parser {
  String input;
  int pos;

  boolean parse(String input0) {
    input = input0 + "#";
    pos = 0;
    return S() && match('#');
  }

  boolean S() {
    if(next() == 'a')
      return match('a') && S() && match('b');
    else
      return true;
  }

  char next() {
    return input.charAt(pos);
  }

  boolean match(char c) {
    if(next() == c) {
      pos++;
      return true;
    }
    else
      return false;
```

```
    }

  public static void main(String[] args) {
    Parser p = new Parser();
    System.out.println(p.parse("aabb"));
  }
}
```

Das Zeichen # wird in der Methode parse verwendet, um festzustellen, ob die Eingabe abgearbeitet wurde. Der Ausdruck S() && match('#') entspricht dem Ablegen von S# auf dem Stack des PDA in Beispiel 2.3.11. Der Ausdruck match('a')&& S()&& match('b') entspricht dem Ablegen von aSb auf dem Stack, dem anschließenden Entfernen des übereinstimmenden Zeichens a, und dem Entfernen von b, nachdem das Symbol S verarbeitet wurde.   ◁

Ein prädiktiver Parser muss anhand des nächsten Zeichens der Eingabe erkennen können, welche Regel der Grammatik auszuwählen ist. Insbesondere darf die Grammatik nicht linksrekursiv sein, weil der prädiktive Parser sonst in eine Endlosschleife gerät. Eine Grammatik ist *linksrekursiv* , wenn sie eine Regel der Form $A \rightarrow A\dots$ enthält.

Beispiel 2.3.25. Die Grammatik G aus Beispiel 2.3.14 ist linksrekursiv und kann deshalb nicht von einem prädiktiven Parser verarbeitet werden. Diese Grammatik kann jedoch umgeformt werden zu der Grammatik mit den Regeln

$$S \rightarrow (S)S \mid \varepsilon$$

die die gleiche Sprache erzeugt und nicht linksrekursiv ist. Diese Grammatik kann von einem prädiktiven Parser verarbeitet werden.   ◁

Recursive Descent Parser lassen sich wie oben als Menge rekursiver Prozeduren implementieren oder mit einem LL-Parser-Generator erzeugen, der dazu eine geeignete Grammatik als Eingabe erhält. Ein verbreiteter LL-Parser-Generator ist ANTLR, der Parser für Java und andere Programmiersprachen erzeugen kann. ANTLR akzeptiert sogar linksrekursive Grammatiken und formt diese automatisch in LL-Grammatiken um.

Beispiel 2.3.26. Ein ANTLR-Grammatik für die Sprache aus Beispiel 2.3.11 ist folgende Datei AB.g4:

```
grammar AB;
s : 'a' s 'b'
  | ;
```

Daraus wird mit

```
$ antlr4 AB.g4
$ javac AB*.java
```

ein Parser erzeugt. Mit der Eingabe

```
 $grun AB s -gui
 aabb
```

(zum Beenden der Eingabe drücken Sie Strg+D unter Linux und Strg+Z unter Windows) wird der Syntaxbaum des Wortes aabb angezeigt.   ◁

Die Menge der Sprachen, die durch einen Recursive Descent Parser erkannt werden können, ist eine echte Teilmenge der deterministisch kontextfreien Sprachen. Dies bedeutet, dass es deterministisch kontextfreie Sprachen gibt, die nicht durch einen Recursive Descent Parser verarbeitet werden können.

Bottom-up Parser

Der CYK-Algorithmus (Abschnitt 2.3.4) ist ein Bottom-up Parser für kontextfreie Grammatiken in CNF, der jedoch kubische Laufzeit benötigt. Bottom-up Parser lassen sich effizienter durch LR-Parser realisieren. Ein *LR-Parser* liest die Eingabe von links nach rechts und erzeugt dabei den Ableitungsbaum der Rechtsableitung. Dabei kennt er die nächsten k Buchstaben der noch zu verarbeitenden Eingabe (Lookahead). Ein LR-Parser lässt sich durch einen deterministischen PDA mit einem Lookahead von k realisieren. Ein LR-Parser führt in jedem Schritt eine von vier möglichen Aktionen aus:

- Shift: Das nächste Zeichen der Eingabe wird auf den Stack geschoben.

- Reduce: Ein oder mehrere Symbole an der Spitze des Stacks entsprechen der rechten Seite γ einer Regel $A \to \gamma$ und werden durch A ersetzt. Um dies zu erkennen, enthält der Stack Symbole, die über den darunter liegenden Stackinhalt Auskunft geben.

- Accept: Die Eingabe wurde verarbeitet, und der Stack enthält nur das Startsymbol.

- Error: Ein Syntaxfehler wird gemeldet.

Um zu entscheiden, welche Aktion jeweils auszuführen ist, verwenden LR-Parser Parsetabellen.

Beispiel 2.3.27. Sei G'_E die eindeutige Grammatik für arithmetische Ausdrücke aus Beispiel 2.3.21 auf Seite 97:

$$E \to E - T \mid E + T \mid T$$
$$T \to T * F \mid T/F \mid F$$
$$F \to (E) \mid x \mid y \mid z$$

Für die Eingabe $x + y * z$ führt ein LR-Parser die folgenden Aktionen aus:

Stack	Restl. Eingabe	Aktion
	x+y*z	shift
x	+y*z	reduce
F	+y*z	reduce
T	+y*z	reduce
E	+y*z	shift
E+	y*z	shift

E+y	*z	reduce
E+F	*z	reduce
E+T	*z	shift
E+T*	z	shift
E+T*z		reduce
E+T*F		reduce
E+T		reduce
E		accept

Die vom Parser konstruierte Rechtsableitung der Eingabe $x + y * z$ läßt sich aus den ersten beiden Spalten von unten nach oben ablesen (s. Beispiel 2.3.21). ◁

Weil die Konstruktion von LR-Parsern von Hand schwierig ist, verwendet man Parsergeneratoren, die aus einer geeigneten Grammatik einen Parser erzeugen. Verbreitete Parsergeneratoren für die Programmiersprache C sind Yacc beziehungsweise das dazu kompatible Bison. Bison lässt sich zusammen mit dem in Abschnitt 2.2.9 vorgestellten Lexer Flex verwenden. Viele Parsergeneratoren für andere Programmiersprachen wurden nach dem Vorbild von Yacc entwickelt.

Beispiel 2.3.28. Wir verwenden die Grammatik aus Beispiel 2.3.21, um einen Taschenrechner mit Infix-Notation zu programmieren. Aus der folgenden Datei `calc.l` erzeugt Flex einen Lexer, das Fließkommazahlen als Token `NUM` für den Parser liefert.

```
%{
#include "calc.tab.h"
%}

integer [0-9]+
real {integer}("."{integer})?([eE][+-]?{integer})?

%%

{real}      {yylval.number = atof(yytext); return NUM;}
[ \t]+      ;
\n          {return NL;}
quit|exit   {return QUIT;}
.           {return yytext[0];}
```

Die Datei `calc.tab.h` enthält Typdefinitionen zu den Tokens und wird von Bison erzeugt. In den folgenden Zeilen wird ein regulärer Ausdruck für Fließkommazahlen definiert. Dabei bezeichnet [0-9] den regulären Ausdruck 0|1|...|9 und [eE] den regulären Ausdruck e|E. Mit der C-Funktion `atof` wird die vom Lexer für den regulären Ausdruck `real` gefundene Zeichenkette `yytext` in eine Fließkommazahl umgewandelt. Diese wird als Token `NUM` gespeichert. Leer- und Tabulatorzeichen werden überlesen. Durch die letzte Zeile werden alle verbleibenden Zeichen an den Parser weitergeleitet.

Aus der folgenden Datei `calc.y` erzeut Bison einen Parser. Um die vom Lexer gelieferten Tokens zu verarbeiten, werden diese durch die Deklaration `%token` definiert. Mit der Zeile `%union{`**`double`**` number;}` wird der C-Typ **`double`** für den semantischen Wert `number` festgelegt. Dieser Typ wird verwendet für die Variablen `term`, `exp`, `factor` und das Token NUM. Im nächsten Abschnitt werden die Regeln der Grammatik und der für einen Match auszuführende Action Code (in geschweiften Klammern) definiert. Im Action Code bezeichnet $n den Wert des $n$ten Teils der rechten Seite der zugehörigen Grammatikregel und $$ den Wert der linken Seite.

```
%{
#include <stdio.h>
%}


%union{double number;}
%type <number> exp term factor
%token <number> NUM
%token NL QUIT


%%


start:  line start
        | line
;
line:   NL
        | QUIT                  {return;}
        | exp NL                {printf("%f\n", $1);}
;
exp:    term                    {$$ = $1;}
        | exp '+' term          {$$ = $1 + $3;}
        | exp '-' term          {$$ = $1 - $3;}
;
term:   factor                  {$$ = $1;}
        | term '*' factor       {$$ = $1 * $3;}
        | term '/' factor       {$$ = $1 / $3;}
;
factor: NUM                     {$$ = $1;}
        | '(' exp ')'           {$$ = $2;}
;


%%


int yyerror (char const *s) {
   fprintf (stderr, "%s\n", s);
}


int main() {return yyparse();}
```

Mit dem folgenden Makefile und dem Aufruf von make werden aus obigen Dateien C-Programme erzeugt und anschließend kompiliert.

```
calc: calc.y calc.l
    bison -d calc.y
    flex -o calc.l.c calc.l
    gcc -o calc calc.l.c calc.tab.c -lfl -lm
```

Der Taschenrechner kann dann mit ./calc aufgerufen werden.   ◁

Allgemeine LR-Parser erkennen genau die deterministisch kontextfreien Sprachen und sind deshalb mächtiger als LL-Parser.

Aufgaben

2.3.15[2]   Die *Postfix-Notation* ist eine Schreibweise für arithmetische Ausdrücke, die keine Klammern benötigt. Die Operatoren werden dabei hinter die Operanden geschrieben. Zum Beispiel kann

$$(1 - 2) * 3$$

geschrieben werden als

$$1 \ 2 \ - \ 3 \ *$$

oder

$$3 \ 1 \ 2 \ - \ *$$

Die Postfix-Notation wird unter anderem von der Druckersprache PostScript verwendet.

a) Geben Sie eine Grammatik an, die Ausdrücke in Postfix-Notation erzeugt. Die Operatoren seien $+, -, *, /$, die Konstanten x, y, z.

b) Schreiben Sie ein Programm, das Ausdrücke in Postfix-Notation über ganzen Zahlen berechnet. Die Eingabe soll von der Konsole eingelesen, Syntaxfehler abgefangen und dem Benutzer gemeldet werden.

2.4 0L-Systeme

Die 0L-Systeme (auch kontextfreie L-Systeme genannt) sind ein Formalismus, der sehr ähnlich zu den kontextfreien Grammatiken ist. Die davon erzeugten Wörter lassen sich mit einer Turtle-Grafik als Fraktale darstellen. Die 0L-Systeme wurden von dem Biologen Lindenmayer erfunden, um das Wachstum von Pflanzen zu modellieren.

Eine Turtle besitzt eine Position in der Ebene und eine Orientierung. Zeichenbefehle sind

- forward(l): Bewegt die Turtle um l nach vorn und zeichnet dabei eine Linie.

- left(α) bzw. right(α): Dreht die Turtle um α Grad nach links bzw. rechts.

  Im Zusammenhang mit L-Systemen werden diese Drehungen mit + bzw. - bezeichnet, wobei α ein vorher festgelegter Winkel ist.

Im Unterschied zu einer kontextfreien Grammatik wird in einem 0L-System in jedem Ableitungsschritt jede Variable ersetzt. Anstelle eines Startsymbols gibt es eine initiale Satzform.

Definition 2.4.1. Ein 0L-System ist ein Tupel $G = (V, \Sigma, \omega, P)$, wobei gilt:

- V ist die endliche Menge der Variablen.

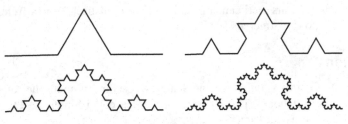

Abb. 2.26 Koch-Kurven

- Σ ist das Alphabet und $V \cap \Sigma = \emptyset$.

- P ist die endliche Menge von Regeln der Form $u \rightarrow v$ mit $u \in V$ und $v \in (V \cup \Sigma)^*$.

- $\omega \in (V \cup \Sigma)^+$ ist die initiale Satzform, auch Axiom genannt.

Beispiel 2.4.2. $G = (\{F\}, \{+, -\}, F, \{F \rightarrow F + F - -F + F\})$ ist ein 0L-System. ◁

Beginnend mit dem Axiom werden in jedem Ableitungsschritt alle Variablen ersetzt, indem jeweils eine Regel angewendet wird. Weil eine Ableitung nicht terminieren muss, definieren wir, dass alle dabei entstehenden Satzformen zu der von einem 0L-System erzeugten Sprache gehören.

Definition 2.4.3. Sei $G = (V, \Sigma, \omega, P)$ ein 0L-System.

- Es gilt $x \Rightarrow y$, wenn es $x_1, \ldots, x_k, y_1, \ldots y_k \in V \cup \Sigma$ gibt mit

$$x = x_1 \ldots x_k$$
$$y = y_1 \ldots y_k$$

  und für jedes $i \in \{1, \ldots, k\}$ ist $x_i \rightarrow y_i$ eine Regel oder $x_i = y_i \in \Sigma$.

- Die von G erzeugte Sprache ist $L(G) = \{w \mid \omega \Rightarrow^* w\}$.

Beispiel (Fortsetzung). $L(G = \{F, F + F - -F + F, F + F - -F + F + F + F - -F + F - -F + F - -F + F + F + F - -F + F, \ldots\})$ ◁

Wenn die Variablen in einem Wort $w \in L(G)$ durch forward(l) ersetzt und die Terminalsymbole als Turtle-Befehle interpretiert werden, lassen sich Wörter als Grafik darstellen.

Beispiel (Fortsetzung). In Abbildung 2.26 sind die ersten 4 Elemente aus $L(G) - \{F\}$ als Grafik dargestellt. Der Drehwinkel ist $60°$.

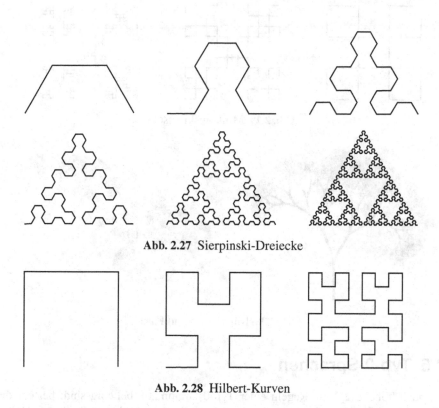

Abb. 2.27 Sierpinski-Dreiecke

Abb. 2.28 Hilbert-Kurven

Beispiel 2.4.4. Das Sierpinski-Dreieck wird durch das 0L-System $(\{A, B\}, \{+, -\}, A,$
$\{A \to B + A + B, B \to A - B - A\})$ erzeugt (Abbildung 2.27).

Beispiel 2.4.5. Die Hilbert-Kurve wird erzeugt durch das 0L-System $(\{A, B\},$
$\{+, -, f\}, A, \{A \to +Bf - AfA - fB+, B \to -Af + BfB + fA-\})$ (Abbildung 2.28).
Dabei steht f für den Turtle-Befehl forward.

Die Hilbert-Kurve nähert sich jedem Punkt eines Quadrats mit beliebiger Genauig-
keit (raumfüllend) und kann auf höhere Dimensionen verallgemeinert werden. Damit
lässt sich eine ähnlichkeitserhaltende Abbildung vom eindimensionalen in den mehr-
dimensionalen Raum definieren, was in Anwendungen genutzt wird.

Beispiel 2.4.6. Die Minkowski-Inseln werden durch das 0L-System $(\{F\}, \{+, -\}, F +$
$F + F + F+, \{F \to F + F - F - F + F\})$ erzeugt, wobei der Drehwinkel 90° ist (Abbildung 2.29). Diese Fraktale werden als Antennen für mobile Geräte (zum Beispiel
Mobiltelefone, WLAN, Bluetooth, GPS) verwendet.

Einer Turtle-Grafik lässt sich um einen Stack erweitern, um Position und Orientierung der Turtle zu speichern. Dadurch lassen sich Fraktale erzeugen, die nicht aus
einem durchgehenden Linienzug bestehen (Abbildung 2.30).

Abb. 2.29 Minkowski-Inseln

Abb. 2.30 Binärbaum und Farn

2.5 Typ-0-Sprachen

Da nach Tabelle 2.2 die Regeln einer Typ-0-Grammatik beliebig sind, besteht die
Menge der Typ-0-Sprachen aus allen Sprachen, die sich überhaupt durch eine Grammatik beschreiben lassen. Das zugehörige Automatenmodell sind die Turing-Maschinen, die genau die Typ-0-Sprachen akzeptieren. Die Turing-Maschinen und damit
auch die Typ-0-Grammatiken gehören zu den mächtigsten bekannten Berechnungs-
modellen. Die Turing-Maschinen sind für die Theorie der Berechenbarkeit und Komplexität (Kapitel 3) wichtig.

Alan Turing schlug 1936 die Turing-Maschine als ein Modell vor, um jede mögliche
Berechnung auszuführen. Er ging dabei von der Arbeitsweise eines Mathematikers
aus, der mit Stift und Papier ein Problem löst: Er kann das Papier beschreiben, Zeichen
ausradieren und er geht in jedem Schritt logisch vor, indem er eine endliche Menge
von Regeln anwendet. Ferner kann er sich beliebig viel Papier beschaffen, so dass
seine Arbeit nicht an einer zu geringen Menge Papier scheitert. Turing-Maschinen
sind gleichwertig zu dem in Abschnitt 3.1.1 vorgestellten Modell eines Computers.

2.5.1 Kontextsensitive Grammatiken

Die kontextsensitiven Grammatiken sind eine Verallgemeinerung der kontextfreien
Grammatiken. Nach Tabelle 2.2 muss für alle Regeln $u \rightarrow v$ einer kontextsensitiven
Grammatik gelten

- $u = \alpha X \beta$, wobei X eine Variable und α, β beliebig sind,

- $v = \alpha \gamma \beta$, wobei γ beliebig, aber nicht leer ist.

Dies bedeutet, dass die Variable X nur in dem Kontext $\alpha \ldots \beta$ durch γ ersetzt werden kann. Kontextfreie Grammatiken sind der Spezialfall $\alpha, \beta = \varepsilon$. Die kontextsensitiven Grammatiken erzeugen nach Definition 2.6.1 genau die Typ-1 oder kontextsensitiven Sprachen.

> Kontextsensitive Sprachen sind äquivalent zu den Sprachen, die durch nicht-verkürzende Grammatiken definiert werden. Bei diesen muss $|u| \le |v|$ für alle Regeln $u \to v$ gelten.

Kontextsensitive Grammatiken werden in der Linguistik verwendet, um Konstruktionen zu beschreiben, die sich nicht durch eine kontextfreie Grammatik darstellen lassen (zum Beispiel im Schweizerdeutschen), oder weil eine kontextsensitive Grammatik eine einfachere Darstellung erlaubt als durch eine kontextfreie Grammatik.

Beispiel 2.5.1. Wenn die Grammatik aus Beispiel 2.3.4 um den Artikel „der" und das Nomen „Kater" erweitert wird, können die Nominalphrasen „die Kater", „der Katze" abgeleitet werden. Um die *Kongruenz* von Artikel und Nomen im Genus zu gewährleisten, können wir eine kontextsensitive Grammatik definieren:

$$Nominalphrase \to Artikel\ Nomen$$
$$Artikel \to Artikel_m \mid Artikel_f \mid Artikel_n$$
$$Artikel_m\ Nomen \to Artikel_m\ Kater$$
$$Artikel_f\ Nomen \to Artikel_f\ Katze \mid Artikel_f\ Maus$$
$$Artikel_n\ Nomen \to Artikel_n\ Mäuschen$$
$$Artikel_m \to der \mid ein$$
$$Artikel_f \to die \mid eine$$
$$Artikel_n \to das \mid ein$$

Allerdings kann diese Grammatik mit Hilfe neuer Variablen in eine kontextfreie Grammatik umgeformt werden:

$$Nominalphrase \to Artikel_m\ Nomen_m \mid$$
$$\to Artikel_f\ Nomen_f \mid$$
$$\to Artikel_n\ Nomen_n \mid$$
$$Artikel_m \to der \mid ein$$
$$Artikel_f \to die \mid eine$$
$$Artikel_n \to das \mid ein$$
$$Nomen_m \to Kater$$
$$Nomen_f \to Katze \mid Maus$$
$$Nomen_n \to Mäuschen \qquad \lhd$$

Wenn die Variablen einer kontextfreien Grammatik durch Parameter erweitert werden, erhält man eine *indizierte Grammatik*. Die damit darstellbare Sprachklasse liegt zwischen den kontextfreien und den kontextsensitiven Sprachen. In der Programmiersprache Prolog heißen diese Grammatiken *Definite Clause Grammars*.

Beispiel (Fortsetzung). Obige Grammatik lässt sich in SWI-Prolog als Definite Clause Grammar wie folgt darstellen:

```
nominalphrase --> artikel(G), nomen(G).
artikel(m) --> ['der'] | ['ein'].
artikel(f) --> ['die'] | ['eine'].
artikel(n) --> ['das'] | ['ein'].
nomen(m) --> ['Kater'].
nomen(f) --> ['Katze'] | ['Maus'].
nomen(n) --> ['Mäuschen'].
```

Damit ist die Prolog-Anfrage phrase(nominalphrase, ['der', 'Kater']) erfolgreich, während phrase(nominalphrase, ['der', 'Katze']) das Ergebnis false liefert.   ◁

Im Compilerbau werden kontextsensitive Grammatiken nicht verwendet, weil keine effizienten Parser bekannt sind.

2.5.2 Typ-0-Grammatiken

Für die Regeln einer Typ-0-Grammatik gelten keinerlei Einschränkungen. Insbesondere können auch Terminalsymbole ersetzt werden, wie in $ab \to c$. Daher kann auch die Unterscheidung zwischen Variablen und Terminalsymbolen aufgegeben werden. Eine derartige Typ-0-Grammatik, auch *Semi-Thue-System* genannt, ist ein mächtiges System zur Umformung von Wörtern. Im Gegensatz zu den bisher betrachteten Grammatiken lassen sich damit Berechnungen ausführen.

Beispiel 2.5.2. Die Grammatik mit den Regeln

$$0\,s \to 1$$
$$1\,s \to s\,0$$
$$\square\,s \to \square\,1$$

definiert einen binären +1-Addierer. Das Symbol s bewegt sich von rechts nach links durch eine Zahl in Binärdarstellung, bis der Übertrag verbraucht ist. Das Symbol $\square$ markiert das linke Ende der Eingabe. Die folgende Rechnung verdeutlichen das Vorgehen: $\square 1011s \Rightarrow \square 101s0 \Rightarrow \square 10s00 \Rightarrow \square 1100$, $\square 111s \Rightarrow \square 11s0 \Rightarrow \square 1s00 \Rightarrow \square s000 \Rightarrow \square 1000$.

Auf ähnliche Weise lässt sich ein Addierer für zwei Binärzahlen konstruieren. Dazu erweitert man das Alphabet um die Zeichen $\{ {}^a_b \mid a, b \in \{\square, 0, 1\}\}$ und definiert Regeln für die Addition mit und ohne Übertrag..   ◁

Ein ähnliches Konzept sind die *Termersetzungssysteme*. Diese enthalten Regeln wie $ab + ac \to a(b + c)$. In den Regeln werden die Variablen mit passenden Termen gematcht, so dass die Ableitung $3x + 3yz \to 3(x + yz)$ möglich ist. Zu den Termersetzungssystemen gibt es eine umfangreiche Theorie mit zahlreichen Anwendungen, insbesondere der Computeralgebra.

2.5.3 Deterministische Turing-Maschinen

Eine *Turing-Maschine* besteht aus einem unendlichen Band und einer Steuerungseinheit, die über einen beweglichen Schreib/Lesekopf auf das Band zugreifen kann

(a) Lesen   (b) Schreiben

Abb. 2.31 Turing-Maschine aus Lego mit kippbaren Steinen als Bandalphabet (wegen Lieferschwierigkeiten von Lego nur mit endlichem Band)

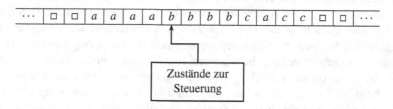

Abb. 2.32 Turing-Maschine

(Abbildung 2.32). Das Band ist in Felder eingeteilt, die je ein Zeichen des Bandalphabets enthalten. Die Steuerungseinheit besteht wie beim Kellerautomaten aus endlich vielen Zuständen. Zu Beginn einer Rechnung steht die Eingabe auf dem Band und der Schreib/Lesekopf über dem ersten Zeichen von links. Die noch unbeschriebenen Felder enthalten das *Blank-Symbol* □. In jedem Schritt liest die Turing-Maschine ein Zeichen auf dem Band, schreibt ein Zeichen und bewegt den Kopf nach links, rechts oder lässt ihn stehen. Dabei kann sie den Zustand wechseln.

Um Turing-Maschinen graphisch darzustellen, erweitern wir die Darstellung endlicher Automaten um Bandoperationen. Jeder Pfeil von einem Zustand z_1 zu z_2 ist mit $X/Y, B$ beschriftet, was bedeutet: Die Turing-Maschine befindet sich in Zustand z_1, liest X unter dem Kopf, schreibt Y und bewegt den Kopf nach $B \in \{L, R, N\}$. Die Abkürzungen L, R, N stehen für eine Kopfbewegung nach links, rechts und stehen bleiben (neutral).

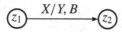

Im Gegensatz zu den endliche Automaten und Kellerautomaten kann eine Turing-Maschine eine Ausgabe erzeugen und damit eine Berechnung ausführen.

Beispiel 2.5.3. Die folgende Turing-Maschine berechnet die Funktion $f(n) = n + 1$ für $n \in \mathbb{N}_0$. Die Zahl n steht zu Beginn der Rechnung binär codiert auf dem Band mit dem Schreib/Lesekopf über dem ersten Zeichen von links. Alle anderen Felder enthalten das Blank-Symbol □. In Zustand A bewegt die Turing-Maschine den Kopf zur am weitesten rechts stehenden Ziffer, um in Zustand B mit der Addition zu beginnen (vgl. Beispiel 2.5.2). Am Ende der Rechnung steht nur $n + 1$ binär codiert auf dem Band.

Da aus dem Zustand z_{ja} keine weiteren Übergänge möglich sind, hält die Turing-Maschine nach Beendigung der Rechnung.   ◁

Während endliche Automaten und Kellerautomaten ihre Eingabe „von außen" erhalten, steht die Eingabe einer Turing-Maschine auf dem Band, das die Turing-Maschine auch beschreibt. Für eine Turing-Maschine fordern wir daher nicht, dass diese alle Zeichen einer Eingabe verarbeitet, bevor sie eine Rechnung beendet. Denn die Turing-Maschine kann nicht unterscheiden zwischen Eingabezeichen und Zeichen, die im Verlauf der Rechnung geschrieben worden sind. Ebensowenig kann eine Turing-Maschine das Ende einer Eingabe erkennen. Im Gegensatz zu den bisher betrachteten Automaten ist es dadurch möglich, dass eine Rechnung endlos dauert, was zu dem in Abschnitt 3.2.2 vorgestellten Halteproblem führt. Um eine Rechnung zu beenden, wird eine Turing-Maschine in einen Zustand überführt, aus dem keine weiteren Übergänge möglich sind: Die Turing-Maschine *hält*. Dazu führen wir die Zustände z_{ja}, z_{nein} ein. In z_{ja} hält die Turing-Maschine, wenn sie eine Eingabe akzeptiert, ansonsten hält sie in z_{nein} oder hält nie. Der Zustand z_{ja} entspricht dem Endzustand der bisher betrachteten Automaten.

Definition 2.5.4. Eine Turing-Maschine ist ein Tupel $M = (Z, \Sigma, \Gamma, \delta, z_0, E)$, wobei gilt

- Z ist die Menge der Zustände.

- Σ ist das Eingabealphabet.

- $\Gamma \supset \Sigma$ ist das Bandalphabet mit dem Blank-Symbol $\square \in \Gamma - \Sigma$.

- $\delta : (Z - \{z_{ja}, z_{nein}\}) \times \Gamma \to Z \times \Gamma \times \{L, R, N\}$ ist die Überführungsfunktion.

  Dabei bedeutet $\delta(z, X) = (z', Y, B)$, dass M im Zustand z das Zeichen X unter dem Kopf durch Y ersetzt, in den Zustand z' übergeht und den Kopf nach $B \in \{L, R, N\}$ (links, rechts, keine Bewegung) bewegt.

- $z_0 \in Z$ ist der Startzustand.

- $z_{ja} \in Z$ ist der *akzeptierende Endzustand*, $z_{nein} \in Z$ der *nicht akzeptierende Endzustand*, wobei $z_{ja} \neq z_{nein}$.

Die von M *akzeptierte Sprache* $L(M)$ besteht aus allen Eingaben, für die M den Zustand z_{ja} erreicht.

Für die Spracherkennungseigenschaften der Turing-Maschinen gilt (vgl. Beispiel 2.5.6):

Satz 2.5.5. Turing-Maschinen akzeptieren genau die Typ-0-Sprachen. Turing-Maschinen, die den Bereich des Bandes, auf dem die Eingabe steht, nicht verlassen dürfen, heißen *linear beschränkt* und akzeptieren genau die Typ-1-Sprachen.

Aufgaben

2.5.1[①] Oberhuber meint: „Turing-Maschinen sind Unsinn, es gibt keine unendlich langen Bänder. Alle existierenden Computer sind endliche Automaten." Was meinen Sie dazu?

2.5.2[①] Zeigen oder widerlegen Sie: Sei M eine deterministische Turing-Maschine. Wenn in M die Zustände z_{ja}, z_{nein} vertauscht werden, ensteht eine Turing-Maschine, die $\overline{L(M)}$ akzeptiert.

2.5.4 Mehrband-Turing-Maschinen

Eine *Mehrband-Turing-Maschine* ist eine Turing-Maschine mit mehreren Bändern und zugehörigen Schreib/Leseköpfen. Mehrband-Turing-Maschinen sind einfacher zu handhaben als Einband-Turing-Maschinen, können von diesen jedoch simuliert werden.

Beispiel 2.5.6. Um die nicht kontextfreie Sprache $L = \{a^n b^n c^n \mid n \in \mathbb{N}_0\}$ aus Abbildung 2.34 zu erkennen, verwenden wir eine Mehrband Turing-Maschine, die zunächst prüft, ob die Eingabe in $L(a^* b^* c^*)$ liegt. Dies ist durch Zustandsübergänge wie bei einem DFA möglich. Danach verwendet sie die Addierer-Turing-Maschine aus Beispiel 2.5.3 als Unterprogramm, um die Anzahl der Buchstaben a, b, c auf den Bändern 2–4 zu zählen. Schließlich vergleicht die Turing-Maschine diese Werte miteinander und hält bei Gleichheit in z_{ja}, sonst in z_{nein}. 2.33). ◁

Da es eine Bijektion von $\mathbb{Z}^k$ auf $\mathbb{Z}$ gibt (Abschnitt 1.4.4), ist zu vermuten, dass Mehrband-Turing-Maschinen genauso mächtig sind wie Einband-Turing-Maschinen.

Satz 2.5.7. Für jede Mehrband-Turing-Maschine M_M gibt es eine Einband-Turing-Maschine M_E, die M_M in Zeit $O(n^2)$ simuliert.

Beweis (Skizze). Sei k die Anzahl der Bänder von M_M. Wir können uns vorstellen, dass die Bänder in einem festen Raster übereinander stehen und die Köpfe sich nach links und rechts bewegen. M_E speichert in jedem Feld ihres Bandes den Inhalt von k übereinander stehenden Feldern zusammen mit den Kopfpositionen von M_M. Dazu

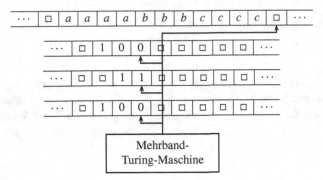

Abb. 2.33 Mehrband-Turing-Maschine zu Beispiel 2.5.6

verwendet M_E das Bandalphabet $\Gamma_E = (\Gamma_M \times \{-, \uparrow\})^k$, wobei das Zeichen $\uparrow$ jeweils eine Kopfpositionen markiert.

...	c	c	b	a	a	b	b	a	c	c	a	a	b	...
...	-	-	-	$\uparrow$	-	-	-	-	-	-	-	-	-	...
...	y	x	z	z	y	x	x	y	y	z	x	x	y	...
...	-	-	-	-	-	-	-	-	-	$\uparrow$	-	-	-	...
...	-	1	1	0	1	0	0	0	1	1	0	-	-	...
...	-	-	-	-	-	$\uparrow$	-	-	-	-	-	-	-	...

Um auf diesem Band mit nur einem Kopf einen Schritt von M_M zu simulieren, bewegt M_E den Kopf über alle Felder, die eine Kopfmarkierung $\uparrow$ enthalten. Dabei merkt sich M_E jeweils das Zeichen über der Markierung $\uparrow$, indem M_E in einen entsprechenden Zustand übergeht. In einem weiteren Durchlauf über das Band verändert M_E diese Zeichen und die Kopfmarkierungen entsprechend der Überführungsfunktion von M_M und simuliert damit einen Schritt von M_M.

Um den Zeitbedarf für die Simulation zu bestimmen, betrachten wir k Schritte von M_M. Nach dem k-ten Schritt können sich die Köpfe um höchstens $2k$ Positionen voneinander entfernt haben. Um die Bandmarkierungen zu suchen und Zeichen zu verändern, führt M_E dazu $\leq 4k$ Schritte aus und nach n Schritten von M_M damit

$$\sum_{k=1}^{n} 4k \in O(n^2)$$

Schritte.   □

2.5.5 Nichtdeterministische Turing-Maschinen

Nichtdeterministische Turing-Maschinen unterscheiden sich von deterministischen Turing-Maschinen in ihrer Überführungsfunktion: Diese hat für eine nichtdeterministische Turing-Maschine M die Form

$$\delta : (Z - \{z_{\mathrm{ja}}, z_{\mathrm{nein}}\}) \times \Gamma \rightarrow \mathcal{P}(Z \times \Gamma \times \{L, R, N\})$$

Dabei bedeutet $(z', Y, B) \in \delta(z, X)$, dass M die Möglichkeit hat, im Zustand z das Zeichen X unter dem Kopf durch Y zu ersetzen, in z' überzugehen und den Kopf nach $B \in \{L, R, N\}$ zu bewegen.

Die von einer nichtdeterministischen Turing-Maschine M akzeptierte Sprache besteht aus allen Eingaben, für die M den Zustand z_{ja} erreichen kann.

Satz 2.5.8. Für jede nichtdeterministische Turing-Maschine M_N gibt es eine deterministische Turing-Maschine M_D mit $L(M_N) = L(M_D)$.

Beweis (Idee). M_D simuliert M_N, indem M_D systematisch alle Berechnungspfade von M_N für eine Eingabe w verfolgt. Dabei muss M_D den Berechnungsbaum von M_N mit einer Breitensuche (Abschnitt 1.6.5) durchsuchen. Sobald M_D dabei einen akzeptierenden Pfad findet, geht M_D in einen Endzustand über. Die Breitensuche (aber nicht die Tiefensuche) garantiert, dass M_D einen akzeptierenden Pfad findet, wenn es einen solchen gibt. Beachten Sie, dass die Suche von M_D für $w \notin L(M_N)$ nicht terminieren muss. □

Mit Satz 2.5.5 folgt:

Korollar 2.5.9. Nichtdeterministische Turing-Maschinen akzeptieren genau die Typ-0-Sprachen.

2.6 Die Chomsky-Hierarchie

Die regulären, kontextfreien, kontextsensitiven Sprachen bzw. Grammatiken werden auch als Typ-3, Typ-2, Typ-1 Sprachen bzw. Grammatiken bezeichnet. Diese Typen heißen *Chomsky-Typen* (Tabelle 2.2). Durch sie ist der Typ einer Sprache definiert.

Definition 2.6.1. Eine Sprache L heißt Typ-k-Sprache, $k \in \{0, 1, 2, 3\}$, wenn es eine Typ-k-Grammatik G gibt mit $L(G) = L$.

Nach Tabelle 2.2 gilt: Jede reguläre Grammatik ist auch eine kontextfreie Grammatik. Nach Definition 2.6.1 ist deshalb jede reguläre (Typ-3) Sprache auch eine kontextfreie (Typ-2) Sprache. Mit der unten dargestellten ε-Sonderregel lässt sich diese Beziehung auf alle $k = 0, \ldots, 3$ ausdehnen. Diese Beziehung heißt *Chomsky-Hierarchie* (Abbildung 2.34). Sowohl bei Grammatiken als auch bei Sprachen sind wir deshalb an dem *höchsten Chomsky-Typ* interessiert.

Die Inklusionen in der Chomsky-Hierarchie sind echt: Für jedes $k = 0, 1, 2$ gibt es eine Typ-k-Sprache, die keinen höheren Typ angehört. In Abbildung 2.34 ist für jedes k eine Sprache mit höchstem Chomsky-Typ k angegeben. Das Halteproblem werden wir in Abschnitt 3.2.2 behandeln. Daneben gibt es Sprachen, die durch keine Grammatik erzeugt werden.

Typ	in allen Regeln $u \to v$ gilt	Beispiele
0 (*rekursiv aufzählbar*)	u, v beliebig	$ab \to c$
1 (*kontextsensitiv*)	$u = \alpha X \beta$, $v = \alpha \gamma \beta$ mit $\alpha, \beta \in (V \cup \Sigma)^*$, $X \in V$, $\gamma \in (V \cup \Sigma)^+$	$aAb \to aBb$
2 (*kontextfrei*)	$u \in V$, $v \in (V \cup \Sigma)^*$	$A \to aBb$
3 (*regulär*)	$u \in V$, $v \in \Sigma \cup \{\varepsilon\} \cup \Sigma V$	$A \to a$, $A \to aB$

Tab. 2.2 Chomsky-Typen

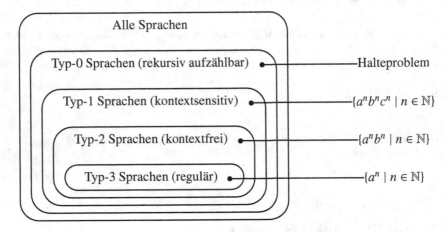

Abb. 2.34 Chomsky-Hierarchie und Beispielsprachen

Nach Definition 2.6.1 gilt: G ist von Typ $k \Rightarrow L(G)$ ist von Typ k. Die Umkehrung gilt jedoch nicht. Eine Typ-k-Sprache kann von einer Grammatik mit einem niedrigeren maximalen Typ erzeugt werden.

Beispiel 2.6.2. Sei G die Grammatik mit den Regeln

$$S \to SS \mid a$$

G ist kontextfrei, wegen der Regel $S \to SS$ aber nicht regulär. Nach Definition 2.6.1 ist $L(G)$ kontextfrei. Wegen $L(G) = \{a^n \mid n \in \mathbb{N}\}$ wird $L(G)$ aber auch erzeugt von der Grammatik G' mit den Regeln

$$S \to aS \mid a$$

Diese Grammatik ist regulär. Wegen $L(G') = L(G)$ ist deshalb auch $L(G)$ regulär.   ◁

⚠ Der höchste Chomsky-Typ einer Grammatik G muss nicht übereinstimmen mit dem höchsten Chomsky-Typ der Sprache $L(G)$.

Die ε-Sonderregel

In der in Tabelle 2.2 gegebenen Definition können die kontextsensitiven Grammatiken wegen $v \in (V \cup \Sigma)^+$ keine Regel $A \to \varepsilon$ enthalten. Damit wäre eine kontextfreie

Grammatik nicht kontextsensitiv. Weiterhin ließe sich das leere Wort aus einer kontextsensitiven Grammatik nicht ableiten, so dass die kontextsensitiven Sprachen keine Obermenge der kontextfreien Sprachen wären. Um dieses Problem zu lösen, werden die Typ-1,2,3-Grammatiken so geändert, dass

- das leere Wort ε nur aus dem Startsymbol S abgeleitet werden darf und

- S auf keiner rechten Seite einer Regel vorkommt.

Damit gilt die vorgestellte Chomsky-Hierarchie. Man kann zeigen, dass sich die kontextfreien sowie die regulären Grammatiken gemäß dieser ε-Sonderregel äquivalent (die erzeugte Sprache bleibt gleich) umformen lassen. Die Regeln der kontextsensitiven (und damit auch der kontextfreien sowie regulären) Grammatiken haben dann die Eigenschaft, *nicht verkürzend* zu sein, dass heißt, für alle Regeln $u \to v$ gilt $|u| \leq |v|$.

Aufgaben

2.6.1[①] Zeigen oder widerlegen Sie:

a) Jede endliche Sprache L ist regulär.

b) Jede Teilmenge einer regulären Sprache ist kontextfrei.

c) Jede Obermenge einer regulären Sprache ist regulär.

d) Jede Teilmenge einer kontextfreien Sprache ist regulär.

2.6.2[①] Geben Sie eine Grammatik mit maximalem Chomsky-Typ an für die Sprache $L = \{x \in \{a, b, c\}^* \mid x \text{ enthält nicht } ab\}$.

2.6.3[①] Geben Sie für die Sprache aller ganzen Zahlen ohne führende Nullen eine Grammatik mit möglichst hohem Chomsky-Typ an, die auf keiner rechten Seite ε enthält. Die Grammatik soll Wörter erzeugen wie 12345, -9876, aber nicht 0123 oder -0.

2.6.4[②] Zeigen Sie mit einem Abzählargument, dass es Sprachen gibt, die durch keine Grammatik erzeugt werden.

3 Berechenbarkeit und Komplexität

In diesem Kapitel stellen wir die grundsätzliche Frage: Gibt es Probleme der Informatik, die ein Computer nicht lösen kann? Diese Frage wurde, in anderer Form, von dem Mathematiker David Hilbert gestellt: Gibt es einen Algorithmus, der für für jede mathematische Aussage entscheidet, ob diese wahr oder falsch ist? Um dieses Hilbert'sche Entscheidungsproblem zu untersuchen, war es notwendig, zunächst die Begriffe „Algorithmus" bzw. „Berechnung" zu definieren, was Alan Turing 1936 mit seiner Turing-Maschine gelang (Abschnitt 2.5.3). Gleichzeitig bewies Turing, dass das Entscheidungsproblem nicht lösbar ist. In Abschnitt 3.2.2 wird ein ähnliches Ergebnis bewiesen, das Ausgangspunkt für weitere Erkenntnisse ist. Neben den nicht lösbaren Problemen gibt es Probleme, die zwar grundsätzlich lösbar sind, für die jedoch keine Algorithmen bekannt sind, die eine Lösung in akzeptabler Zeit liefern. Diese Unterscheidung zwischen praktisch lösbaren und praktisch nicht lösbaren Problemen ist Inhalt von Abschnitt 3.3.

Sowohl unter den grundsätzlich nicht lösbaren als auch den praktisch nicht lösbaren Problemen gibt es Probleme, die sich in Anwendungen stellen. In den Abschnitten 3.2.4, 3.3.4, 3.3.5, 3.3.7 werden entsprechende Anwendungen und teilweise Auswege aus der Unlösbarkeit vorgestellt.

3.1 Berechnungsmodelle

Zur Untersuchung der Berechenbarkeit benötigen wir zunächst ein Berechnungsmodell. Zahlreiche Berechnungsmodelle wurden vorgeschlagen, von denen sich die meisten als äquivalent erwiesen. Die ältesten Berechnungsmodelle sind der λ-Kalkül, der die Grundlage der funktionalen Programmiersprachen bildet, und die Turing-Maschine, die als Standardmodell in der Theorie der Berechenbarkeit und Komplexität verwendet wird. Nach der Erfindung von Computern und Programmiersprachen wurden Berechnungsmodelle entwickelt, die sich an der Arbeitsweise von Computern orientierten.

Jedes Berechnungsmodell, das eine Turing-Maschine simulieren kann, heißt *Turing-vollständig* oder *Turing-mächtig* (Abbildung 3.1). Umgekehrt kann eine Turing-Maschine jedes bekannte Berechnungsmodell simulieren, woraus sich die Gleichwertigkeit aller Turing-vollständigen Berechnungsmodelle ergibt. Wir können daher jedes dieser Berechnungsmodelle verwenden, um Fragen der Berechenbarkeit zu untersuchen. Später wird sich zeigen, dass auch die Unterscheidung zwischen praktisch lösbaren und praktisch nicht lösbaren Problemen nicht vom Berechnungsmodell abhängt.

3.1.1 Ein Berechnungsmodell der von-Neumann-Architektur

Die von-Neumann-Architektur ist die Grundlage der meisten modernen Computer. Programme und Daten werden dabei in einem Speicher gehalten (Abbildung 3.2),

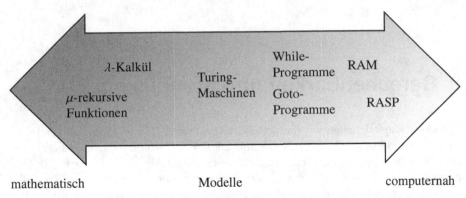

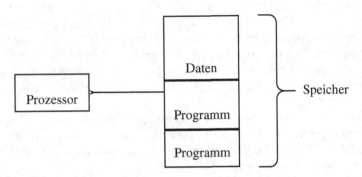

Abb. 3.2 Die von-Neumann-Architektur

der in fortlaufend nummerierte Zellen unterteilt ist. Mit Hilfe der Adresse einer Speicherzelle kann der Prozessor auf dessen Inhalt lesend und schreibend zugreifen. Der Prozessor besitzt einen Befehlszähler, der die Adresse des nächsten auszuführenden Befehls enthält, interne Register, in die er Daten aus dem Speicher laden oder aus denen er Daten in den Speicher schreiben kann, sowie eine Steuer- und Recheneinheit, die Befehle ausführt. Befehle werden als Zahlen codiert und zusammen mit eventuellen Operanden aus dem Speicher gelesen. Das Programm besteht aus wenigen, einfachen Befehlen, die der Prozessor nacheinander verarbeitet und mit denen Daten im Speicher und der Ablauf des Programms verändert werden.

Die *RASP (Random Access Stored Program Machine)* abstrahiert von dieser Architektur, indem der Speicher als unendliche Folge $x[0], x[1], x[2], \ldots$ von Speicherzellen modelliert wird, die jeweils eine ganze Zahl enthalten. Die RASP besitzt zwei Register, den Akkumulator und den Befehlszähler. Die RASP enthält einen minimalen Befehlssatz, mit dem sich jedoch weitere Befehle simulieren lassen. Jeder Befehl wird codiert in der Form *Befehlscode* bzw. *Befehlscode, Operand* und in ein bzw. zwei aufeinanderfolgenden Speicherzellen abgelegt. In programmähnlichem Pseudocode dargestellt sind die Befehle der RASP:

- Zuweisungen der Form ac $:= c$, ac $:=$ ac $+ x[i]$, ac $:=$ ac $- x[i]$, $x[i] :=$ ac, wobei $c \in \mathbb{Z}$ und $i \in \mathbb{N}_0$.

- Bedingte Sprüngen der Form **if** (ac > 0) **goto** m, wobei $m \in \mathbb{N}_0$.

- Befehle zur Eingabe ac = **input** und zur Ausgabe **output** ac.

- Den Befehl **stop** zum Beenden des Programms.

Die Zuweisungen werden wie zu erwarten interpretiert. Die Anweisung **if** (ac > 0) **goto** m bewirkt, dass der Befehlszähler gesetzt wird auf m, wenn der Inhalt des Akkumulators größer Null ist, und sonst auf die Adresse des nächsten Befehls. Alle übrigen Anweisungen setzen den Befehlszähler auf die Adresse des nächsten Befehls. Der Befehl **input** liest die nächste Eingabe aus einer externen Quelle, **output** schreibt in eine externe Ausgabe.

📚 Es gibt verschiedene Varianten der RASP. Obige Darstellung entspricht der von Cook und Reckhow (1973).

Beispiel 3.1.1. Ein RASP-Programm, das die signum-Funktion (links) simuliert:

```
                                        ac := input
                                        if (ac > 0) goto 14
    int signum(int k) {                 x[0] := ac
      if (k > 0) {                      ac := 1
        return 1                        ac := ac + x[0]
      }                                 if (ac > 0) goto 18
      else if (k = 0) {                 ac := -1
        return 0                        output ac
      }                                 stop
      else{                       14:   ac := 1
        return −1                       output ac
      }                                 stop
    }                             18:   ac := 0
                                        output ac
                                        stop
```

◁

Mit diesen Befehlen lassen sich Konstrukte einer höheren Programmiersprache simulieren:

- Da die Befehle, die einem bedingten Sprung folgen, einem **else**-Zweig entsprechen, lassen sich **if**-**else**-Anweisungen simulieren. Durch die Kombination von **if**-**else**-Anweisungen lassen sich logische Operatoren und komplexe Verzweigungsbedingungen realisieren.

- Mit Hilfe der bedingten Sprünge können **for**- und **while**-Schleifen simuliert werden.

- Da die Befehle im Speicher liegen, kann die RASP Programme modifizieren. Auf diese Weise kann zum Beispiel der Befehl $x[0]$:= ac zu $x[1]$:= ac geändert werden. Damit kann die RASP wie in der Schleife

  ```
  for (k := 0 to 9) {
    x[k] := 0
  }
  ```

  den Speicher indirekt adressieren.

- Auf gleiche Weise lassen sich nicht-rekursive Funktionsaufrufe simulieren. Jede Funktion enthält an ihrem Ende einen Rücksprung an eine Adresse, die von der aufrufenden Funktion vorher verändert wurde. Parameter werden über (globale) Speicherzellen übergeben.

  Rekursive Funktionsaufrufe lassen sich simulieren, wenn ein Teil des Speichers als Callstack verwendet wird.

- Eine Funktion kann die Adresse einer anderen Funktion P (bzw. eines Programms) als Parameter erhalten und P ausführen. Dies entspricht den Funktionszeigern in der Programmiersprache C oder dem Konzept der *universellen Turing-Maschine*. Letztere ist eine Turing-Maschine, die die Codierung einer Turing-Maschine M als Eingabe auf dem Band erhält, und Berechnungen von M simuliert. Diese Eigenschaft ist wird in den Abschnitten 3.2.2 – 3.3.7 benötigt.

- Der Datentyp **boolean** mit den Werten **true**, **false** lässt sich durch die Werte 1, 0 simulieren.

Zur formalen Behandlung der Theorie der Berechenbarkeit und Komplexität werden wir Programme durch Pseudocode darstellen mit dem Verständnis, dass dieser durch eine RASP simuliert werden kann. Dabei sind := der Zuweisungsoperator und = der Vergleichsoperator (wie in der Mathematik, aber anders als in Java).

3.1.2 Vergleich mit der Turing-Berechenbarkeit

Wie oben dargestellt, sind Turing-Maschine und RASP äquivalente Berechnungsmodelle (vgl. Abbildung 3.1). Eine Mehrband-Turing-Maschine kann eine RASP simulieren, indem sie ein Band zur Darstellung der Speicherzellen und weitere Bänder zur Darstellung der Register (Akkumulator und Befehlszähler) der RASP im Binärformat verwendet. In diesem Fall enthält ein Teil des Bandes das Programm, das von der Turing-Maschine ausgeführt wird. Jeder der endliche vielen Binärcodes einer Anweisung der RASP führt zu je einem Zustand der Turing-Maschine, von dem aus, ggf. mit weiteren Zustandsübergängen und unter Verwendung eines weiteren Bandes, diese Anweisung ausgeführt wird. Zum Beispiel kann die RASP-Anweisung **if** (ac>0) durch eine Turing-Maschine mit drei Zuständen simuliert werden, wobei der Kopf auf dem Feld steht, das das Vorzeichen des Akkumulatorinhalts enthält.

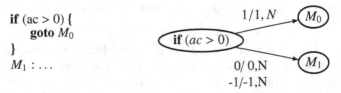

Umgekehrt kann auch eine RASP eine Turing-Maschine simulieren. Da nach Satz 2.5.7 jede Mehrband-Turing-Maschine von einer Einband-Turing-Maschine simuliert werden kann, müssen wir dabei nur die Simulation von Einband-Turing-Maschinen betrachten. Die RASP verwendet ihre Speicherzellen, um das Band, den Zustand und die Position des Kopfes der Turing-Maschine zu speichern. Die endliche Überführungsfunktion der Turing-Maschine kann durch ein Array dargestellt werden, die den Folgezustand, das zu schreibende Bandsymbol und die Bewegung des Kopfes enthält. Ferner kann eine Turing-Maschine mit beidseitig unendlichem Band umgebaut werden zu einer Turing-Maschine mit einseitig unendlichem Band, indem die Felder in der Reihenfolge $0, 1, -1, 2, -2, 3, -3, \ldots$ gespeichert werden. Damit kann die Turing-Maschine simuliert werden durch

> **while** $(z \notin E)$ {
> $\quad \gamma := band[pos]$
> $\quad (z', \gamma', B) := \delta[z, \gamma]$
> $\quad z := z'$
> $\quad band[pos] := \gamma'$
> $\quad pos := pos + B$
> }

Während die RASP jedoch, je nach verwendetem Kostenmaß (Abschnitt 3.3), in konstanter oder logarithmischer Zeit auf eine Speicherzelle zugreift, muss eine Turing-Maschine dazu den Kopf über das Band bewegen. Man kann zeigen, dass eine Turing-Maschine eine RASP in Zeit $O(t(n)^6)$ simulieren kann, wenn $t(n)$ die Laufzeit der RASP ist.

Zur Laufzeitanalyse von Algorithmen werden Berechnungsmodelle verwendet, die sich an der von-Neumann-Architektur orientieren, wie die RASP oder abstrakte Programmiersprachen. Turing-Maschinen sind dazu ungeeignet, weil zum Bewegen des Kopfes ein Aufwand entsteht, der in realen Computern nicht anfällt.

3.2 Entscheidbarkeit

Im Folgenden wird gezeigt, dass es Probleme gibt, die algorithmisch nicht lösbar sind. Das wichtigste derartige Problem ist das Halteproblem, mit dem sich die Unlösbarkeit zahlreicher weiterer Probleme zeigen lässt. Bevor wir das Halteproblem in Abschnitt 3.2.2 formal behandeln, zeigen wir, dass es sehr schwierig sein kann, festzustellen, ob ein Programm jemals hält.

Die folgende Funktion erzeugt eine Zahlenfolge, indem sie ihr Argument ausgibt und sich für $n > 1$ rekursiv aufruft.

```
public static void collatz(int n) {
  System.out.println(n);
  if (n == 1) return;
  else if (n % 2 == 0) collatz(n / 2);
  else collatz(3*n + 1);
}
```

Für $n = 5$ erzeugt collatz die Folge 5, 16, 8, 4, 2, 1, für $n = 27$ die Folge 27, 82, 41, 124, 62, 31, 94, 47, 142, 71, 214, 107, 322, 161, 484, 242, 121, 364, 182, 91, 274, 137, 412, 206, 103, 310, 155, 466, 233, 700, 350, 175, 526, 263, 790, 395, 1186, 593, 1780, 890, 445, 1336, 668, 334, 167, 502, 251, 754, 377, 1132, 566, 283, 850, 425, 1276, 638, 319, 958, 479, 1438, 719, 2158, 1079, 3238, 1619, 4858, 2429, 7288, 3644, 1822, 911, 2734, 1367, 4102, 2051, 6154, 3077, 9232, 4616, 2308, 1154, 577, 1732, 866, 433, 1300, 650, 325, 976, 488, 244, 122, 61, 184, 92, 46, 23, 70, 35, 106, 53,

160, 80, 40, 20, 10, 5, 16, 8, 4, 2, 1. Das Problem, ob diese Zahlenfolge für alle $n \geq 1$ endlich ist (Collatz-Problem) und daher collatz terminiert, ist seit 1937 ungelöst.

Ebenso unklar ist, ob die folgende Funktion foo für alle $n \geq 1$ „Hello World!" ausgibt. Denn letztere Eigenschaft gilt genau dann, wenn die Funktion collatz für alle $n \geq 1$ terminiert.

```java
public static void foo(int n) {
  collatz(n);
  System.out.println("Hello World!");
}
```

Wenn wir entscheiden können, ob foo für alle $n \geq 1$ „Hello World!" ausgibt, können wir auch entscheiden, ob collatz für alle $n \geq 1$ terminiert. Das Entscheidungsproblem, ob ein Programm für alle Eingaben $n \geq 1$ „Hello World!" ausgibt, ist daher mindestens so schwierig wie das Collatz-Problem.

Das Collatz-Problem ist nicht allein deshalb schwierig, weil die Menge der Eingaben unendlich ist. Denn für die unendliche Menge $\{2^n \mid n \geq 0\}$ terminiert collatz, da das Argument stets halbiert wird. Auch für ein Programm ohne Eingabe kann es sehr schwierig sein, dessen Terminierung zu entscheiden. Das folgende Programm sucht nach einem Gegenbeispiel für die von Fermat 1640 aufgestellte Behauptung, dass die Gleichung

$$x^n + y^n = z^n$$

für $n \geq 3$ und $x, y, z \in \mathbb{N}$ keine Lösung besitzt (Fermats letzter Satz). Das Programm erzeugt dazu alle x, y, z, n, um obige Gleichung zu prüfen. Mit der Variablen k werden dazu die Grenzen für n, x, y, z schrittweise erhöht.

```
for (k := 3 to ∞) {
    for (n := 3 to k) {
        for (x, y, z := 1 to k) {
            if (x^n + y^n = z^n) {
                stop
            }
        }
    }
}
```

Das Programm hält genau dann, wenn Fermats Behauptung falsch ist. Ein Beweis, dass das Programm nicht hält, ist damit ein Beweis des letzten Satzes von Fermat, was erst 355 Jahre später mit einem über 100 Seiten langen und sehr komplizierten Beweis gelang. Das Problem, für ein beliebiges Programm P zu entscheiden, ob P hält, heißt Halteproblem. Jedes Programm, das das Halteproblem entscheidet, liefert daher einen Beweis für Fermats letzten Satz. Es überrascht daher nicht, dass das Halteproblem algorithmisch nicht zu lösen (unentscheidbar) ist. In Abschnitt 3.2.2 wird dies bewiesen.

3.2.1 Entscheidbare Sprachen

Entscheidbarkeit ist eine Eigenschaft einer Sprache. Eine Sprache heißt entscheidbar, wenn sich algorithmisch immer feststellen lässt, ob ein beliebiges Wort zu dieser

Sprache gehört.

> **Definition 3.2.1.** Eine Sprache L heißt *entscheidbar*, wenn es ein Programm P_L (*Entscheidungsverfahren*) gibt, so dass gilt:
>
> - Für die Eingabe $w \in L$ liefert P_L **true**.
>
> - Für die Eingabe $w \notin L$ liefert P_L **false**.

Anschaulich bedeutet dieser Begriff: L ist entscheidbar, wenn ein Programm für jedes $w \in \Sigma^*$ mit „ja, $w \in L$" oder „nein, $w \notin L$" antwortet und sich niemals irrt. Der Begriff „Sprache" ist hierbei zu verstehen als Menge von Objekten, die sich als Wort über einem geeigneten Alphabet codieren lassen. Dazu zählen wir auch Objekte wie Programme, Automaten, Graphen. Insbesondere sind RASP-Programme (Abschnitt 3.1.1) Wörter über einem Alphabet, das aus Schlüsselwörtern, Operatoren, Klammern, Ziffern und Buchstaben besteht.

In Pseudocode stellen wir ein Entscheidungsverfahren für L dar durch

    boolean P_L (Input w) {
      ...
    }

In höheren Programmiersprachen bewirken Datentypen eine Codierung von Objekten (wie Fließkommazahlen, Tabellen, Adjazenzlisten eines Graphen) als Binärzahl, also als Wort über dem Alphabet $\{0, 1\}$. Ebenso können wir auch hier annehmen, dass die Eingabe w einen Datentyp besitzt, um von der (meist uninteressanten) Codierung zu abstrahieren. Wie am Ende von Abschnitt 3.1.1 ausgeführt, können wir ferner annehmen, dass auch ein Programm P (bzw. die Adresse im Speicher der RASP, an der P abgelegt wurde) eine Eingabe des Entscheidungsverfahren P_L sein und dass P von P_L ausgeführt werden kann.

Beispiel 3.2.2. Folgende Sprachen sind entscheidbar:

- Die Sprache $\emptyset$ durch ein Programm, das für jede Eingabe **false** liefert.

- Die Sprache Σ^* durch ein Programm, das für jede Eingabe **true** liefert.

- Jede Typ-2-Sprache L: Nach Satz 2.3.13 gibt es eine Grammatik G in Chomsky-Normalform mit $L(G) = L$. Der CYK-Algorithmus, angewendet auf G, entscheidet das Wortproblem für L. Der CYK-Algorithmus terminiert immer und lässt sich als Programm darstellen.

- Die Sprache $\{a^n b^n c^n \mid n \geq 1\}$ durch ein Programm, das zunächst prüft, ob das erste Zeichen der Eingabe ein a ist. In diesem Fall wird die Anzahl aufeinander folgender Zeichen a gezählt und geprüft, ob danach ein b folgt usw. Das Programm liefert **true**, wenn die Anzahl aller Zeichen gleich ist und die Zeichen in der richtigen Reihenfolge erscheinen, sonst **false**.

- Die Sprache $\{(M, w) \mid M$ ist ein DFA mit $w \in L(M)\}$. Der DFA M kann hierbei als Tupel (Definition 2.2.2) und dessen Überführungsfunktion als Tabelle codiert werden. In Abschnitt 2.2.1 wurde gezeigt, dass ein Program einen DFA simulieren kann. Dieses Programm können wir so umbauen, dass der zu simulierende DFA M ein Parameter ist. Indem wir dieses Programm mit den Eingaben M, w ausführen, können wir entscheiden, ob w von M akzeptiert wird.

- Die Sprache $\{M \mid M$ ist ein DFA mit $L(M) = \Sigma^*\}$. Das Entscheidungsverfahren minimiert M (Abschnitt 2.2.4) und und prüft, ob der Minimalautomat nur einen Zustand besitzt, der gleichzeitig Start- und Endzustand ist. In diesem Fall wird **true** zurückgegeben, sonst **false**.

- Die Sprache $\{(M_1, M_2) \mid M_1, M_2$ sind DFAs mit $L(M_1) = L(M_2)\}$. Hierzu werden M_1, M_2 minimiert. Sind die Minimalautomaten gleich bis auf die Benennung der Zustände liefert das Entscheidungsverfahren **true**, sonst **false**.   ◁

Lemma 3.2.3. Wenn L entscheidbar ist, dann ist auch $\bar{L}$ entscheidbar.

Beweis. Wenn L entscheidbar ist, dann gibt es ein Programm P, das L entscheidet. Indem wir in der Ausgabe von P **true** und **false** vertauschen, erhalten wir ein Programm, das $\bar{L}$ entscheidet.   □

Aufgaben

3.2.1[①]   Zeigen Sie, dass $\{E \mid E$ ist ein regulärer Ausdruck und $L(E) = a^*b^*\}$ entscheidbar ist.

3.2.2[②]   Zeigen Sie, dass $\{M \mid M$ ist ein DFA und $L(M)$ ist unendlich$\}$ entscheidbar ist.

3.2.3[②]   Zeigen Sie, dass $\{(M_1, M_2) \mid M_1, M_2$ sind DFAs und $L(M_1) \subseteq L(M_2)\}$ entscheidbar ist.

3.2.4[③]   Sei $a \in \Sigma$. Zeigen Sie, dass $\{M \mid M$ ist ein DFA und $aw \in L(M) \Leftrightarrow wa \in L(M)$ für alle $w \in \Sigma^*\}$ entscheidbar ist.

3.2.2 Das Halteproblem

Das wichtigste Beispiel einer unentscheidbaren Sprache ist das *Halteproblem*

$$H = \{(P, w) \mid \text{Das Programm } P \text{ hält für die Eingabe } w\}$$

Die Frage, ob ein Programm P für eine gegebene Eingabe w hält (die Berechnung terminiert), ist damit gleichwertig zu der Frage, ob $(P, w) \in H$ gilt. Um die Unentscheidbarkeit des Halteproblems zu beweisen, betrachten wir zunächst einen Spezialfall. Dabei ist die Eingabe eines Programms das Programm selbst.

Dass ein Programm sich selbst als Eingabe erhält, ist dabei nichts Ungewöhnliches. Compiler werden in einem mehrstufigen Prozess entwickelt, wobei im letzten Schritt der Compiler seinen eigenen Sourcecode compiliert.

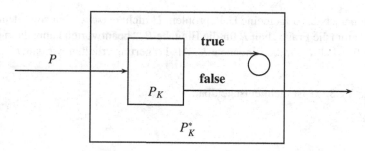

Abb. 3.3 Konstruktion des Programms P_K^*

Satz 3.2.4. Das spezielle Halteproblem

$$K = \{P \mid \text{das Programm } P \text{ hält für die Eingabe } P\}$$

ist unentscheidbar.

Beweis. Angenommen, K ist entscheidbar durch ein Programm P_K. Daraus konstruieren wir ein Programm P_K^*, das P_K als Unterprogramm benutzt und das

- in eine Endlosschleife übergeht, wenn P_K **true** liefert,
- hält, wenn P_K **false** liefert

(Abbildung 3.3). Nach Konstruktion gilt damit:

- Für die Eingabe P hält P_K^* genau dann, wenn P_K **false** liefert.

Da P_K nach Annahme die Sprache K entscheidet, bedeutet dies:

- Für die Eingabe P hält P_K^* genau dann, wenn P nicht hält.

Da dies für beliebige P gilt, können wir $P = P_K^*$ wählen. Damit folgt:

- Für die Eingabe P_K^* hält P_K^* genau dann, wenn P_K^* nicht hält.

und damit ein Widerspruch.

Alternativer Beweis in Programm-Notation: Die Konstruktion lässt sich darstellen durch

```
void P*_K(Program P) {
    if (P_K(P)) {
        while (true) {

        }
    }
}
```

Wie oben gilt: $P_K^* \in K \Leftrightarrow P_K^*$ hält für die Eingabe $P_K^* \Leftrightarrow P_K(P_K^*) = $ **false** (da das Programm sonst in die Endlosschleife des if-Zweigs geriete) $\Leftrightarrow P_K^* \notin K$, da P_K nach Annahme K entscheidet. Damit erhalten wir $P_K^* \in K \Leftrightarrow P_K^* \notin K$ und damit einen Widerspruch. $\square$

Damit kann auch das allgemeine Halteproblem H nicht entscheidbar sein, denn wenn kein Programm die Frage „hält P für die Eingabe P?" beantworten kann, dann gilt das erst recht für „hält P für die Eingabe w?". Als Folgerung erhalten wir daher

Korollar 3.2.5. H ist nicht entscheidbar.

Aufgaben

3.2.5[2]   Zeigen oder widerlegen Sie:

a) Für jede unentscheidbare Sprache gibt es eine Obermenge, die entscheidbar ist.

b) Jede Teilmenge einer entscheidbaren Sprache ist entscheidbar.

c) Jede unentscheidbare Sprache enthält unendlich viele entscheidbare Teilmengen.

3.2.6[2]   Bleibt der alternative Beweis zu Satz 3.2.4 richtig, wenn nur $P_K^* \in K \Rightarrow P_K^*$ hält für die Eingabe $P_K^* \Rightarrow P_K(P_K^*) = \mathbf{false} \Rightarrow P_K^* \notin K$ gezeigt würde?

3.2.7[2]   Zeigen oder widerlegen Sie: $L = \{P \mid P$ hält für jede Eingabe nach höchstens 20 Schritten$\}$ ist entscheidbar.

3.2.8[3]   Oberhuber behauptet: „Es kann kein Programm U geben, das ein beliebiges Programm P als Eingabe erhält und Berechnungen von P simuliert. Denn sei (P_n) eine Abzählung aller Programme Typ `int` `P(int)`. Indem U das Programm P_n simuliert und zum Ergebnis Eins addiert, erhält U ein Programm Q, das $Q(n) = P_n(n) + 1$ berechnet (sofern die Berechnung terminiert). Diese Funktion ist aber nicht berechenbar, weil sie nicht in der Aufzählung enthalten ist."

Hat er recht?

3.2.3 Weitere unentscheidbare Probleme

Um die Unentscheidbarkeit weiterer Probleme zeigen, verwenden wir einen Beweis durch Widerspruch folgender Bauart:

- Um die Unentscheidbarkeit einer Sprache B zu zeigen, benötigen wir eine bereits als unentscheidbar bekannte Sprache A.

- Wir nehmen an, B sei entscheidbar. Folglich gibt es ein Entscheidungsverfahren für B.

- Wir zeigen, dass sich damit ein Entscheidungsverfahren für A konstruieren lässt, Widerspruch.

Die erste Anwendung ist ein neuer Beweis für Korollar 3.2.5, wobei die Unentscheidbarkeit des speziellen Halteproblems K benutzt wird.

Satz 3.2.6. Das Halteproblem H ist nicht entscheidbar.

Beweis. Angenommen, H sei entscheidbar. Dann gibt es ein Entscheidungsverfahren P_H für H, mit dem sich folgendes Programm konstruieren lässt:

> **boolean** P_K (Program P) {
>   **return** $P_H(P, P)$
> }

Dies ist aber ein Entscheidungsverfahren für K, denn es gilt: $P \in K \Leftrightarrow P$ hält für die Eingabe $P \Leftrightarrow (P, P) \in H$. Widerspruch zu Satz 3.2.4. □

Im Beweis der folgenden Sätze wird eine wichtige Technik verwendet: Aus der Eingabe wird ein lokales Programm konstruiert, das als Eingabe für ein angenommenes Entscheidungsverfahren dient. In der RASP können lokale Funktion implementiert werden als Funktion, die Referenzen auf die Variablen der umgebenden Funktion enthält.

Satz 3.2.7. $H_\varepsilon = \{P \mid P$ hält für die Eingabe $\varepsilon\}$ ist nicht entscheidbar.

Beweis. Angenommen, H_ε sei entscheidbar durch ein Programm P_{H_ε}. Damit können wir ein Programm P_H konstruieren, das zunächst ein Programm F konstruiert, das P mit der Eingabe w aufruft. Diese Programm F ist anschließend Eingabe des Entscheidungsverfahrens P_{H_ε}.

> **boolean** P_H (Program P, Input w) {
>   **void** $F()$ {
> $P(w)$
>   }
>   **return** $P_{H_\varepsilon}(F)$
> }

Wegen $(P, w) \in H \Leftrightarrow F \in H_\varepsilon$ ist P_H ein Entscheidungsverfahren für H, Widerspruch zu Satz 3.2.6. □

Satz 3.2.8. $H^* = \{P \mid P$ hält für jede Eingabe$\}$ ist nicht entscheidbar.

Beweis. Angenommen, H^* sei entscheidbar durch ein Programm P_{H^*}. Wir konstruieren damit ein Programm, das seine Eingabe ignoriert und P mit der Eingabe ε aufruft.

> **boolean** P_{H_ε} (Program P) {
>   **void** F(Input w) {
> $P(\varepsilon)$
>   }
>   **return** $P_{H^*}(F)$
> }

Wegen $P \in H_\varepsilon \Leftrightarrow P$ hält für die Eingabe $\varepsilon \Leftrightarrow F$ hält für jede Eingabe $\Leftrightarrow F \in H^*$ ist P_{H^*} ein Entscheidungsverfahren für H_ε, Widerspruch zu Satz 3.2.7.   □

Ein weiteres wichtiges Problem ist das *Äquivalenzproblem*: Gegeben zwei Programme P_1, P_2, verhalten sich diese für alle Eingaben gleich? Dieses Problem stellt sich in der Praxis als Folge eines Refactoring: Ein erprobtes und getestetes Programm P_1 ist unübersichtlich geworden und lässt sich nur noch mit großem Aufwand warten. Daher wird eine neue Version P_2 erstellt, die sich wie P_1 verhalten soll. Auch dieses Problem ist unentscheidbar.

Satz 3.2.9. $\ddot{A} = \{(P_1, P_2) \mid P_1, P_2$ berechnen die gleiche Funktion$\}$ ist nicht entscheidbar.

Beweis (Idee). Wenn wir annehmen, dass $\ddot{A}$ entscheidbar ist, können wir damit H^* entscheiden. Denn aus einem Programm, das für jede Eingabe hält, können wir ein Programm erzeugen, das für jede Eingabe den Wert 0 liefert. Dieses Programm berechnet dann die gleiche Funktion wie ein Programm, das nur aus der Anweisung **return** 0 besteht.

Beweis. Angenommen, $\ddot{A}$ sei entscheidbar durch ein Programm $P_{\ddot{A}}$. Wir konstruieren damit ein Programm P_{H^*}, das zwei lokale Programme Q, P' enthält.

```
boolean P_H* (Program P) {
    int Q (Input w) {
        return 0
    }
    int P'(Input w) {
        P(w)
        return 0
    }
    return P_Ä(P', Q)
}
```

Wegen $P \in H^* \Leftrightarrow P$ hält für jede Eingabe $\Leftrightarrow P'$ berechnet die Funktion $w \mapsto 0 \Leftrightarrow P'$ berechnet die gleiche Funktion wie $Q \Leftrightarrow (P', Q) \in \ddot{A}$ ist P_{H^*} ein Entscheidungsverfahren für H^*, Widerspruch zu Satz 3.2.8.   □

3.2.4 Unentscheidbarkeit der Programmverifikation

Eine Spezifikation ist ein Dokument oder eine Menge von Formeln (formale Spezifikation), die beschreibt, welche Eigenschaften ein Programm besitzen soll. Die Verifikation ist der Prozess, mit dem sichergestellt werden soll, dass das Programm die Spezifikation erfüllt. Typischerweise wird das Programm dazu mit möglichst vielen, ausgewählten Eingaben getestet. Damit kann jedoch nur gezeigt werden, dass das Programm fehlerhaft ist, nicht aber, dass es korrekt ist. Weil die Software-Qualitätssicherung sehr aufwendig ist (in der Luftfahrt 90% der Entwicklungskosten), wäre ein automatischer *Verifizierer*, der ein Programm gegen eine Spezifikation oder zumindest Teile davon verifiziert, eine große Hilfe im Entwicklungsprozess.

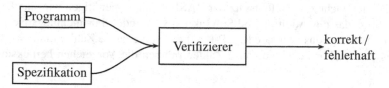

Aus Satz 3.2.6 folgt jedoch, dass auch die Programmverifikation unentscheidbar ist. Denn das Halteproblem ist ein Spezialfall der Programmverifikation mit der Spezifikation „das Programm hält für die Eingabe w".

Satz 3.2.10. *Verify* = $\{(P, S) \mid$ Das Programm P erfüllt die Spezifikation $S\}$ ist nicht entscheidbar.

Beweis. Angenommen, *Verify* sei entscheidbar durch ein Programm P_{Verify}. Dann können wir folgendes Programm konstruieren:

> **boolean** P_H (Program P, Input w) {
>   **return** $P_{Verify}(P, P$ hält für die Eingabe $w)$
> }

Dies ist ein Entscheidungsverfahren für H, da $(P, w) \in H \Leftrightarrow (P, P$ hält für die Eingabe $w) \in$ *Verify*, Widerspruch zu Satz 3.2.6. □

Auch wenn sich die Spezifikation beschränkt auf die Forderung „das Programm darf nie in eine Endlosschleife geraten" bleibt das Verifikationsproblem unentscheidbar, wie in Satz 3.2.8 bewiesen. Wenn als Spezifikation für ein Programm P_1 ein anderes Programm P_2 verwendet wird (etwa eine alte oder weniger effiziente Version), ist das Verifikationsproblem unentscheidbar nach Satz 3.2.9.

Wir wollen nun untersuchen, ob das Problem „das Programm verursacht für eine Eingabe einen Laufzeitfehler" für bestimmte Arten von Laufzeitfehlern entscheidbar ist. Als Hilfsmittel zeigen wir zunächst

Lemma 3.2.11. $H_1 = \{P \mid P$ hält für eine Eingabe$\}$ ist nicht entscheidbar.

Beweis. Angenommen, H_1 sei entscheidbar durch ein Programm P_{H_1}. Wie im Beweis zu Satz 3.2.8 konstruieren wir folgendes Programm:

> **boolean** P_{H_ε} (Program P) {
>   **void** F(Input w) {
> $P(\varepsilon)$
>   }
>   **return** $P_{H_1}(F)$
> }

Wegen $P \in H_\varepsilon \Leftrightarrow P$ hält für die Eingabe $\varepsilon \Leftrightarrow F$ hält für eine Eingabe $\Leftrightarrow F \in H_1$ ist P_{H_1} ein Entscheidungsverfahren für H_ε, Widerspruch zu Satz 3.2.7. □

Als Anwendung betrachten wir die Sprache

$$Div0 = \{P \mid P \text{ verursacht für eine Eingabe eine Division durch } 0\}$$

Da Divisionen nicht zum Befehlssatz der RASP gehören, benötigen wir eine Divisionsverfahren, das nur Addition und Subtraktion verwendet. Für nichtnegative ganze Zahlen a, b erzeugt das folgende RASP-Programm eine ganze Zahl q mit $a = qb + r$ und $0 \leq r < b$. Für beliebige ganze Zahlen müssen die Vorzeichen berücksichtigt werden.

$$q := 0$$
$$r := a$$
while $(r \geq b)$ {
$$\quad r := r - b$$
$$\quad q := q + 1$$
}

Für $b = 0$ geht dieses Programm daher in eine Endlosschleife über.

Satz 3.2.12. *Div0* ist nicht entscheidbar.

Beweis. Angenommen, *Div0* sei entscheidbar durch ein Programm P_{Div0}. In der folgenden Funktion F wird das Programm P so umbaut, dass alle Divisionen durch ein Konstrukt ersetzt werden, das den Divisor b prüft. Für $b \neq 0$ wird die Division ausgeführt, sonst eine Endlosschleife.

boolean P_{H_1} (Program P) {
$\quad$ **void** F(Input w) {
$\quad\quad P' := \text{replace}(P, a/b \to \textbf{if}\,(b \neq 0)\, a/b\, \textbf{else}\, \textbf{while}(\textbf{true}))$
$\quad\quad P'(w)$
$\quad\quad x := 1/0$
$\quad$ }
$\quad$ **return** $P_{Div0}(F)$
}

Damit können in dem so konstruierten Programm P' keine Divisionen durch 0 auftreten und es gilt: P hält für $w \Leftrightarrow P'$ hält für $w \Leftrightarrow F$ verursacht für w eine Division durch 0. Daraus folgt $P \in H_1 \Leftrightarrow P$ hält für eine Eingabe $\Leftrightarrow F$ verursacht für eine Eingabe eine Division durch 0 $\Leftrightarrow F \in Div0$. Damit ist P_{H_1} ein Entscheidungsverfahren für H_1, Widerspruch zu Lemma 3.2.11. $\qquad\square$

In ähnlicher Weise lässt sich die Unentscheidbarkeit weiterer Arten von Laufzeitfehlern zeigen. Dazu müssen Konstrukte höherer Programmiersprachen, die zu Laufzeitfehlern führen können (wie Nullpointer-Dereferenzierungen, Array-Zugriffe außerhalb der Grenzen, nicht abgefangene Exceptions, Buffer Overflows) zunächst in die Sprache der RASP übersetzt werden, wie oben für das Beispiel Division angegeben.

Von Programmanalysetools beschrittene Auswege aus der Unentscheidbarkeit der Programmverifikation sind:

- Der Verifizierer kann auch für ein korrektes Programm einen Fehler melden. Wenn ferner alle fehlerhaften Programme als solche erkannt werden, gilt:

    Programm fehlerhaft $\Rightarrow$ Verifizierer meldet Fehler

    die Umkehrung gilt jedoch nicht.

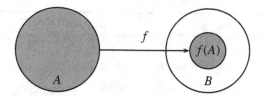

Abb. 3.4 Für $A \leq B$ muss gelten $w \in A \Leftrightarrow f(w) \in B$

- Wenn der Verifizierer nicht in der Lage ist, zu beweisen, dass das Programm korrekt bzw. fehlerhaft ist, liefert er keine Aussage oder die Ausgabe „unbekannt". Damit gilt

$$\text{Verifizierer meldet Fehler} \Rightarrow \text{Programm fehlerhaft}$$

aber nicht die Umkehrung.

Um die Programmanalyse zu verbessern, wird an Methoden geforscht, um die Anzahl der Fälle zu reduzieren, in denen das Tool keine oder keine korrekte Antwort gibt.

3.2.5 Reduzierbarkeit

In Abschnitt 3.2.3 wurde die Unentscheidbarkeit einer Sprache B durch die Unentscheidbarkeit einer Sprache A bewiesen. Diese Technik nennt sich *Reduktion*.

Für Sprachen A, B wird mit einer Reduktion das Problem „$w \in A$?" durch eine berechenbare Funktion f übersetzt in ein äquivalentes Problem „$f(w) \in B$?". Dabei heißt eine Funktion f *berechenbar*, wenn es ein Programm gibt, das f berechnet.

Definition 3.2.13. Für Sprachen A, B heißt A *reduzierbar* auf B, wenn es eine berechenbare Funktion $f : \Sigma^* \to \Sigma^*$ gibt, so dass für alle $w \in \Sigma^*$ gilt:

$$w \in A \Leftrightarrow f(w) \in B$$

Wir schreiben dafür $A \leq_m B$. Die Funktion f heißt *Reduktion* von A auf B.

📚 Diese Art der Reduktion wird *many-one reduction* oder *mapping reduction* genannt.

Beispiel 3.2.14. Es gilt $K \leq_m H$ durch die berechenbare Funktion $f(P) = (P, P)$, da für alle P gilt $P \in K \Leftrightarrow (P, P) \in H$ (vgl. Beweis zu Satz 3.2.6). ◁

Satz 3.2.15. Seien A, B Sprachen mit $A \leq_m B$. Dann gilt:

- Wenn B entscheidbar ist, ist auch A entscheidbar.

- Wenn A unentscheidbar ist, ist auch B unentscheidbar.

Satz oder Lemma	Reduktion		
3.2.6	$K \leq_m H$	durch	$f(P) = (P, P)$
3.2.7	$H \leq_m H_\varepsilon$	durch	$f(P, w) = F$
3.2.8	$H_\varepsilon \leq_m H^*$	durch	$f(P) = F$
3.2.9	$H^* \leq_m \ddot{A}$	durch	$f(P) = (P', Q)$
3.2.10	$H \leq_m Verify$	durch	$f(P) = (P, P$ hält für $w)$
3.2.11	$H_\varepsilon \leq_m H_1$	durch	$f(P) = F$
3.2.12	$H_1 \leq_m Div0$	durch	$f(P) = F$

Tab. 3.1 Reduktionen aus den Abschnitten 3.2.3, 3.2.4

Beweis. Sei B entscheidbar durch ein Entscheidungsverfahren P_B und f eine Reduktion von A auf B. Dann ist das Programm

```
boolean P_A (Input w) {
    return P_B(f(w))
}
```

ein Entscheidungsverfahren für A. Denn nach Voraussetzung gilt $w \in A \Leftrightarrow f(w) \in B$. Die zweite Behauptung ist der Umkehrschluss der ersten Behauptung. □

Beispiel (Fortsetzung). Wegen $K \leq_m H$ folgt aus Satz 3.2.15 die Unentscheidbarkeit von H. ◁

Satz 3.2.15 beschreibt das Prinzip, das in den Abschnitten 3.2.3, 3.2.4 zum Beweis der Unentscheidbarkeit verwendet wurde. Um die Unentscheidbarkeit einer Sprache B nachzuweisen, benötigen wir eine unentscheidbare Sprache A und eine Reduktion von A auf B.

 Unentscheidbarkeit wird gezeigt, indem *von* einer unentscheidbaren Sprache reduziert wird.

Auch in den Sätzen 3.2.6 – 3.2.9 (Abschnitt 3.2.3) sowie 3.2.10 – 3.2.12 (Abschnitt 3.2.4) werden Reduktionen verwendet. Die Reduktion sind im einzelnen in Tabelle 3.1 aufgeführt. Da die Reduktionen jeweils durch das im Beweis verwendete Programm gegeben sind, sind diese berechenbar.

Beachten Sie, dass Satz 3.2.15 nur dann wahr ist, wenn in der Reduktion sowohl f berechenbar ist als auch die Implikationen aus Definition 3.2.13 in beiden Richtungen gelten.

Beispiel 3.2.16. Sei A eine unentscheidbare Sprache und

$$f(w) = \begin{cases} 1 & \text{für } w \in A \\ 0 & \text{sonst} \end{cases}$$

Damit gilt $w \in A \Leftrightarrow f(w) \in \{1\}$, aber nicht $A \leq_m \{1\}$, denn A ist unentscheidbar und die endliche Menge $\{1\}$ nicht. Da A unentscheidbar ist, ist f ist nicht berechenbar und Definition 3.2.13 daher nicht erfüllt.

Sei nun $w_0 \in A$.

- Mit $f_1(w) = w_0$ gilt $w \in A \Rightarrow f_1(w) \in \{w_0\}$.

- Mit $f_2(w) = w$ gilt $w \in A \Leftarrow f_2(w) \in \{w_0\}$.

Aus dem gleichen Grund wie oben folgt aus keinem der beiden Fälle $A \leq_m \{w_0\}$. Die Implikationen müssen wie in Definition 3.2.13 gefordert in beiden Richtungen gelten. ◁

Aufgaben

3.2.9[1] Zeigen Sie, dass es keine Reduktion $\emptyset \leq_m \Sigma^*$ gibt.

3.2.10[1] Zeigen Sie, dass $L = \{(P, w_1, w_2) \mid (P, w_1) \in H$ oder $(P, w_2) \in H\}$ unentscheidbar ist.

3.2.11[3] Sei $H_k = \{(P, w) \mid$ das Programm P hält für die Eingabe w nach mindestens k Schritten$\}$. Zeigen Sie für alle $k \geq 0$:

a) $H_k \leq_m H_{k+1}$.

b) H_k ist unentscheidbar.

3.3 Komplexitätstheorie

Nachdem wir in Abschnitt 3.2 gesehen haben, dass manche Probleme algorithmisch überhaupt nicht zu lösen sind, untersuchen wir im Folgenden, mit welchem Aufwand grundsätzlich lösbare Probleme gelöst werden können. Auch ein lösbares Problem kann einen so großen Rechenaufwand erfordern, dass es praktisch nicht zu lösen ist. Eines der Ziele der Komplexitätstheorie ist es, praktisch lösbare von praktisch nicht lösbaren Problemen zu unterscheiden und diese in Klassen einzuteilen. Wir werden eine Klasse besonders schwieriger Probleme kennenlernen, für die bisher keine Algorithmen mit akzeptabler Rechenzeit bekannt sind. Ob sich an diesem Status etwas ändern kann, hängt vor allem von der Lösung eines offenen Problems, der **P** = **NP**-Frage, ab.

Wie in der Theorie der Entscheidbarkeit werden Probleme formal als Entscheidungsprobleme über Sprachen (Wortproblem) definiert und eine geeignete Codierung der Probleminstanzen als Wörter vorausgesetzt.

Um die Laufzeit einer Berechnung zu definieren, muß ein Kostenmaß für elementare Operationen mit Variablen (Zugriff, Vergleich, Addition, Subtraktion) festgelegt werden. Hierzu gibt es zwei Möglichkeiten:

- Uniformes Kostenmaß: Alle Operationen erfordern konstanten Aufwand.

  Auch ein realer Computer führt elementare Operationen in beschränkter Zeit aus – jedoch nur, solange die Bitbreite aller Variablen beschränkt bleibt.

- Logarithmisches Kostenmaß: Der Aufwand für eine Operation mit einer Zahl $n \in \mathbb{N}$ liegt in $\Theta(\log n)$.

  Da die Länge der Binärdarstellung einer Zahl $n > 0$ in $\log_2 n + 1 \in \Theta(\log n)$ liegt, modelliert das logarithmische Kostenmaß die Laufzeit eines Rechenwerks, das Operationen bitweise ausführt. Insbesondere für Algorithmen, die sehr große Zahlen verwenden (beispielsweise kryptologische Algorithmen wie RSA), ist nur das logarithmische Kostenmaß sinnvoll.

Wir verwenden im Folgenden das uniforme Kostenmaß.

3.3.1 Die Klasse P

Die Klasse **P** besteht aus allen Sprachen, die in polynomieller Zeit entschieden werden können. Das heißt, die Laufzeit eines Entscheidungsverfahrens liegt in $O(n^k)$ für ein $k > 0$, wenn n die Länge der Eingabe ist. Die Klasse **P** wird betrachtet als Klasse aller *effizient* lösbaren Probleme.

Definition 3.3.1. Die Komplexitätsklasse **P** ist definiert durch

$$\mathbf{P} = \bigcup_{k \geq 1} \{L \mid L \text{ ist entscheidbar durch ein Programm mit Laufzeit in } O(n^k)\}$$

wobei n die Länge der Eingabe ist.

Beispiel 3.3.2. Folgende Sprachen liegen in **P**:

- Die Sprache aller Palindrome. Das Programm

  ```
  boolean P (String w) {
      return w = reverse(w)
  }
  ```

  stellt für alle $w \in \Sigma^*$ in der Zeit $O(|w|)$ fest, ob w ein Palindrom ist. Dabei seien reverse sowie der Vergleich von Zeichenketten Funktionen mit linearer Laufzeit. Beachten Sie, dass „=" der Vergleichsoperator ist.

- Die Sprache $\{a^n b^n \mid n \in \mathbb{N}_0\}$, da diese durch einen prädiktiven Parser (Beispiel 2.3.24) in Zeit $O(n)$ entschieden werden kann.

- Jede kontextfreie Sprache L. Ein Entscheidungsverfahren für L mit polynomieller Laufzeit ist der CYK-Algorithmus (Abschnitt 2.3.4). Denn da L kontextfrei ist, gibt es eine Grammatik G in Chomsky-Normalform mit $L(G) = L$. Damit kann der CYK-Algorithmus das Wortproblem in Zeit $O(n^3)$ entscheiden, wobei n die Länge des Wortes ist.

  Beachten Sie, dass für $L \in P$ lediglich die Existenz eines Entscheidungsverfahrens mit polynomieller Laufzeit notwendig ist. Diese ergibt sich wiederum aus der Existenz einer Grammatik in Chomsky-Normalform. Es ist unerheblich, welche Zeit ggf. benötigt wird, um diese Grammatik oder das zugehörige

Entscheidungsverfahren zu konstruieren. Die Zeitmessung beginnt, sobald das Entscheidungsverfahren mit einer Eingabe gestartet wird.   ◁

Der Beweis des folgendes Satzes zeigt, dass für Graphen die Eingabelänge sowohl durch die Größe der Adjazenzliste (Abschnitt 1.6.4) als auch durch die Anzahl Knoten gemessen werden kann. In beiden Fällen liegt das Pfadproblem in **P**.

Satz 3.3.3. Das Problem $PFAD = \{(G, n_1, n_2) \mid G$ ist ein Graph, in dem es einen Pfad von n_1 nach n_2 gibt$\}$ liegt in **P**. Der Graph sei dabei durch eine Adjazenzliste gegeben.

Beweis. Da die Adjazenzliste eines Graphen $G = (V, E)$ mindestens $|V| + |E|$ Elemente enthält, gilt für die Länge n der Eingabe: $n \geq |V| + |E|$. Ein Entscheidungsverfahren ist eine in n_1 gestarteten Breitensuche für den Zielknoten n_2. Deren Laufzeit liegt nach Satz 1.6.26 in $O(|V| + |E|)$. Aus $|V| + |E| \leq n$ folgt mit Satz 1.5.5, $O(|V| + |E|) \subseteq O(n)$. Damit liegt die Laufzeit des Entscheidungsverfahrens in $O(n)$, woraus $PFAD \in \mathbf{P}$ folgt.

Das gleiche Ergebnis erhalten wir, wenn die Länge n der Eingabe durch die Anzahl Knoten gemessen wird: Denn es gilt $n \geq |V|$, woraus mit den Sätzen 1.6.4 und 1.5.5 folgt: $O(|V| + |E|) \subseteq O(|V| + |V|^2) = O(|V|^2) \subseteq O(n^2)$. Mit dieser, etwas schlechteren Abschätzung erhalten wir daher eine Laufzeit in $O(n^2)$, woraus ebenfalls $PFAD \in \mathbf{P}$ folgt.   □

Gründe, weshalb **P** als Klasse der *effizient* lösbaren Probleme betrachtet wird, sind:

- Zwar wäre ein Algorithmus mit einer Laufzeit in $O(n^{100})$ praktisch unbrauchbar. Die meisten Probleme in **P** lassen sich jedoch durch Algorithmen mit einer Laufzeit in $O(n^k)$ für ein niedriges k lösen. Damit sind diese Probleme auch praktisch lösbar.

- Die Definition der Klasse **P** ist unabhängig vom Berechnungsmodell. Eine RASP kann eine Turing-Maschine in polynomieller Zeit simulieren und umgekehrt. Daher lässt sich ein Algorithmus, der effizient von einer RASP ausgeführt werden kann, auch auf einer Turing-Maschine effizient ausführen und umgekehrt.

Für die Komplexitätstheorie ist der zweite Punkt wesentlich. Weil der erste Punkt eine eher vage Begründung ist, wurden zahlreiche weitere Komplexitätsklassen innerhalb von **P** definiert.

Aufgaben

3.3.1[1] Zeigen Sie $\{G \mid G$ enthält einen Euler-Kreis$\} \in \mathbf{P}$.

3.3.2[2] Seien $k \geq 3$ und $G_k = \{G \mid G$ enthält eine k-Clique$\}$. Zeigen Sie $G_k \in \mathbf{P}$.

3.3.3[2] Eine 2-Färbung eines Graphen (V, E) ist eine Abbildung $f : V \rightarrow \{$weiß, schwarz$\}$, so dass für alle $u, v \in V$ mit $\{u, v\} \in E$ gilt: $f(u) \neq f(v)$. Zeigen Sie: $\{G \mid G$ ist 2-färbbar$\} \in \mathbf{P}$.

3.3.2 Die Klasse NP

Die Klasse **NP** besteht aus allen Sprachen, die mit Hilfe einer zusätzlichen Information, dem Zertifikat, in polynomieller Zeit entschieden (verifiziert) werden können. Ob alle Sprachen in **NP** auch ohne ein Zertifikat effizient entscheidbar sind, ist unbekannt.

Zunächst stellen wir fest, dass es Sprachen gibt, die nicht offensichtlich in **P** liegen. Der wichtigste Vertreter einer solchen Sprache ist das Erfüllbarkeitsproblem (Satisfiability) der Aussagenlogik: $SAT = \{F \mid F$ ist eine erfüllbare Formel der Aussagenlogik$\}$.

Beispiel 3.3.4. Es gilt $(x \lor y) \land \neg x \in SAT$, da $x = 0, y = 1$ eine erfüllende Belegung ist. Dagegen gilt $((\neg x \land y) \lor (x \land \neg y)) \land \neg (x \lor y) \notin SAT$, weil diese Formel unerfüllbar ist (vgl. Beispiel 1.2.8). ◁

SAT kann durch einen Algorithmus entschieden werden, der alle Belegungen erzeugt und jeweils den Wahrheitswert berechnet:

```
boolean P_SAT (Formel F) {
    for (Belegung c_F von F) {
        if (wahr(F, c_F)) {
            return true
        }
    }
    return false
}
```

Wenn v die Anzahl der Variablen in F ist, benötigt dieser Algorithmus im schlechtesten Fall jedoch die Zeit $\Omega(2^v)$, da in diesem Fall alle 2^v Belegungen von F geprüft werden müssen. Für Formeln mit begrenzter Länge, etwa $|F| \in O(v)$, ist diese Laufzeit exponentiell in $|F|$. Unklar ist, ob es auch ein Entscheidungsverfahren mit polynomieller Laufzeit gibt.

Wir können jedoch effizient *verifizieren*, dass eine Formel F in SAT liegt, wenn eine erfüllende Belegung c_F für F gegeben ist. Denn dazu muss lediglich der Wahrheitswert von F unter der Belegung c_F bestimmt werden. Wir nennen c_F ein *Zertifikat* für $F \in SAT$. Ein entsprechendes Programm zur Verifikation ist

```
boolean P_SAT (Formel F, Belegung c_F) {
    return wahr(F, c_F)
}
```

Die Funktion „wahr" parst F von links nach rechts und berechnet den Wahrheitswert, was in Zeit $O(|F|)$ möglich ist. Bei der Laufzeitmessung wird die Länge des Zertifikats nicht berücksichtigt. Das Verifikationsverfahren für SAT besitzt daher eine polynomielle Laufzeit.

Definition 3.3.5. Eine Sprache L heißt *verifizierbar* in der Zeit T, wenn es ein Programm P_L, so dass gilt:

- Für alle $w \in L$ gibt es ein c_w, so dass P_L für die Eingabe (w, c_w) **true** liefert.

- Für alle $w \notin L$ und für alle $c \in \Sigma^*$ liefert P_L für die Eingabe (w, c) **false**.

- Die Laufzeit von P_L für die Eingabe (w, c) ist $T(|w|)$.

Das Wort c_w heißt *Zertifikat*.

Beispiel 3.3.6. Die Sprache *SAT* ist verifizierbar in Zeit $O(n)$ durch das oben angegebene Programm P_{SAT}. Denn für jedes $F \in SAT$ gibt es eine erfüllende Belegung c_F, mit der P_{SAT} **true** liefert. Für $F \notin SAT$ gibt es keine erfüllende Belegung, so dass P_{SAT} für jedes c **false** liefert. Die Laufzeit des Programms P_{SAT} für die Eingabe (F, c) liegt in $O(|F|)$. ◁

NP ist die Klasse aller Probleme, die in polynomieller Zeit verifiziert werden können. Aus den in Abschnitt 3.3.1 genannten Gründen ist auch **NP** unabhängig vom verwendeten Berechnungsmodell.

Definition 3.3.7. Die Komplexitätsklasse **NP** ist definiert durch

$$\mathbf{NP} = \bigcup_{k \geq 1} \{L \mid L \text{ ist verifizierbar in Zeit } O(n^k)\}$$

wobei n die Länge der Eingabe ist.

 Äquivalent lässt sich **NP** als Klasse aller Sprachen definieren, die eine nichtdeterministische Turing-Maschine in polynomieller Zeit akzeptiert. **NP** bedeutet *nichtdeterministisch polynomiell*.

Beispiel (Fortsetzung). Da *SAT* in Zeit $O(n)$ verifizierbar ist, gilt $SAT \in \mathbf{NP}$. ◁

Aus Definition 3.3.1 und 3.3.7 folgt:

Satz 3.3.8. Es gilt $\mathbf{P} \subseteq \mathbf{NP}$.

Beweis. Zu zeigen ist: Wenn eine Sprache L in polynomieller Zeit entscheidbar ist, ist L auch in polynomieller Zeit verifizierbar. Aus den Definitionen 3.2.1, 3.3.1 und 3.3.5 folgt: Wenn L in Zeit $t(n)$ entscheidbar ist, ist L auch in Zeit $t(n)$ verifizierbar. Denn in diesem Fall wird gar kein Zertifikat benötigt, so dass wir stets das Zertifikat $c_w = \varepsilon$ verwenden können. Aus den Definitionen 3.3.1 und 3.3.7 folgt damit die Behauptung. □

Ob diese Inklusion echt ist, es also Sprachen in **NP** gibt, die sich nicht in polynomieller Zeit entschieden lassen, ist ein ungelöstes Problem. Ohne ein Zertifikat lassen sich alle Sprachen in **NP** entscheiden in Zeit $2^{O(n^k)}$ (Aufgabe 3.3.6). Es gibt eine Teilmenge von Problemen in **NP**, die **NP**-vollständigen Probleme (Abschnitt 3.3.3), für die nur Algorithmen mit exponentieller Laufzeit bekannt sind.

Ferner gibt es Sprachen, von denen nicht bekannt ist, ob sie in **NP** liegen. Ein Beispiel ist die Sprache $TAUT = \{F \mid F \text{ ist eine Tautologie}\}$, für die nicht ersichtlich ist, wie $F \in TAUT$ effizient verifiziert werden kann. Es wird vermutet, dass $TAUT \notin \mathbf{NP}$ gilt.

Aufgaben

3.3.4[①]   Zeigen Sie: Aus $A, B \in \mathbf{NP}$ folgen $A \cup B \in \mathbf{NP}$, $A \cap B \in \mathbf{NP}$.

3.3.5[③]   Zeigen Sie, dass $\mathbf{P}$ unter Komplement abgeschlossen ist: Aus $L \in \mathbf{P}$ folgt $\bar{L} \in \mathbf{P}$. Warum lässt sich Ihr Beweis nicht auf $\mathbf{NP}$ übertragen?

3.3.6[④]   Sei

$$\mathbf{EXP} = \bigcup_{k \geq 1}\{L \mid L \text{ ist entscheidbar durch ein Programm mit Laufzeit } 2^{O(n^k)}\}$$

Zeigen Sie $\mathbf{NP} \subseteq \mathbf{EXP}$.

3.3.3 NP-Vollständigkeit

Die **NP**-vollständigen Probleme sind eine Klasse von Problemen innerhalb von **NP**, für die keine effizienten (polynomiellen) Entscheidungsverfahren bekannt sind und die mindestens so schwierig sind wie alle anderen Probleme in **NP**. Es gilt sogar (Satz 3.3.13): Entweder sind alle **NP**-vollständigen Probleme effizient entscheidbar, oder keins. Alle bekannten Entscheidungsverfahren für **NP**-vollständige Probleme besitzen eine exponentielle Laufzeit. Zahlreiche Optimierungsprobleme sind **NP**-vollständig und lassen sich daher im Allgemeinen nur für kleine Probleminstanzen lösen. Ein grundlegendes **NP**-vollständiges Problem ist die in Abschnitt 3.3.2 vorgestellte Sprache *SAT*.

Wesentlich zur Definition des Begriffs „**NP**-vollständig" und zum Nachweis der **NP**-Vollständigkeit einer Sprache ist die *Reduktion in polynomieller Zeit*. Dazu betrachten wir zunächst wie in Abschnitt 3.2.5 entscheidbare Sprachen A, B sowie eine Funktion f, die die Frage „$w \in A$?" übersetzt in ein äquivalentes Problem „$f(w) \in B$?". Dann lässt sich das Entscheidungsproblem für A zurückführen (reduzieren) auf das Entscheidungsproblem für B durch

```
boolean P_A (Input w) {
    return P_B(f(w))
}
```

wobei P_A, P_B die Entscheidungsverfahren für A, B sind. Wenn zusätzlich $B \in \mathbf{P}$ gilt, dann dürfen wir ohne Einschränkung annehmen, dass die Laufzeit von P_B polynomiell ist. Wenn weiterhin auch f in polynomieller Zeit berechenbar ist, dann ist auch P_A ein Entscheidungsverfahren in polynomieller Zeit, woraus $A \in \mathbf{P}$ folgt. Aus einem effizienten Entscheidungsverfahren für B haben wir damit ein effizientes Entscheidungsverfahren für A konstruiert.

Wenn dagegen die Komplexität von B unbekannt ist, folgt zumindest, dass die Laufzeit eines Entscheidungsverfahrens für A – bis auf ein Polynom – durch die Laufzeit von P_B begrenzt ist. Das Problem A ist daher höchstens so schwierig zu lösen wie B. In diesem Sinne lässt sich die nachfolgend definierte Reduktion in polynomieller Zeit von A auf B verstehen.

Definition 3.3.9. Für Sprachen A, B heißt A *reduzierbar in polynomieller Zeit* auf B, wenn es eine in polynomieller Zeit berechenbare Funktion $f : \Sigma^* \to \Sigma^*$ gibt, so dass für alle $w \in \Sigma^*$ gilt:

$$w \in A \Leftrightarrow f(w) \in B$$

Wir schreiben dafür $A \leq_p B$. Die Funktion f heißt *Reduktion in polynomieller Zeit* von A auf B.

Die Reduzierbarkeit in polynomieller Zeit entspricht der Many-One-Reduzierbarkeit aus Abschnitt 3.2.5 mit dem Unterschied, dass die Reduktion nicht nur berechenbar, sondern berechenbar in polynomieller Zeit ist. Wie in Satz 3.2.15 folgt:

Satz 3.3.10. Sei $A \leq_p B$.

1. Aus $B \in \mathbf{P}$ folgt $A \in \mathbf{P}$.

2. Aus $B \in \mathbf{NP}$ folgt $A \in \mathbf{NP}$.

Beweis. Sei $B \in \mathbf{P}$ und P_B ein Entscheidungsverfahren für B mit polynomieller Laufzeit. Dann ist

boolean P_A (Input w) {
    return $P_B(f(w))$
}

ein Entscheidungsverfahren für A. Wegen $B \in \mathbf{P}$ gibt es ein Polynom p_B, das die Laufzeit von P_B begrenzt. Da f in polynomieller Zeit berechenbar ist, gibt es ebenso ein Polynom p_f, das die Laufzeit zur Berechnung von f begrenzt. Da das Wort $f(w)$ nicht länger sein kann als die Anzahl Schritte, die zur Berechnung von $f(w)$ ausgeführt werden, folgt $|f(w)| \leq p_f(|w|)$. Die Laufzeit von P_A ist dann $p_f(|w|) + p_B(|f(w)|) \leq p_f(|w|) + p_B(p_f(|w|))$ und damit polynomiell, woraus $A \in \mathbf{P}$ folgt.

Die Aussage für $\mathbf{NP}$ folgt entsprechend. Jedes Zertifikat für $f(w) \in B$ ist auch ein Zertifikat für $w \in A$, das an das Entscheidungsverfahren für B durchgereicht wird. $\square$

Wie oben dargestellt, bedeutet $A \leq_p B$, dass das Problem B mindestens so schwierig ist wie A. Die Probleme in $\mathbf{NP}$, die mindestens so schwierig wie alle Probleme in $\mathbf{NP}$, nennen wir $\mathbf{NP}$-vollständig. Die $\mathbf{NP}$-vollständigen Probleme sind damit die schwierigsten Probleme in $\mathbf{NP}$.

Definition 3.3.11. Eine Sprache B heißt $\mathbf{NP}$-*vollständig*, wenn gilt:

1. $B \in \mathbf{NP}$

2. $A \leq_p B$ für alle $A \in \mathbf{NP}$

Für die Sprache *SAT* wurde die **NP**-Vollständigkeit zuerst bewiesen (Cook, 1971). Der Beweis ist schwierig, deshalb geben wir nur eine Beweisidee an.

Satz 3.3.12 (Satz von Cook). Die Sprache

$$SAT = \{F \mid F \text{ ist eine erfüllbare Formel der Aussagenlogik}\}$$

ist **NP**-vollständig.

Beweis (Idee). $SAT \in$ **NP** wurde bereits in Beispiel 3.3.6 gezeigt. Damit bleibt $A \leq_p SAT$ für alle $A \in$ **NP** zu zeigen. Sei dazu $A \in$ **NP** beliebig. Aus Definition 3.3.7 folgt, dass es ein Programm P gibt, dass A in polynomieller Zeit verifiziert. Die zu konstruierende Reduktion f erzeugt aus der Eingabe $w \in \Sigma^*$ eine Formel $f(w)$, die die Arbeitsweise des Programms P simuliert. Genau dann, wenn P für die Eingabe w und ein geeignetes Zertifikat die Ausgabe **true** liefert, muss auch $f(w)$ erfüllbar sein. Die Formel $f(w)$ enthält Variablen, die die initiale Belegung des Speichers und der Register der das Programm P ausführenden RASP darstellen, entsprechende weitere Variablen für jeden Zeitpunkt t der Berechnung sowie Regeln, die beschreiben, wie durch das Ausführen von Anweisungen der RASP aus den Variablen, die den Zeitpunkt t darstellen, die Variablen entstehen, die den Zeitpunkt $t + 1$ darstellen. Da wegen $A \in$ **NP** die Laufzeit von P polynomiell ist, ist auch der Speicherplatzverbrauch und damit die Anzahl Variablen in $f(w)$ polynomiell. Daraus ergibt sich, dass $f(w)$ in polynomieller Zeit konstruiert werden kann.

Bei der Konstruktion der Formel $f(w)$ sind zahlreiche technische Einzelheiten zu beachten. Dass die Konstruktion möglich ist, überrascht nicht, da auch reale Computer aus Schaltkreisen aufgebaut sind, die wiederum aus 1-Bit-Speicherelementen und logischen Gattern bestehen. $\qquad\square$

Dass die **NP**-Vollständigkeit der Sprache *SAT* nicht nur ein theoretisches Problem ist, zeigt Abschnitt 3.3.5.

Aus Satz 3.3.10 folgt, dass jeder effiziente Algorithmus für ein beliebiges **NP**-vollständiges Problem einen effizienten Algorithmus für alle Probleme in **NP** liefert. Zusammen mit Satz 3.3.10 folgt:

Satz 3.3.13. Es gilt **P** = **NP** genau dann, wenn es eine **NP**-vollständige Sprache $B \in$ **P** gibt.

Beweis. $\Rightarrow$: Aus **P** = **NP** folgt $SAT \in$ **P**. Damit folgt die Behauptung aus Satz 3.3.12.
$\Leftarrow$: Da **P** $\subseteq$ **NP** gilt nach Satz 3.3.8, bleibt **NP** $\subseteq$ **P** zu zeigen. Sei $A \in$ **NP**. Da B **NP**-vollständig ist, gilt $A \leq_p B$. Wegen $B \in$ **P** folgt daraus $A \in$ **P** nach Satz 3.3.10. $\qquad\square$

Satz 3.3.13 spielt eine wichtige Rolle in der **P** versus **NP**-Frage. Da es trotz großer Anstrengungen bisher nicht gelungen ist, $B \in$ **P** für eine **NP**-vollständige Sprache B zu zeigen, nimmt man an, dass **P** $\neq$ **NP** gilt.

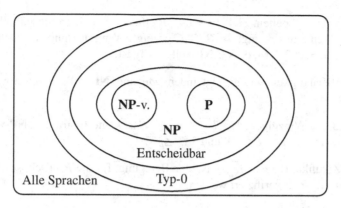

Abb. 3.5 Lage der Komplexitätsklassen für **P** ≠ **NP**

Aus Satz 3.3.13 folgt, dass für **P** ≠ **NP** gilt **P** ∩ **NP** − vollständig = ∅. Abbildung 3.5 zeigt die vermutete Lage der bisher betrachteten Komplexitätsklassen. Ferner wird vermutet, dass es Probleme in **NP** − **P** gibt, die nicht **NP**-vollständig sind.

Wenn bereits eine **NP**-vollständige Sprache B bekannt ist, lässt sich mit dem folgenden Satz die **NP**-Vollständigkeit weiterer Sprachen zeigen (vgl. Satz 3.2.15).

Satz 3.3.14. Wenn B **NP**-vollständig ist und $B \leq_p C$ für $C \in$ **NP**, dann ist auch C **NP**-vollständig.

Beweis. Da $C \in$ **NP** bereits nach Voraussetzung gilt, bleibt zu zeigen: $A \leq_p C$ für alle $A \in$ **NP**. Sei dazu $A \in$ **NP** beliebige. Da B **NP**-vollständig ist, gibt es eine Reduktion f in polynomieller Zeit von A auf B. Wegen $B \leq_p C$ gibt es ebenso eine Reduktion g in polynomieller Zeit von B auf C. Dann ist $g \circ f$ eine Reduktion in polynomieller Zeit von A auf C, woraus $A \leq_p C$ folgt.

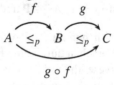

□

Satz 3.3.14 ist das wichtigste Hilfsmittel, um die **NP**-Vollständigkeit einer Sprache C zu zeigen. Dabei ist das Konstruieren einer geeigneten Reduktion im Allgemeinen der schwierigste Teil des Beweises. Folgende Überlegung ist dazu hilfreich: „Angenommen, wir kennen ein effizientes Entscheidungsverfahren P_C für C. Können wir daraus nach dem Muster

```
boolean P_B (Input w) {
    return P_C(f(w))
}
```

ein effizientes Entscheidungsverfahren P_B für eine **NP**-vollständige Sprache B konstruieren?" Notwendigerweise muss f dazu effizient berechenbar sein und es muss

$w \in B \Leftrightarrow f(w) \in C$ gelten. Ziel ist es also, B effizient auf einen Spezialfall von C zu reduzieren. Wenn dies gelingt, ist $B \leq_p C$ gezeigt. Wenn dann noch $C \in \mathbf{NP}$ gezeigt wird, folgt mit Satz 3.3.14, dass C **NP**-vollständig ist.

⚠ **NP**-Vollständigkeit wird gezeigt, indem *von* einer **NP**-vollständige Sprache reduziert wird.

Beispiel 3.3.15. Wir zeigen, dass $\overline{TAUT} = \{F \mid F$ ist keine Tautologie$\}$ **NP**-vollständig ist. Dazu zeigen wir $\overline{TAUT} \in \mathbf{NP}$ und $SAT \leq_p \overline{TAUT}$.

- Ein Zertifikat für $F \in \overline{TAUT}$ ist eine Belegung, für die F falsch ist. Diese kann in linearer Zeit verifiziert werden.

- Wir reduzieren von SAT durch

    boolean P_{SAT} (Formel F) {
        return $P_{\overline{TAUT}}(\neg F)$
    }

    Da gilt $F \in SAT \Leftrightarrow F$ ist erfüllbar $\Leftrightarrow$ es gibt eine Belegung, für die F wahr ist $\Leftrightarrow$ es gibt eine Belegung, für die $\neg F$ falsch ist $\Leftrightarrow \neg F$ ist keine Tautologie $\Leftrightarrow \neg F \in \overline{TAUT}$, ist dies eine Reduktion von SAT auf $\overline{TAUT}$. Da die Reduktionsfunktion $f(F) = \neg F$ in polynomieller Zeit (sogar in linearer Zeit) berechenbar ist, ist dies eine Reduktion in polynomieller Zeit.

Mit Satz 3.3.12 und Satz 3.3.14 folgt die Behauptung.

Anmerkung: Unbekannt ist dagegen, ob $TAUT$ **NP**-vollständig ist, da bereits unbekannt ist, ob $TAUT \in \mathbf{NP}$ gilt, wie am Ende von Abschnitt 3.3.2 bemerkt.   ◁

Abschließend sei bemerkt, dass mit einem Widerspruchsbeweis wie in Abschnitt 3.2.3 nicht gezeigt werden kann, dass eine Sprache C **NP**-vollständig ist. Sollte eines Tages jedoch $\mathbf{P} \neq \mathbf{NP}$ bewiesen werden, kann die oben dargestellte Überlegung benutzt werden, um aus $B \notin \mathbf{P}$ durch einen Widerspruchsbeweis $C \notin \mathbf{P}$ zu folgern.

Beispiel (Fortsetzung). Wenn $\mathbf{P} \neq \mathbf{NP}$ wahr ist, gilt $SAT \notin \mathbf{P}$. Aus der Annahme $\overline{TAUT} \in \mathbf{P}$ folgt mit obiger Konstruktion $SAT \in \mathbf{P}$ und damit ein Widerspruch.   ◁

Mit der Sprache SAT kennen wir nun eine **NP**-vollständige Sprache, mit der sich die **NP**-Vollständigkeit anderer Sprachen durch eine Reduktion in polynomieller Zeit zeigen lässt (Satz 3.3.14), was wesentlich einfacher ist als ein direkter Beweis wie in Satz 3.3.12. Für einige Reduktionsbeweise ist es jedoch einfacher, von folgender Sprache zu reduzieren:

Satz 3.3.16. Die Sprache $3SAT = \{F \mid F$ ist eine erfüllbare Formel der Aussagenlogik in 3-KNF$\}$ ist **NP**-vollständig.

Beweis (Skizze). Um dies zu zeigen, wird den Beweis von Satz 3.3.12 geändert, indem alle vorkommenden Formeln in 3-KNF umgeformt werden. Nach Satz 1.2.16 ist diese Umformung stets möglich.   □

Aufgaben

3.3.7[②] Sei $L = \{F \mid F$ ist eine aussagenlogische Formel mit mindestens zwei erfüllenden Belegungen$\}$. Zeigen Sie, dass L **NP**-vollständig ist.

3.3.8[②] Zeigen Sie: Aus **P** = **NP** folgt, dass alle Sprachen in **P** außer $\emptyset$ und Σ^* **NP**-vollständig sind.

3.3.9[③] Sei $\mathbf{co} - \mathbf{NP} = \{L \mid \bar{L} \in \mathbf{NP}\}$.

a) Zeigen Sie: Wenn $\mathbf{co} - \mathbf{NP}$ eine **NP**-vollständige Sprache enthält, gilt $\mathbf{co} - \mathbf{NP} = \mathbf{NP}$.

b) Zeigen Sie: Aus $\mathbf{co} - \mathbf{NP} \neq \mathbf{NP}$ folgt $\mathbf{P} \neq \mathbf{NP}$.

3.3.10[④] Sei $S = \{(P, w) \mid P$ hält für die Eingabe w nach $\leq 2^{|w|}$ Schritten$\}$. Zeigen Sie $S \notin \mathbf{P}$.

Hinweis: Gehen Sie vor wie im Beweis zu Satz 3.2.4!

3.3.4 Die praktische Bedeutung der NP-Vollständigkeit

Wenn ein Problem B **NP**-vollständig ist, bedeutet dies, dass es niemanden gibt, der für B einen effizienten Algorithmus kennt (vgl. Satz 3.3.13). Falls $\mathbf{P} \neq \mathbf{NP}$ gilt (was vermutet wird), gibt es keinen effizienten Algorithmus für B.

Zu beachten ist, dass die Laufzeit eines Algorithmus eine obere Schranke über alle Eingaben ist (*worst-case*-Laufzeit). Es ist daher möglich, dass es einen Algorithmus für B gibt, der für viele Eingaben eine polynomielle Laufzeit besitzt, für manche jedoch nur eine exponentielle Laufzeit. Weiterhin kann auch ein Algorithmus mit Laufzeit in $O(c^n)$ praktikabel sein, wenn c und n klein sind (Abbildung 3.6). In manchen Fällen lässt sich das Problem in kleinere Teilprobleme zerlegen, die dann auch mit einem Algorithmus mit exponentieller Laufzeit in akzeptabler Zeit gelöst werden können. Die praktische Lösbarkeit des Problems B hängt dann davon ab, wie oft ungünstige Instanzen für große n vorkommen.

Viele Optimierungsprobleme sind **NP**-vollständig (Abschnitt 3.3.7). Einige davon lassen sich jedoch näherungsweise in polynomieller Zeit lösen. Abhängig von der Güte der Approximation werden verschiedene Komplexitätsklassen unterschieden. In Abschnitt 3.3.7 werden dazu Ergebnisse für das Optimierungsproblem Travelling-Salesman vorgestellt. Ferner lassen sich einige Optimierungsprobleme effizient lösen, wenn die Größe des Problems anders als durch die Länge der Eingabe gemessen wird. Dazu wird ebenfalls in Abschnitt 3.3.7 ein Algorithmus für das Rucksack-Problem behandelt.

Dagegen hätte ein Beweis für $\mathbf{P} = \mathbf{NP}$, aus dem sich polynomielle Algorithmen (mit niedrigen Exponenten) für alle Probleme in **NP** ableiten ließen, weitreichende Folgen. Zum einen wären zahlreiche kombinatorische Optimierungsprobleme effizient lösbar, zum anderen aber auch die meisten modernen Kryptoverfahren nicht mehr sicher. Man kann zeigen, dass aus einer wichtigen Annahme über die Sicherheit der Public-Key-Kryptographie $\mathbf{P} \neq \mathbf{NP}$ folgt. Public-Key-Verschlüsselung, digitale Unterschrift, Online-Banking und elektronisches Geld wären mit den gegenwärtigen Verfahren dann nicht mehr vertrauenswürdig.

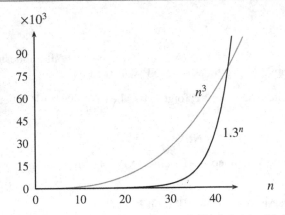

Abb. 3.6 Polynom (grau) und Exponentialfunktion im Vergleich

3.3.5 Anwendungen von SAT

Im Folgenden sind mehrere Anwendungen des Erfüllbarkeitsproblems der Aussagen-logik dargestellt. Obwohl SAT **NP**-vollständig ist, können SAT-Solver auch für For-meln mit mehreren 100000 Variablen, die aus praktischen Anwendungen resultieren, in wenigen Minuten Lösungen finden. Die dazu eingesetzten Algorithmen analysieren die Struktur der Formel, um Variablen zu eliminieren und das Problem in Teilproble-me zu zerlegen. Wenn etwa die Formel F in KNF vorliegt und eine Klausel besitzt, die aus einem einzelnen Literal l besteht, dann muss l wahr sein, um F zu erfüllen. Daraus ergibt sich eine Belegung für die zu l gehörende Variable und F kann entspre-chend vereinfacht werden. Wenn eine Variable in allen Klauseln nur positiv oder in allen Klauseln nur negativ vorkommt, wird diese Variable mit wahr bzw. falsch belegt und F vereinfacht.

Andererseits sind zufällig erzeugte Formeln mit wenigen Hundert Variablen auch für die besten SAT-Solver häufig unlösbar. Die beste bekannte Laufzeit für das Problem $3SAT$ (Satz 3.3.16) liegt in $O(1,308^n p(n))$, wobei p ein Polynom und n die Anzahl der Variablen sind. Diese Laufzeit ist immer noch exponentiell, aber wesentlich besser als durch die Konstruktion einer Wahrheitstabelle.

Äquivalenz von Schaltkreisen

Da elektronische Schaltkreise aus Speicherelementen und logischen Gattern bestehen, lässt sich ein Schaltkreis durch eine Formel der Aussagenlogik darstellen. Um die Produktionskosten zu senken, versucht man, ausgehend von einem nicht optimalen Referenzdesign, die Größe eines Schaltkreises zu minimieren. Die die den Schaltkreis dargestellte logische Funktion darf sich dabei nicht ändern.

Wenn die logische Formel S_1 das Referenzdesign darstellt und S_2 das daraus er-stellte optimierte Design, muss $S_1 \leftrightarrow S_2$ eine Tautologie sein. Da dies äquivalent ist zu $\neg(S_1 \leftrightarrow S_2)$ ist unerfüllbar, sind beide Schaltkreise genau dann äquivalent, wenn $\neg(S_1 \leftrightarrow S_2) \notin SAT$.

Software-Paketverwaltung

Wenn Software dynamisch gebunden wird, müssen bei der Installation erforderliche Bibliotheken und andere Abhängigkeiten mit installiert werden. Ferner gibt es Pakete, die zu Konflikten mit anderen Paketen führen und deshalb nicht gleichzeitig installiert sein können. Das von der Paketverwaltung zu lösende *Installierungsproblem* ist, ob ein gegebenes Paket auf einem vorhandenem System installiert werden kann und welche Pakete dazu installiert werden müssen.

Wenn etwa ein Paket A die Pakete B, C benötigt sowie eines der Pakete D, E und unverträglich ist mit Paket F, dann kann dies durch die Formel $A \rightarrow B \wedge C \wedge (D \vee E) \wedge \neg F$ dargestellt werden. Jedes der Pakete B bis E besitzt wiederum Abhängigkeiten, die zu weiteren Formeln führen. Sei G die $\wedge$-Verknüpfung aller dadurch transitiv entstehenden Formeln mit A und den entsprechenden Atomformeln für alle bereits auf dem System vorhandenen Paketen. Paket A ist genau dann installierbar, wenn $G \in SAT$. Die zu installierenden Pakete entsprechen den Atomformeln in G, die in einer erfüllenden Belegung mit wahr belegt sind, abzüglich den bereits installierten Paketen.

Das von von der Linux-Distribution Open Suse eingesetzte Paketverwaltungssystem ZYpp verwendet ebenso wie der Eclipse-Update-Manager Equinox p2 einen *SAT*-Solver, um Paketabhängigkeiten aufzulösen.

Das von Debian-Linux genutzte APT löst Abhängigkeiten auf, ohne eine Formel der Aussagenlogik zu konstruieren. Der dabei genutzte Algorithmus ist jedoch nicht vollständig, was bedeutet, dass möglicherweise ein Paket nicht installiert werden kann, obwohl die Abhängigkeiten auflösbar sind.

Konfigurationsverwaltung

In gleicher Weise können Randbedingungen für die Konfiguration von Geräten, Anlagen, Maschinen oder Fahrzeugen durch Formeln der Aussagenlogik dargestellt werden. Zum Beispiel wird durch

(*Thermotronic* $\vee$ *Thermatic* $\vee$ *Sitzheizung* $\vee$ *Standheizung*) $\wedge \neg BenzinMotor2.6 \wedge \neg BenzinMotor3.2 \rightarrow BatteriegroßeKapazität$

beschrieben, welche Ausstattungsvarianten eine Batterie mit großer Kapazität erfordern. Durch einen Erfüllbarkeitstest kann festgestellt werden, ob die gewünschte Konfiguration herstellbar ist. Die dazu benötigten Bauteile entsprechen den in einer erfüllenden Belegung mit wahr belegten Atomen.

Die Daimler AG setzt diese Technik ein zur Konfiguration von Fahrzeugen nach Kundenwunsch und zum Prüfen von Systemanforderungen.

Software-Model-Checking

Zwar ist die Software-Verifikation unentscheidbar, wie in Abschnitt 3.2.4 bewiesen. Einer der Ansätze, dieses Problem zu umgehen, besteht darin, die zu verifizierende Software durch einen entscheidbaren Formalismus zu approximieren. Beim Software-Model-Checking wird dazu der Programmcode umgeformt und in eine Formel der Aussagenlogik übersetzt. Zum Beispiel enthält der folgende Programmcode einen Zugriff auf ein Array. Da für den Index notwendig $0 \leq j < 2$ gelten muss, wird vor dem Zugriff eine entsprechende Assertion eingefügt.

```
int a[2];                          int a[2];
if(i == 0) j = 1;                  if(i == 0) j = 1;
else j = 2;                        else j = 2;
x = a[j];                          assert(0 <= j && j < 2);
                                   x = a[j];
```

Aus dem Programmcode (ohne das Array) wird die Formel

$$C = (i = 0 \rightarrow j = 1) \land (i \neq 0 \rightarrow j = 2)$$

erzeugt, aus der zu verifizierenden Eigenschaft (Spezifikation) die Formel

$$P = 0 \leq j \land j < 2$$

Das Programm verletzt genau dann die Spezifikation, wenn es eine Belegung für die freie Variable i gibt, so dass C wahr und P falsch ist. Da C und P Vergleichsoperationen mit Integer-Variablen enthalten, sind C, P noch keine Formeln der Aussagenlogik. Dieses Problem lässt sich lösen, indem Integer-Variablen und Operationen damit bitweise dargestellt werden. Zum Beispiel wird die Bedingung $j = 1$ dargestellt durch $\neg j_{31} \land \cdots \land \neg j_1 \land j_0$. Wenn C', P' die so umgeformten Formeln sind, ist das Programm genau dann fehlerhaft, wenn $C' \land \neg P' \in SAT$.

Wenn das Programm destruktive Zuweisungen (wie i = i+1) enthält, werden diese durch das Einführen neuer Variablen entfernt. Schleifen werden bis zu einer konstanten oberen Grenze ausgerollt, was allerdings nicht in jedem Fall ausreicht.

3.3.6 NP-vollständige Probleme der Graphentheorie

Als erste Anwendung zu Satz 3.3.14 und Satz 3.3.16 zeigen wir, dass *CLIQUE* **NP**-vollständig ist. Zum Beispiel enthält der Graph in Abbildung 1.10 eine 5-Clique, die jedoch schwierig zu finden ist.

Satz 3.3.17. Die Sprache

$$CLIQUE = \{(G, k) \mid G \text{ enthält eine } k\text{-Clique}\}$$

is **NP**-vollständig.

Beweis (Idee). Die Existenz einer k-Clique kann in polynomieller Zeit verifiziert werden, woraus *CLIQUE* $\in$ **NP** folgt. Für die Reduktion von *3SAT* betrachten wir eine Formel in 3-KNF mit genau k Klauseln. Jede Klausel $a \lor b \lor c$ definiert im Graphen eine Gruppe aus drei Knoten a, b, c. Kanten gibt es nur zwischen je zwei einander nicht widersprechenden Literalen (zum Beispiel zwischen x_2, x_2 oder x_3, x_5, aber nicht $x_2, \overline{x_2}$) aus verschiedenen Gruppen. Eine erfüllende Belegung der Formel liefert dann eine k-Clique des so konstruierten Graphen und umgekehrt. Die Reduktion in Pseudocode:

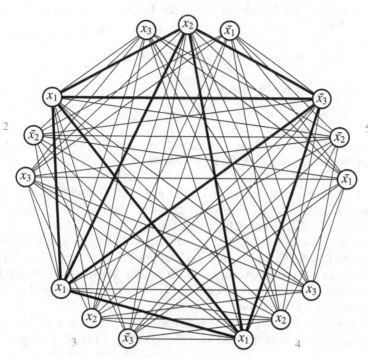

Abb. 3.7 Beispiel zu Satz 3.3.17

boolean P_{3SAT} (3-KNF-Formel F) {
   $G :=$ Graph(F)
   $k :=$ AnzahlKlauseln(F)
   return $P_{CLIQUE}(G, k)$
}

Beispiel: Sei $F = (\overline{x_1} \vee x_2 \vee x_3) \wedge (x_1 \vee \overline{x_2} \vee x_3) \wedge (x_1 \vee x_2 \vee \overline{x_3}) \wedge (x_1 \vee x_2 \vee x_3) \wedge (\overline{x_1} \vee \overline{x_2} \vee \overline{x_3})$ die Formel aus Beispiel 1.2.15. Durch die Reduktion wird der Graph G_F in Abbildung 3.7 konstruiert. Der Reihenfolge der Klauseln ist nummeriert. Man erkennt zum Beispiel, dass der Knoten $\overline{x_1}$ aus der ersten Dreiergruppe nicht mit x_1 aus der zweiten, dritten und vierten Gruppe verbunden ist, aber mit $\overline{x_1}$ der fünften Gruppe. Aus der erfüllende Belegung von F $x_1 = 1, x_2 = 1, x_3 = 0$ (s. Beispiel 1.2.15) erhalten wir eine 5-Clique in G_F (fett eingezeichnet), indem alle Knoten, die den wahren Literalen entsprechenden, miteinander verbunden werden. Umgekehrt erhalten wir aus der 5-Clique eine erfüllende Belegung von F, indem die in der 5-Clique vorkommenden Literale auf wahr gesetzt werden.   □

Beweis. Ein Zertifikat für $(G, k) \in CLIQUE$ ist die Menge der Knoten der k-Clique. Dies kann in Zeit $O(\binom{k}{2}|V|) \subseteq O(|V|^3)$ verifiziert werden. Damit folgt $CLIQUE \in$ **NP**. Wir zeigen nun $3SAT \leq_p CLIQUE$. Sei

$$F = \bigwedge_{i=1}^{k} (l_{i1} \vee l_{i2} \vee l_{i3})$$

eine erfüllbare Formel in 3-KNF mit k Klauseln. Die Knotenmenge des Graphen $G = (V, E)$ ist die Menge

$$V = \bigcup_{i=1}^{k} \{l_{i1}, l_{i2}, l_{i3}\}$$

aller Literale in F. Die Kantenmenge ist

$$E = \{\{l_{is}, l_{jt}\} \mid i \neq j, \ l_{is} \wedge l_{jt} \not\equiv \bot\}$$

Die Bedingung $i \neq j$ bedeutet, dass die zugehörigen Literale verschiedenen Klauseln angehören, die Bedingung $l_{is} \wedge l_{jt} \not\equiv \bot$ bedeutet, dass die Literale einander nicht widersprechen.

Aus $F \in 3SAT$ folgt: Für jedes $i = 1, \ldots, k$ gibt es in Klausel i ein wahres Literal l_{is_i}. Da diese Literale einander nicht widersprechen, folgt $\{l_{is_i}, l_{js_j}\} \in E$ für alle $i \neq j$. Folglich ist $\{l_{1s_1}, \ldots, l_{ks_k}\}$ eine k-Clique und damit $(G, k) \in CLIQUE$.

Sei umgekehrt $(G, k) \in CLIQUE$, wobei G und k wie oben konstruiert wurden. Nach Konstruktion des Graphen G gibt es dann eine k-Clique $\{l_{1s_1}, \ldots, l_{ks_k}\}$. Da diese Literale einander nicht widersprechen, können wir in F alle l_{is_i} (bzw. die zugehörigen Atome) mit wahr belegen. Dann gibt es für jedes $i = 1, \ldots, k$ in Klausel i ein wahres Literal l_{is_i}, woraus $F \in 3SAT$ folgt.

Da G weniger als $\binom{|V|}{2} = \binom{3k}{2}$ Kanten enthält, ist die Reduktion $f(F) = (G, k)$ in polynomieller Zeit konstruierbar und wir haben $3SAT \leq_p CLIQUE$ gezeigt.   □

Für jedes feste k liegt das Clique-Problem in **P** (Aufgabe 3.3.2), allerdings ist die Laufzeit des Entscheidungsverfahrens für große k nicht praktikabel.

Ein weiteres **NP**-vollständiges Graphenproblem ist das Hamilton-Pfad-Problem. Ein Hamilton-Pfad ist ein Pfad, der jeden Knoten genau einmal enthält. Wir betrachten zunächst das Hamilton-Pfad-Problem in einem gerichteten Graphen.

Satz 3.3.18. Die Sprache

$DHAMPATH = \{G \mid$ Der gerichtete Graph G enthält einen Hamilton-Pfad$\}$

ist **NP**-vollständig.

Beweis (Skizze). Ein Zertifikat für $G \in DHAMPATH$ ist der Hamilton-Pfad selbst.

Zur Reduktion von *3SAT* konstruieren wir aus einer Formel $F \in 3SAT$ einen gerichteten Graphen G, indem wir

- für jede Variable x_i in F eine Rautenstruktur mit einer waagrechten Reihe von Knoten

- für jede Klausel c_j einen Knoten

einführen wie in Abbildung 3.8 dargestellt.

Die waagrechte Reihe einer x_i zugeordneten Rautenstruktur ist so konstruiert, dass sie nur von links nach rechts oder umgekehrt durchlaufen werden kann. Ein Durchlauf

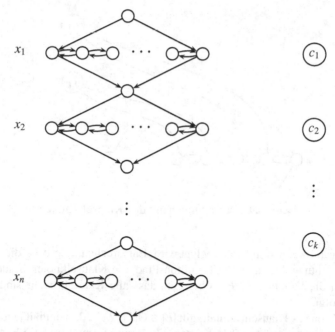

Abb. 3.8 Konstruktion der Reduktion *3SAT* $\leq_p$ *DHAMPATH*

von links nach rechts entspricht einer Belegung von x_i mit wahr, in der umgekehrten Richtung einer Belegung mit falsch.

In der waagrechten Reihe sind je zwei benachbarte Knoten wie folgt mit genau einem Klausel-Knoten verbunden: Für jedes Vorkommen von

- x_i in einer Klausel c_j werden zwei Knoten mit dem Klauselknoten in der Durchlaufrichtung von links nach rechts

- $\overline{x_i}$ in einer Klausel c_l werden zwei Knoten mit dem Klauselknoten in der Durchlaufrichtung von rechts nach links

verbunden (Abbildung 3.9).

Aus einer erfüllenden Belegung für F erhalten wir einen Hamilton-Pfad in G, indem G von oben nach unten und die waagrechten Reihen der Rautenstrukturen entsprechend der Variablenbelegungen von links nach rechts bzw. umgekehrt durchlaufen werden. Wenn eine Variable x_i mit wahr belegt ist und x_i in Klausel c_j vorkommt, kann in der Durchlaufrichtung von links nach rechts auch der Klauselknoten c_j besucht werden. Entsprechendes gilt für den Fall, dass x_i mit falsch belegt ist. Da es in einer erfüllenden Belegung von F in jeder Klausel ein wahres Literal gibt, kann jeder Klauselknoten von mindestens einer Rautenstruktur besucht werden. Folglich können in G alle Knoten besucht werden.

Umgekehrt erhalten wir aus einem Hamilton-Pfad in G eine erfüllende Belegung für F, indem die Variablen entsprechend der Durchlaufrichtung der waagrechten Reihen der Rautenstrukturen belegt werden. Denn wenn die zu x_i gehörende waagrechte Reihe der Rautenstruktur zusammen mit Klauselknoten, die zu Klauseln gehören, in denen x_i vorkommt, von links nach rechts durchlaufen werden, dann sind in F diese

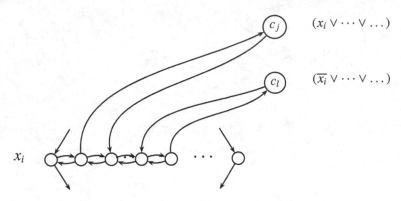

Abb. 3.9 Verbindungen mit den Klausel-Knoten

Klauseln wahr, wenn x_i mit wahr belegt wird. Entsprechendes gilt für die umgekehrte Durchlaufrichtung. Da in einem Hamilton-Pfad alle Klauselknoten besucht werden, lassen sich die Variablen in F so belegen, dass alle Klauseln wahr sind, woraus F erfüllbar folgt.

Wenn F genau k Klauseln enthält, gilt $|F| \in \Theta(k)$. Weiterhin enthält jede horizontale Reihe einer Rautenstruktur $O(k)$ Knoten. Da F eine Formel in 3-KNF ist, enthält F höchstens $3k$ Variablen. Folglich enthält G $O(k^2)$ Knoten und lässt sich in polynomieller Zeit konstruieren, woraus $3SAT \leq_p DHAMPATH$ folgt. $\square$

Beispiel 3.3.19. Algorithmen zur DNA-Sequenzanalyse haben bis vor wenigen Jahren aus DNA-Bruchstücken einen gerichteten Graph konstruiert und darin einen Hamilton-Pfad gesucht. Weil Genome für die vollständige Sequenzierung in DNA-Sequenzierungsgeräten zu lang sind (Mensch: $3,27 \cdot 10^9$ Basenpaare), wird die DNA in kleine Bruchstücke geschnitten, die anschließend sequenziert werden. Um aus diesen Bruchstücken die ursprüngliche DNA-Sequenz zu rekonstruieren, wird ein gerichteter Graph erzeugt, dessen Knoten die Bruchstücke sind. Eine gerichtete Kante wird erzeugt für überlappende Bruchstücke.

Wenn für die Sequenz ATGGCGTGCA alle Bruchstücke der Länge 3 erzeugt werden, wird folgender Graph konstruiert:

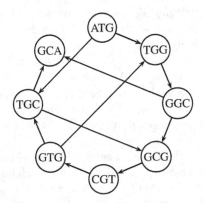

Dieser Graph besitzt einen Hamilton-Pfad, der die gesuchte DNA-Sequenz liefert.

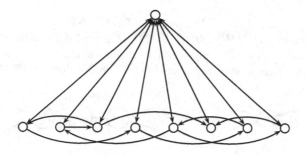

Abb. 3.10 Reduktion $DHAMPATH \leq_p DHAMCYCLE$

Um kreisförmige DNA, wie sie in Bakteriengenomen vorkommt, zu sequenzieren, muss ein Hamilton-Kreis (s. u.) bestimmt werden.

Dieses Verfahren wurde in einigen erfolgreichen Genom-Sequenzierungsprojekten verwendet. Die größte Schwäche ist jedoch, dass dabei ein **NP**-vollständiges Problem gelöst werden muss, was sehr viel Rechenzeit benötigt. Inzwischen wurden Algorithmen entwickelt, die dieses Problem umgehen und besser skalierbar sind. ◁

Ein *Hamilton-Kreis* ist ein Kreis, der jeden Knoten genau einmal enthält (Abschnitt 1.6.1). Durch eine Reduktion von *DHAMPATH* zeigen wir, dass dieses Problem für gerichtete Hamilton-Kreise **NP**-vollständig ist.

Satz 3.3.20. Die Sprache

$DHAMCYCLE = \{G \mid$ Der gerichtete Graph G enthält einen Hamilton-Kreis$\}$

ist **NP**-vollständig.

Beweis. Wie in Satz 3.3.18 folgt $DHAMCYCLE \in$ **NP**.

Für einen gerichteten Graphen G sei G' der gerichtete Graph, den wir aus G erhalten, indem ein weiterer Knoten hinzugefügt wird, der Kanten von und zu allen Knoten in G enthält (Abbildung 3.10). Dann gilt: G enthält einen Hamilton-Pfad $\Leftrightarrow G'$ enthält einen Hamilton-Kreis. Ferner kann G' in linearer Zeit aus G berechnet werden. Damit gilt $DHAMPATH \leq_p DHAMCYCLE$. Die Behauptung folgt aus Satz 3.3.18. □

Auch für ungerichtete Graphen sind die Probleme Hamilton-Pfad und Hamilton-Kreis **NP**-vollständig:

Satz 3.3.21. Die Sprache

$HAMPATH = \{G \mid$ Der ungerichtete Graph G enthält einen Hamilton-Pfad$\}$

ist **NP**-vollständig.

Beweis (Skizze). Wie in Satz 3.3.18 folgt *HAMPATH* $\in$ **NP**.

Für die Reduktion *DHAMPATH* $\leq_p$ *HAMPATH* wird der gerichtete Graph G in einen ungerichteten Graph G' umgewandelt. Jeder Knoten v in G mit eingehenden und ausgehenden Kanten wird wie abgebildet durch drei Knoten v^{in}, v^{mid}, v^{out} in G' ersetzt:

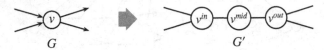

Jede gerichtete Kante (u, v) in G wird dabei zu einer ungerichteten Kante $\{u^{out}, v^{in}\}$ in G'.

Wenn es dann einen gerichteten Hamilton-Pfad in G gibt, gibt es einen ungerichteten Hamilton-Pfad in G'. Wenn es umgekehrt einen ungerichteten Hamilton-Pfad in G' gibt, kann dieser in zwei Richtungen durchlaufen werden. In einer der beiden Richtung müssen alle Knoten in der Reihenfolge v^{in}, v^{mid}, v^{out} durchlaufen werden. Dadurch entspricht der Hamilton-Pfad in G' einem Hamilton-Pfad in G.

Die Reduktion $f(G) = G'$ ist berechenbar in polynomieller Zeit, da sich die Anzahl der Knoten verdreifacht. $\qquad\qquad\qquad\qquad\qquad\qquad\qquad\qquad\qquad\qquad\qquad\square$

Satz 3.3.22. Die Sprache

> *HAMCYCLE* = {G | Der ungerichtete Graph G enthält einen Hamilton-Kreis}

ist **NP**-vollständig.

Beweis (Skizze). Wie im Beweis zu Satz 3.3.20 folgt *HAMPATH* $\leq_p$ *HAMCYCLE*. $\square$

Aufgaben

3.3.11[1] Zeigen Sie, dass *ANTICLIQUE* = {(G, k) | G enthält eine k-Anticlique} **NP**-vollständig ist.

3.3.12[2] Sei *LPATH* = {(G, u, v, l) | G besitzt einen Pfad von u nach v der Länge l}.

  a) Zeigen Sie, dass *LPATH* **NP**-vollständig ist.

  b) Warum ist eine Breiten- oder Tiefensuche von u nach v kein Entscheidungsverfahren für *LPATH*?

3.3.13[3] Zeigen Sie, dass folgende Probleme **NP**-vollständig sind:

  a) $CLIQUE_1$ = {G | G enthält eine Clique mit höchstens $\frac{n}{2}$ Knoten, wobei n die Anzahl Knoten in G ist}

  b) $CLIQUE_2$ = {G | G enthält eine Clique mit mindestens $\frac{n}{2}$ Knoten, wobei n die Anzahl Knoten in G ist}

3.3.7 NP-vollständige Optimierungsprobleme

Bisher haben wir Entscheidungsprobleme betrachtet, also Fragen nach der Existenz einer Lösung. Bei einem *Optimierungsproblem* ist nach einer Lösung gesucht, die eine ganzzahlige Größe minimiert oder maximiert. Aus einem Optimierungsproblem können wir ein *zugehöriges Entscheidungsproblem* konstruieren, indem wir eine Schranke für den Wert der optimalen Lösung einführen.

Beispiel 3.3.23. Sei G ein Graph.

- Ein Optimierungsproblem ist: Gegeben Knoten s, t, was ist die Länge eines kürzesten Pfades in G von s nach t?

- Das zugehörige Entscheidungsproblem ist $\{(s, t, l) \mid$ In G gibt es einen Pfad von s nach t der Länge $\leq l\}$.   ◁

Wenn es einen effizienten Algorithmus P_{Opt} für das Optimierungsproblem gibt, dann gibt es mit

> **boolean** P_D (Input (x, l)) {
>   **return** $P_{Opt}(x) \leq l$
> }

auch einen effizienten Algorithmus P_D für das zugehörige Entscheidungsproblem. Wenn umgekehrt eine polynomielle Schranke für den Wert einer optimalen Lösung bekannt ist, lässt sich aus einem effizienten Entscheidungsverfahren P_D durch eine binäre Suche ein effizienter Algorithmus P_{Opt} für das Optimierungsproblem konstruieren. In diesem Fall sind, bis auf ein Polynom, Optimierungsproblem und Entscheidungsproblem gleich schwierig. Es genügt daher, das Entscheidungsproblem zu betrachten.

Ein klassisches kombinatorisches Optimierungsproblem ist das *Travelling Salesman Problem (TSP)*. Gegeben ist dabei ein gerichteter Graph mit n Knoten und eine Matrix (d_{uv}), die die Länge d_{uv} jeder Kante (u, v) enthält. Wenn es keine Kante (u, v) gibt, ist $d_{uv} = \infty$. Die Entfernungsmatrix (d_{uv}) muss nicht notwendig symmetrisch sein. Gesucht ist eine kürzeste Rundreise durch alle Punkte. Das zugehörige Entscheidungsproblem ist die Frage, ob es eine Rundreise mit einer Länge $\leq k$ gibt. Beim Pfad-TSP ist ein kürzester Pfad durch alle Punkte gesucht.

Satz 3.3.24. Sei (d_{uv}) eine $n \times n$-Matrix mit $d_{uv} > 0$ für $u \neq v$ und $d_{uu} = 0$. Die Sprachen

$$TSP = \{((d_{uv}), k) \mid \text{Es gibt Indizes } 1, \ldots, n \text{ mit } i \neq j \text{ für } i \neq j \text{ und}$$

$$d_{12} + \cdots + d_{n1} \leq k\}$$

und

$$PATH\text{-}TSP = \{((d_{uv}), k) \mid \text{Es gibt Indizes } 1, \ldots, n \text{ mit } i \neq j \text{ für } i \neq j \text{ und}$$

$$d_{12} + \cdots + d_{n-1\,n} \leq k\}$$

sind **NP**-vollständig.

Beweis. Ein in polynomieller Zeit verifizierbares Zertifikat für $((d_{uv}), k) \in TSP$ ist eine Folge von paarweise verschiedenen Indizes $1, \dots, n$ mit $d_{12} + \cdots + d_{n1} \leq k$. Damit folgt $TSP \in \mathbf{NP}$.

Wir zeigen nun $DHAMCYCLE \leq_p TSP$. Sei G ein Graph mit Adjazenzmatrix (a_{uv}) und

$$ d_{uv} = \begin{cases} 1 & \text{für } a_{uv} = 1 \\ \infty & \text{sonst} \end{cases} $$

Diese Reduktion ist in linearer Zeit berechenbar und es gilt: G enthält einen gerichteten Hamilton-Kreis $\Leftrightarrow ((d_{uv}), n) \in TSP$, woraus mit Satz 3.3.20 die Behauptung für TSP folgt.

Die Behauptung für *PATH-TSP* folgt entsprechend durch eine Reduktion von *DHAMPATH*.   □

Neben den offensichtlichen Anwendungen in der Logistik besitzt das Travelling-Salesman-Problem weitere Anwendungen:

- Ein Roboter soll an Stellen Löcher in eine Platine bohren, an denen später elektronische Bauelemente eingelötet werden. Um die dafür benötigte Zeit zu minimieren, soll er dabei einen möglichst kurzen Weg zurücklegen. Dazu muss ein Pfad-TSP für die zu bohrenden Löcher gelöst werden. Wenn der Roboter zusätzlich nach jeder gebohrten Platine zu einer Station zurückkehren muss, um den Bohrer zu wechseln, muss ein TSP gelöst werden.

- Auf einer Fertigungsstraße sollen Produkte $P_1, \dots, P_n$ hergestellt werden. Dabei muss die Fertigungsstraße jeweils umgerüstet werden. Sei d_{uv} der Zeitaufwand, um eine Fertigungsstraße, die das Produkt P_u herstellt, für das Produkt P_v umzurüsten. Um eine Reihenfolge festzulegen, die die Summe der Rüstzeiten minimiert, muss ein Pfad-TSP (einmalige Produktion) bzw. ein TSP (zyklische Produktion) für die Matrix (d_{uv}) gelöst werden. Hierbei muss das Verfahren für asymmetrische Matrizen geeignet sein.

Es gibt einen exakten Algorithmus für *TSP*, der eine Laufzeit in $O(n^2 2^n)$ und einen Platzbedarf in $O(n2^n)$ besitzt, wobei n die Anzahl der Knoten ist. Dieser Algorithmus konstruiert schrittweise eine Tabelle, die für alle 2^n Teilmengen der n Knoten je einen kürzesten Pfad durch diese Knoten enthält. Dabei wird ein kürzester Pfad mit $k + 1$ Knoten aus einem bereits in der Tabelle vorhandenen Pfad mit k Knoten konstruiert. Auch wenn dieser Algorithmus erheblich besser ist als der naive Algorithmus, der alle $n!$ Wege testet, ist er wegen des exponentiellen Zeit- und Platzbedarfs nur für kleine n anwendbar. Für Spezialfälle ist *TSP* jedoch effizient approximierbar.

Definition 3.3.25. Sei $\varepsilon > 1$. Ein Minimierungsproblem heißt *ε-approximierbar*, wenn es einen Algorithmus mit polynomieller Laufzeit gibt, der eine Lösung liefert, die höchstens um den Faktor ε größer ist als das Optimum.

Falls $\mathbf{P} \neq \mathbf{NP}$ gilt, ist für kein $\varepsilon > 1$ *TSP* ε-approximierbar. Falls die Entfernungsmatrix jedoch die Dreiecksungleichung

$$ d_{uv} \leq d_{uw} + d_{wv} \quad \text{für alle } u, v, w $$

erfüllt (Δ-*TSP*), ist das Problem 3/2-approximierbar, das heißt, die Lösung ist höchstens 50% länger als das Optimum. Wenn es für die Anwendung nicht notwendig ist, dass kein Punkt mehrfach besucht wird, kann die Dreiecksungleichung immer erfüllt werden, indem die Kante von u nach v durch die kürzeste Verbindung von u nach v ersetzt wird. Ein Spezialfall des Δ-*TSP* ist das *Euklidische TSP*, bei dem die Entfernungen gleich dem geometrischen Abstand sind. Für jedes $\delta > 1$ ist das Euklidische TSP in der Ebene $1+1/\delta$-approximierbar. Der zugehörige Approximationsalgorithmus besitzt eine Laufzeit in $O(n(\log n)^{O(\delta)})$. Für viele Probleme, wie die oben beschriebene Routenplanung für einen Roboter, lassen sich damit auch für große n praktikable Lösungen finden.

Ein weiteres wichtiges Optimierungsproblem ist das *Rucksack-Problem*. In der einfachsten Variante sind dabei n Gegenstände gegeben mit Werten $x_1, \ldots, x_n$. Gesucht ist eine Auswahl, die den Wert der Gegenstände maximiert und einen Schwellwert y nicht überschreitet.

Anwendungen des Rucksack-Problems sind:

- Eine Abteilung besitzt zum Jahresende ein Guthaben der Höhe y. Damit das Budget im nächsten Jahr nicht gekürzt wird, muss das Guthaben maximal verbraucht werden. Die Mitarbeiter haben eine Wunschliste von Gegenständen mit den Kosten $x_1, \ldots, x_n$ erstellt. Es muss ein Rucksack-Problem für die Werte $x_1, \ldots, x_n$ und den Schwellwert y gelöst werden.

- Von einer Folie der Länge y möchten Kunden Stücke der Längen $x_1, \ldots, x_n$ abschneiden. Um den Verschnitt zu minimieren, muss wie oben ein Rucksack-Problem gelöst werden.

- Für Frachtgut mit den Gewichten $x_1, \ldots, x_n$ erzielt ein Logistik-Unternehmen die Gewinne $v_1, \ldots, v_n$. Ein Frachter mit Transportkapazität y soll so beladen werden, das der Gewinn maximiert wird. Dazu muss eine Verallgemeinerung des einfachen Rucksack-Problems, das 0/1-Rucksack-Problem (Aufgabe 3.3.14), gelöst werden.

Als Spezialfall davon betrachten wir zunächst das Problem *SUBSET-SUM*, bei dem die Summe der Werte eine Zielgröße t erreichen muss.

Satz 3.3.26. Die Sprache

$$SUBSET\text{-}SUM = \bigcup_{n \geq 1} \{(x_1, \ldots, x_n, t) \mid \text{Es gibt ein } S \subseteq \{1, \ldots, n\} \text{ mit } \sum_{s \in S} x_s = t\}$$

ist **NP**-vollständig.

Beweis (Idee). Das Zertifikat ist die Auswahl S.

Für die Reduktion von *3SAT* betrachten wir die in der Formel $F \in 3SAT$ vorkommenden Literale $x_1, \overline{x_1}, \ldots, x_m, \overline{x_m}$ als auszuwählenden Gegenstände. Der Wert eines

Literals l ist eine Zahl, die an jeder Stelle eine 0 oder 1 besitzt und wie folgt konstruiert ist: Die Zahl enthält eine 1 an der Stelle x_i, wenn x_i oder $\overline{x_i}$ in l enthalten ist, sonst eine 0. An der Stelle c_j steht eine 1, wenn l in Klausel j vorkommt, sonst eine 0.

$$
\begin{array}{ccccccccc}
x_1 & \dots & x_i & \dots & x_m & c_1 & \dots & c_j & \dots & c_k \\
0 & \dots & 1 & \dots & 0 & & \dots & 1 & \dots &
\end{array}
$$

Die Auswahl S muss für jedes i genau eines der Literale $x_i, \overline{x_i}$ enthalten. Der Zielwert t muss daher an den Stellen x_1 bis x_m eine 1 enthalten. An den Stellen c_1 bis c_k ist die Summe gleich der Anzahl wahrer Literale in der entsprechenden Klausel, also eine der Zahlen 1, 2 oder 3. Um zu erreichen, dass die Summe an diesen Stellen jeweils 3 ergibt, führen wir Dummygegenstände a_j, b_j hinzu, die eine 1 nur an Stelle c_j enthalten:

$$
\begin{array}{ccccccccccc}
& x_1 & \dots & x_i & \dots & x_m & c_1 & \dots & c_j & \dots & c_k \\
l & 0 & \dots & 1 & \dots & 0 & & \dots & 1 & \dots & \\
a_j & 0 & & \dots & & 0 & 0 & \dots & 1 & \dots & 0 \\
b_j & 0 & & \dots & & 0 & 0 & \dots & 1 & \dots & 0
\end{array}
$$

Als Zielwert können wir dann die Zahl $t = \underbrace{1\dots1}_{m}\underbrace{3\dots3}_{k}$ verwenden.

Beispiel: Sei $F = (\overline{x_1} \vee x_2 \vee x_3) \wedge (x_1 \vee \overline{x_2} \vee x_3) \wedge (x_1 \vee x_2 \vee \overline{x_3}) \wedge (x_1 \vee x_2 \vee x_3) \wedge (\overline{x_1} \vee \overline{x_2} \vee \overline{x_3})$ die Formel aus Beispiel 1.2.15. Aus dieser Formel konstruieren wir Gegenstände $x_1, \overline{x_1}, \dots, x_3, \overline{x_3}, a_1, b_2, \dots, a_5, b_5$ mit den in Tabelle 3.2 dargestellten Werten. Die zu erreichende Summe ist $t = 11133333$. Eine erfüllende Belegung von F ist $x_1 = 1$, $x_2 = 1$, $x_3 = 0$. Die Auswahl $x_1, x_2, \overline{x_3}, a_1, b_1, a_2, b_2, b_4, a_5, b_5$ ist eine Lösung des Problems *SUBSET-SUM*. Umgekehrt erhalten wir aus dieser Auswahl eine erfüllende Belegung für F. □

Beweis. Es gilt *SUBSET-SUM* $\in$ **NP**, weil ein in polynomieller Zeit verifizierbares Zertifikat für $(x_1, \dots, x_n, t) \in$ *SUBSET-SUM* eine Menge S mit $\sum_{s \in S} x_s = t$ ist.

Um die Notation zu vereinfachen, identifizieren wir im Folgenden die Gegenstände mit ihren Werten. Zu einer Formel $F \in$ *3SAT* mit m Variablen und k Literalen konstruieren wir die Werte $x_1, \overline{x_1}, \dots, x_m, \overline{x_m}, a_1, b_1, \dots, a_k, b_k, t$ wie oben angegeben. Dann gilt:

$F \in$ *3SAT* $\Leftrightarrow$ es gibt eine Belegung, in der jede Klausel mindestens ein wahres Literal enthält $\Leftrightarrow$ es gibt eine Auswahl S der Literale, in der für jedes i genau eines der Literale $x_i, \overline{x_i}$ enthalten ist und jede Klausel mindestens ein Literal aus S enthält $\Leftrightarrow$ es gibt eine Auswahl unter $x_1, \overline{x_1}, \dots, x_m, \overline{x_m}, a_1, b_1, \dots, a_k, b_k$, die sich zu t summiert $\Leftrightarrow (x_1, \overline{x_1}, \dots, x_m, \overline{x_m}, a_1, b_1, \dots, a_k, b_k, t) \in$ *SUBSET-SUM*.

Die Konstruktion von $x_1, \overline{x_1}, \dots, x_m, \overline{x_m}, a_1, b_1, \dots, a_k, b_k, t$ ist in polynomieller Zeit möglich, woraus *3SAT* $\leq_p$ *SUBSET-SUM* und damit die Behauptung folgt. □

Durch eine Reduktion von *SUBSET-SUM* zeigen wir, dass das Rucksack-Problem **NP**-vollständig ist. Die Größe des Rucksacks sei y. Für das zugehörige Entscheidungsproblem fragen wir, ob es eine Auswahl gibt, die mindestens den Wert t erreicht.

	x_1	x_2	x_3	c_1	c_2	c_3	c_4	c_5
x_1	1	0	0	0	1	1	1	0
$\overline{x_1}$	1	0	0	1	0	0	0	1
x_2		1	0	1	0	1	1	0
$\overline{x_2}$		1	0	0	1	0	0	1
x_3			1	1	1	0	1	0
$\overline{x_3}$			1	0	0	1	0	1
a_1				1	0	0	0	0
b_1				1	0	0	0	0
a_2					1	0	0	0
b_2					1	0	0	0
a_3						1	0	0
b_3						1	0	0
a_4							1	0
b_4							1	0
a_5								1
b_5								1
t	1	1	1	3	3	3	3	3

Tab. 3.2 Beispiel zur Reduktion *3SAT* $\leq_p$ *SUBSET-SUM*

Satz 3.3.27. Die Sprache

$$RUCKSACK = \bigcup_{n \geq 1}\{(x_1, \ldots, x_n, t, y) \mid \text{Es gibt ein } S \subseteq \{1, \ldots, n\} \text{ mit } t \leq \sum_{s \in S} x_s \leq y\}$$

ist **NP**-vollständig.

Beweis. Wie in Satz 3.3.26 folgt $RUCKSACK \in$ **NP**.
  Es gilt $SUBSET\text{-}SUM \leq_p RUCKSACK$ durch $f(x_1, \ldots, x_n, t) = (x_1, \ldots, x_n, t, t)$. □

Der folgende Satz liefert einen exakten Algorithmus für das Rucksack-Problem.

Satz 3.3.28. Sei $r(n, y)$ der Wert einer Lösung des Rucksack-Problems für die Werte $x_1, \ldots, x_n$ und der Rucksackgröße y. Dann gilt

$$r(n, y) = \begin{cases} 0 & \text{für } n = 0 \\ r(n-1, y) & \text{für } n > 0 \text{ und } x_n > y \\ \max\{r(n-1, y),\ r(n-1, y - x_n) + x_n\} & \text{sonst} \end{cases}$$

Beweis (Induktion nach n und Fallunterscheidung).

- $n = 0$: In diesem Fall gibt es keine Gegenstände, die ausgewählt werden können. Daher ist $r(n, y) = 0$.

- $n > 0$: Wir unterscheiden, ob der Gegenstand der Größe x_n in den Rucksack passt.

  - Fall $x_n > y$: Dann ist x_n größer als die Rucksackgröße. Da Gegenstand n deshalb nicht ausgewählt werden kann, gilt $r(n, y) = r(n - 1, y)$.

  - Fall $x_n \leq y$: Es kann Gegenstand n ausgewählt werden oder nicht.

    Fall 1: Gegenstand n wird nicht ausgewähl. Dann ist der Wert der Lösung $r(n - 1, y)$.

    Fall 2: Gegenstand n wird ausgewählt. Wenn $r(n, y)$ der Wert der Lösung ist und Gegenstand n wieder entfernt wird, ist der Wert des Rucksacks $r(n - 1, y - x_n)$. Daraus folgt $r(n, y) = r(n - 1, y - x_n) + x_n$.

    Das Optimum erhalten wir durch das Maximum der beiden Fälle.   □

Die in Satz 3.3.28 angegebene Rekursion lässt sich mit Hilfe einer Tabelle berechnen, in der bereits berechnete Werte für r gespeichert werden:

```
int rucksack (int n, int y) {
    for (i := 0 to n) {
        for (j := 0 to y) {
            r(i, j) durch Formel aus Satz 3.3.28 berechnen
        }
    }
    return r(n, y)
}
```

Diese Technik nennt sich *dynamisches Programmieren* und wurde bereits in Abschnitt 2.3.4 (CYK-Algorithmus) verwendet. Die Laufzeit eines Algorithmus nach dem Prinzip des dynamischen Programmierens ergibt sich aus der Anzahl Schleifendurchläufe mal Aufwand pro Eintrag. Wir erhalten damit eine Laufzeit in $O(n)O(y)O(1) = O(ny)$.

Die Laufzeit ist damit linear in der Anzahl Gegenstände und der Rucksackgröße. Dieses Ergebnis überrascht, da *RUCKSACK* **NP**-vollständig ist. Um diesen scheinbaren Widerspruch aufzuklären, erinnern wir uns, dass nach Definition 3.3.1 die Laufzeit in der Länge der Eingabe gemessen wird. Die Länge der Binärdarstellung einer Zahl x ist $\log_2 x + \Theta(1)$. Wenn die Werte $x_1, \ldots, x_n, y$ binär codiert werden, liegt die Laufzeit des Algorithmus in

$$\Omega(ny) = \Omega(n2^{\log_2 y}) = \Omega(n2^{\log_2 y + \Theta(1)}) = \Omega(n2^{|y|})$$

und ist daher exponentiell in $|y|$.

Wenn die Werte unär (wie in einer Strichliste) codiert werden, liegt *RUCKSACK* in **P**. Jedoch ist *RUCKSACK* dann möglicherweise nicht mehr **NP**-vollständig, denn in dem Beweis zu Satz 3.3.26 wurden die Werte in einem System zur Basis $b \geq 2$ codiert.

Definition 3.3.29. Ein Algorithmus heißt *pseudopolynomiell*, wenn seine Laufzeit durch ein Polynom in der Eingabelänge und der größten, in der Eingabe vorkommenden Zahl beschränkt ist.

Für die Eingabelänge des Rucksack-Problem gilt $n \le |w|$, woraus $O(ny) \subseteq O(|w|m)$ mit $m = \max\{x_1, \ldots, x_n, y\}$ folgt. Obiger Algorithmus ist daher pseudopolynomiell für *RUCKSACK*.

Ein pseudopolynomieller Algorithmus für ein **NP**-vollständiges Problem ist praktikabel, wenn die Größe der in der Eingabe vorkommenden Zahlen ein sinnvolleres Maß für die Größe des Problems ist als die Länge der Eingabe. Jedoch gibt es eine Teilmenge der **NP**-vollständigen Probleme, die *stark* **NP**-*vollständigen Probleme*, für die keine pseudopolynomiellen Algorithmen bekannt sind. Aus **P** $\ne$ **NP** folgt, dass für kein stark **NP**-vollständiges Problem ein pseudopolynomieller Algorithmus existiert. Zu den stark **NP**-vollständigen Problemen gehören *SAT*, *TSP* und die Probleme aus Abschnitt 3.3.6.

Aufgaben

3.3.14[①]   Das 0/1-Rucksack-Problem ist

$$KP = \bigcup_{n \ge 1} \{(x_1, \ldots, x_n, y, v_1, \ldots, v_n, t) \mid$$

$$\text{Es gibt ein } S \subseteq \{1, \ldots, n\} \text{ mit } \sum_{s \in S} x_s \le y \text{ und } t \le \sum_{s \in S} v_s \}$$

Dabei sind x_s das Gewicht und v_s der Wert des Gegenstands s. Zeigen Sie, dass *KP* **NP**-vollständig ist.

3.3.15[①]   Für Werte $x_1, \ldots, x_n$ und ist eine *minimale* (hinsichtlich der Anzahl Objekte) Auswahl S mit $\sum_{s \in S} x_s = t$ gesucht. Formulieren Sie dies als Entscheidungsproblem und zeigen Sie, dass es **NP**-vollständig ist.

3.3.16[④]   Die Sprache *ILP* (*Integer Linear Programming*) besteht aus linearen Ungleichungen, die eine Lösung in ganzzahligen Werten besitzen. Zum Beispiel ist

$$2x_1 + x_3 \le x_2$$
$$2x_2 + 3x_3 \le -6$$
$$-x_1 - x_2 - x_3 \le 1$$

ein Element von *ILP*, da es die ganzzahlige Lösung $x_1 = 1, x_2 = 0, x_3 = -2$ besitzt. Zeigen Sie, dass *ILP* **NP**-vollständig ist.
Hinweis: Reduzieren Sie von *3SAT*!

4 Lösungen der Aufgaben

Grundlagen

1.1.1 Eine Zahl $p \in \mathbb{N}$ heißt *Primzahl*, wenn für alle $a, b \in \mathbb{N}$ mit $p = ab$ gilt: $a = 1$ oder $b = 1$.

Alle Möglichkeiten, die Zahl 2 als Produkt natürlicher Zahlen darzustellen, sind $2 = 1 \cdot 2$ sowie $2 = 2 \cdot 1$. In beiden Fällen ist einer der Faktoren gleich 1, woraus folgt, dass 2 eine Primzahl ist.

1.2.1   a) *sportpaket $\rightarrow$ leichtmetallfelgen*

    b) *rückfahrsensor $\rightarrow$ regensensor $\wedge$ lichtsensor*

    c) $\neg$(*stufenheck $\leftrightarrow$ kombi*)

    d) *komfortpaket $\wedge \neg$klimaautomatik $\rightarrow$ klimaanlage*

1.2.2 Mit den Atomformeln hk (Hahn kräht) und wa (Wetter ändert sich) lautet die Regel $hk \rightarrow wa \vee \neg wa$. Dies ist eine Tautologie, da $hk \rightarrow wa \vee \neg wa \equiv \neg hk \vee wa \vee \neg wa \equiv \top$.

1.2.3   a) Gültig, da $a \rightarrow a \vee b \equiv \neg a \vee a \vee b \equiv \top$.

    b) Erfüllbar (a, b wahr), aber nicht gültig (b wahr, a falsch)

    c) Wie b), da $\neg a \rightarrow \neg b \equiv b \rightarrow a$

    d) Gültig, da $a \wedge b \rightarrow c \equiv \neg a \vee \neg b \vee c \equiv \neg a \vee c \vee \neg b \vee c \equiv (a \rightarrow c) \vee (b \rightarrow c)$

    e) Gültig, da $(a \vee b \rightarrow c) \equiv (\neg a \wedge \neg b) \vee c \equiv (\neg a \vee c) \wedge (\neg b \vee c) \equiv (a \rightarrow c) \wedge (b \rightarrow c)$

1.2.4 Die Anweisung **return** 0 wird erreicht für

$$\neg(x > y \vee y > x) \wedge \neg(x \le 0 \vee x + y > 6) \equiv x \le y \wedge y \ge x \wedge x > 0 \wedge x + y \le 6$$
$$\equiv x = y \wedge x > 0 \wedge 2x \le 6$$
$$\equiv x = y \wedge x > 0 \wedge x \le 3$$

woraus sich die Lösung $(x, y) \in \{(1, 1), (2, 2), (3, 3)\}$ ergibt.

1.3.1 Nach Definition 1.3.10 ist $A \times \emptyset = \{(a, b) \mid a \in A, b \in \emptyset\}$. Da $b \in \emptyset$ für alle b falsch ist, folgt $A \times \emptyset = \emptyset$.

1.3.2 Die Behauptung ist falsch, weil $\emptyset \in \mathcal{P}(A)$ für jede Menge A.

1.3.3 Da eine Äquivalenz zu zeigen ist, sind zwei Richtungen zu zeigen.

- ⇒: trivial.

- ⇐: Wir verwenden einen indirekten Beweis. Aus $A \neq B$ folgt: Es gibt ein $a \in A - B$ oder es gibt ein $b \in B - A$. Ohne Einschränkung sei $a \in A - B$. Daraus folgt $\{a\} \in \mathcal{P}(A)$ und $\{a\} \notin \mathcal{P}(B)$. Daraus folgt $\mathcal{P}(A) \neq \mathcal{P}(B)$.

1.3.4 Die Menge der Eingaben ist $\{0, 1\}^{64} \times \{0, 1\}^{64}$. Es gibt daher $(2^{64})^2 = 2^{128}$ zu testende Eingaben. Unter den genannten Voraussetzungen sind dazu

$$\frac{2^{128}}{34 \cdot 10^{15}} = 10^{22} \text{ Sekunden } = 3,17 \cdot 10^{14} \text{ Jahre}$$

nötig, um alle Eingaben zu testen. Zum Vergleich: Das Universum ist $13,8 \cdot 10^9$ Jahre alt.

1.3.5 Die Anzahl der Pfade durch das Programm ist die Anzahl der Werte, die das n-Tupel $(c_1, \ldots, c_n)$ annehmen kann, wobei jedes c_k ein Wahrheitswert ist. Daher gibt es 2^n zu testende Pfade.

1.3.6 Es gibt $\binom{10}{4}$ Möglichkeiten, die Plätze für die weißen Eier und $\binom{6}{3}$ Möglichkeiten, danach die Plätze für die braunen Eier auszuwählen, zusammen daher $\binom{10}{4}\binom{6}{3} = 4200$ Möglichkeiten.

1.3.7 Da der Zugangscode aus vier Ziffern besteht, muss eine Ziffer doppelt vorkommen. Es gibt 3 Möglichkeiten, diese Ziffer auszuwählen und 4 Möglichkeiten, die Stelle auszuwählen, an der diese Ziffer vorkommt. Zur Auswahl der verbleibenden Stellen gibt es 3! Möglichkeiten. Weil eine Ziffer doppelt vorkommt, wird in dem Produkt $3 \cdot 4 \cdot 3!$ jeder Zugangscode doppelt gezählt. Es gibt daher $3 \cdot 4 \cdot 3!/2 = 36$ Möglichkeiten, einen vierstelligen Zugangscode zu konstruieren, der genau drei verschiedene Zahlen enthält.

1.4.1 a) Es gibt eine Katze, die nachts nicht grau ist.

b) Die Aussage bedeutet: Alle Menschen irren, solange sie streben. Die Negation ist: Es gibt einen Mensch, der nicht irrt, solange er strebt.

c) Es gibt ein $\varepsilon > 0$, so dass für alle n_ε ein $n > n_\varepsilon$ existiert mit $\left|\frac{1}{n}\right| \geq \varepsilon$.

1.4.2 • 1. Fall: n ist gerade. Dann ist $n = 2m$ für ein $m \in \mathbb{N}$ und $n^2 = 4m^2$. Folglich ist n^2 durch 4 teilbar und der Rest 0.

• 2. Fall: n ist ungerade. Dann ist $n = 2m - 1$ für ein $m \in \mathbb{N}$ und $n^2 = 4m^2 - 4m + 1$. Folglich ist n^2 mit Rest 1 durch 4 teilbar.

Da n entweder gerade oder ungerade ist, ist damit der Rest von n^2 geteilt durch 4 entweder 0 oder 1.

1.4.3 a) Korrekt, da Anke mindestens ein Kind hat.

b) Da Anke mehrere Söhne hat, ist „Sohn" nicht eindeutig. Es muss der unbestimmte Artikel „ein" verwendet werden.

c) Sofern sie keine weiteren Kinder hat, ist diese Formulierung korrekt.

1.4.4 Die korrekte Induktionsvoraussetzung ist nicht „$M - \{x\}$ besteht nur aus ungeraden Zahlen", sondern „$M = \{1, \ldots, n\}$ besteht nur aus ungeraden Zahlen" – denn es wird nach n induziert, nicht nach $|M|$. Folglich ist der Induktionsschritt fehlerhaft.

1.4.5 Der Fehler liegt im Induktionsschritt: Für $n = 1$ ist $M_1 \cap M_2$ leer.

1.4.6 Alle Gäste müssen ihre Zimmer räumen und umziehen: Die Gäste in Zimmer k ziehen um in Zimmer $2k$. Die Neuankömmlinge ziehen in die Zimmer $2k - 1$.

1.4.7 Im letzten Schritt wird durch $x + y - z$ dividiert, was nach Voraussetzung 0 ist.

1.5.1 Wir verwenden wir die Rechenregeln aus Satz 1.5.5.

a) $O((n + c)^k) = (O(n + c))^k = (O(n))^k = O(n^k)$

b) $\binom{n}{k} = \dfrac{n(n - 1) \cdot \cdots \cdot (n - k + 1)}{k!} \leq \dfrac{1}{k!} n^k \in O(n^k)$

c) $2^{n + O(1)} \leq 2^{n + c} = 2^c 2^n \in O(2^n)$

d) $\log(n!) \leq \log(n^n) = n \log n \in O(n \log n)$

1.5.2 a) $O(2^{2n}) = O((2^2)^n) = O(4^n)$

b) Da k konstant ist, gilt nach Aufgabe 1.5.1 b) $\binom{2n}{k} \in O((2n)^k) = O(n^k)$

c) $\log(n^k) = k \log(n) \in O(\log n)$

d) $\sum_{j=1}^{n} j^2 \leq nn^2 \in O(n^3)$

e) $2^{\binom{n}{2}} = (2^{1/2})^{n(n-1)} \leq (2^{1/2})^{n^2} \in O(\sqrt{2}^{n^2})$

f) $\binom{n+k}{n} = \binom{n+k}{k} \in O((n + k)^k) = O(n^k)$ nach Aufgabe 1.5.1 b)

1.5.3 Nein, denn für alle g liegt die Funktion $x \mapsto 0$ in $O(g)$.

1.5.4 Für alle k und jedes $c > 0$ gilt jeweils:

a)

$$\frac{n^{\log n}}{cn^k} = \frac{1}{c} n^{(\log n) - k} \to \infty \quad (n \to \infty)$$

b)

$$\frac{n!}{cn^k} \geq \frac{1}{c} \left(\frac{n}{2}\right)^{\frac{n}{2}} n^{-k} = \frac{1}{c} \left(\frac{n}{2}\right)^{\frac{n}{2}} \left(2\frac{n}{2}\right)^{-k} = \frac{2^{-k}}{c} \left(\frac{n}{2}\right)^{\frac{n}{2} - k} \to \infty \quad (n \to \infty)$$

c)

$$\frac{(\log n)^n}{cn^k} = \frac{e^{\log(\log n)^n}}{cn^k} = \frac{e^{n\log\log n}}{cn^k} > \frac{e^n}{cn^k} >$$

$$\frac{n^{k+1}}{cn^k(k+1)!} = \frac{n}{c(k+1)!} \to \infty \quad (n \to \infty)$$

1.5.5 Es sind zwei Inklusionen zu zeigen (vgl. Abschnitt 1.3):

- $O(cf) \subseteq O(f)$: Sei $g \in O(cf)$. Aus Definition 1.5.1 folgt: Es gibt ein $c' > 0$, so dass $0 \le g(n) \le c'cf(n)$ für alle großen n. Da auch $c'c$ eine positive Konstante ist, folgt aus Definition 1.5.1 $g \in O(f)$.

- $O(f) \subseteq O(cf)$: Sei $g \in O(f)$. Aus Definition 1.5.1 folgt: Es gibt ein $c > 0$, so dass $0 \le g(n) \le cf(n) = 1 \cdot cf(n)$ für alle großen n. Daraus folgt mit Definition 1.5.1 $g \in O(cf)$.

1.5.6 Aus $f \in O(g)$ folgt $f(n) \le cg(n)$ für alle großen n. Sei nun $h \in O(f)$. Dann gibt es ein $c' > 0$, so dass für alle großen n gilt $h(n) \le c'f(n) \le cc'g(n)$ und damit $h \in O(g)$.

1.6.1 Die Situation lässt sich darstellen durch einen Graphen mit n Knoten, wobei jede Kante einem Paar entspricht, das sich die Hand gegeben hat. Dann hat jeder Knoten den Grad k und aus Satz 1.6.6 folgt $|E| = \frac{1}{2}nk$.

Ein Graph mit $\deg(v) = k$ für alle v heißt k-regulär. Es gibt nicht für alle n, k einen k-regulären Graphen.

1.6.2 Da sich jede Ecke eines d-dimensionalen Würfels durch ein d-Tupel aus $\{0, 1\}^d$ darstellen lässt, gibt es 2^d Prozessoren. Der Würfel ist ein Graph mit 2^d Knoten, von denen jeder den Grad d besitzt. Nach Satz 1.6.6 gibt es $\frac{1}{2}2^d d = 2^{d-1}d$ Kanten, die den Verbindungen entsprechen.

1.6.3 a) Gegenbeispiel: Ein sternförmiger Graph mit 1000 Knoten besitzt keine Pfade, die länger als 2 sind.

b) Angenommen, es gibt keinen Pfad der Länge 2. Dann haben alle Pfade eine Länge ≤ 1. Da der Graph zusammenhängend ist, muss es dann für je zwei Knoten u, v mit $u \ne v$ eine Kante von u nach v geben. Daraus folgt, dass der Graph vollständig ist. Damit gibt es einen Weg von Knoten 1 zu Knoten 2 und von Knoten 2 zu Knoten 3 und damit einen Pfad der Länge 2, Widerspruch.

1.6.4 Wenn ein Baum mit kein Blatt enthält, dann besitzt jede Knoten mindestens den Grad 2. Für einen beliebigen Knoten v_0 gibt es daher einen Knoten v_1, der mit v_0 verbunden ist und für diesen wieder einen Knoten v_2 usw. Da der Graph endlich ist, findet sich auf diese Weise ein Knoten v_j mit $v_i = v_j$ für ein $j > i$. Damit gibt es einen Kreis, Widerspruch.

1.6.5 a) Für $|V| = 1$ ist die Behauptung richtig. Jeder weitere Knoten muss durch mindestens eine Kante mit dem Graphen verbunden werden.

b) Angenommen, G ist kein Baum. Dann enthält G einen Kreis und eine Kante aus diesem Kreis kann entfernt werden. Der so entstandene Graph G' ist zusammenhängend. Da G' aber nur $|V| - 2$ Kanten besitzt, kann G' nach a) nicht zusammenhängend sein, Widerspruch.

1.6.6 Es gibt jeweils so viele Graphen wie Adjazenzmatrizen. Die Adjazenzmatrix eines Graphen mit n Knoten ist symmetrisch und hat $\binom{n}{2}$ Einträge über der Hauptdiagonalen.

a) Es gibt zwei Möglichkeiten für jeden Eintrag, also $2^{\binom{n}{2}}$ Graphen.

b) Genau m Einträge müssen 1 sein, also gibt es $\binom{\binom{n}{2}}{m}$ Graphen.

1.6.7 In diesem Fall wird die Zeit $\Theta(|V|)$ benötigt, um die unbesuchten Nachbarn eines Knotens u zu bestimmen. Im Worst-Case wird die while-Schleife $|V|$-mal durchlaufen, so dass der gesamte Aufwand in $\Theta(|V|) + |V|\Theta(|V|) = \Theta(|V|^2)$ liegt.

1.6.8 Nach dem Durchlaufen der Tiefe $n - 1$ befinden sich alle Blätter des Wurzelbaums in der Warteschlange. Dies sind nach Satz 1.6.19 2^n Elemente.

1.7.1 Da sich n^2 Tupel bilden lassen, gibt es n^2 derartige Relationen.

1.7.2 Sei R eine Äquivalenzrelation auf V und $u, v \in V$. Wir unterscheiden zwei Fälle:

- $[u] \cap [v] = \emptyset$: Dann sind die Äquivalenzklassen disjunkt

- $[u] \cap [v] \neq \emptyset$: Dann gibt es ein $w \in [u] \cap [v]$ und es gilt wRu und wRv.
    - Wir zeigen $[u] \subseteq [v]$: Sei $x \in [u]$. Dann gilt xRu. Da R symmetrisch und transitiv ist, folgt daraus xRw und daraus xRv, woraus $x \in [v]$ folgt.
    - Aus Symmetriegründen folgt ebenso $[v] \subseteq [u]$.
  Damit gilt $[u] = [v]$.

1.7.3 Jeden Teilnehmer k mit der geforderten Eigenschaft nennen wir *König*. Wir betrachten die Behauptung als Aussage über einen gerichteten Graphen (V, E) und zeigen die Behauptung durch Induktion nach $n = |V|$:

- $n = 1$: In diesem Fall ist der einzige Knoten König.

- $n \to n + 1$: Sei $V' \subset V$ mit $|V'| = n$. Nach Induktionsvoraussetzung gibt es einen König $k' \in V'$. Sei $v \in V - V'$. Wir unterscheiden zwei Fälle:
    - k' hat v besiegt oder ein Nachfolger von k' hat v besiegt. Dann ist k' auch König in V.
    - v hat k' besiegt und v hat alle Nachfolger von k' besiegt. Wir zeigen, dass dann v König in V ist: Sei $u \in V'$. Wir unterscheiden wieder zwei Fälle:
        * k' hat u besiegt. Dann ist u Nachfolger von k' und wurde damit von v besiegt.
        * u hat k' besiegt. Da k' König in V' ist, gibt es einen Nachfolger $w \in V'$ von k', der u besiegt hat. Nach Voraussetzung hat v w besiegt.
      Damit hat v u besiegt oder jemanden, der u besiegt hat.

Automaten und formale Sprachen

2.1.1 Nach Definition 2.1.8 und der weiter unten angegebenen Darstellung von Σ^* gilt

$$\emptyset^* = \bigcup_{n \geq 0} \emptyset^n = \{\varepsilon\} \cup \bigcup_{n \geq 1} \emptyset^n = \{\varepsilon\}$$

Ebenso folgt $\{\varepsilon\}^* = \{\varepsilon\}$, $\{a\}^* = \{a^n \mid n \in \mathbb{N}_0\}$.

2.1.2   a) In der Menge liegen: ε, a, aS. Nicht in der Menge liegen: S, Sa, aSa.

    b) In der Menge liegen: $S, aS, TaUbSbbU$. Nicht in der Menge liegen: ε, a, ab.

2.1.3 $S(T \cup U) = \{sa \mid s \in S, a \in T \vee a \in U\} = \{st \mid s \in S, t \in T\} \cup \{su \mid s \in S, u \in U\} = ST \cup SU$.

2.1.4 Die Mengen Σ^n sind endlich, daher ist Σ^* eine abzählbar unendliche Vereinigung höchstens abzählbarer Mengen, die nach Satz 1.4.19 höchstens abzählbar ist. Da für ein $a \in \Sigma$ alle Wörter a^n ($n \in \mathbb{N}$) in Σ^* enthalten sind, ist Σ^* nicht endlich, also abzählbar unendlich.

2.1.5 Nach Aufgabe 2.1.4 gibt es eine Abzählung $\{x_1, x_2, \dots\}$ von Σ^*. Eine Teilmenge $M \subseteq \Sigma^*$ lässt sich charakterisieren durch eine Folge $(a_n)_{n \in \mathbb{N}}$ mit

$$a_n = \begin{cases} 1 & \text{für } x_n \in M \\ 0 & \text{sonst} \end{cases}$$

Die Menge aller Folgen (a_n) mit $a_n \in \{0, 1\}$ ist nach Satz 1.4.17 aber überabzählbar.

2.1.6 Durch Induktion nach n zeigen wir $(\Sigma^*)^n = \Sigma^*$ für $n \in \mathbb{N}$:

- $n = 1$: $(\Sigma^*)^1 = \Sigma^*$

- $n \to n + 1$:

$$\begin{aligned}
(\Sigma^*)^{n+1} &= (\Sigma^*)^n \Sigma^* \\
&= \Sigma^* \Sigma^* \qquad\qquad \text{nach Induktionsvoraussetzung} \\
&= \left(\bigcup_{n \geq 0} \Sigma^n\right)\left(\bigcup_{m \geq 0} \Sigma^m\right) \\
&= \bigcup_{n \geq 0} \bigcup_{m \geq 0} \Sigma^n \Sigma^m \\
&= \bigcup_{n \geq 0} \bigcup_{m \geq 0} \Sigma^{n+m} \\
&= \bigcup_{k \geq 0} \Sigma^k \\
&= \Sigma^*
\end{aligned}$$

Mit $\Sigma^* = \bigcup_{n\geq 0} \Sigma^n$ folgt daraus

$$(\Sigma^*)^* = \bigcup_{n\geq 0}(\Sigma^*)^n = \bigcup_{n\geq 0}\Sigma^* = \Sigma^*$$

2.2.1 In diesem DFA entsprechen die Zustände den Präfixen des Suchwortes ananas. Der DFA versucht, einen bereits gelesenen Präfix von ananas zu erweitern.

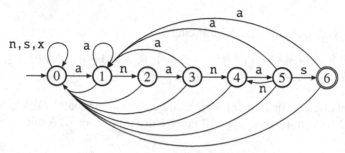

restliche Buchstaben

2.2.2 Für den einzigen Zustand z des DFA gilt entwender $z \in E$ oder $z \notin E$. Dieser nur die Sprachen $\emptyset$ bzw. Σ^* erkennen.

2.2.3 Wegen $E = Z$ gilt $\hat{\delta}(z_0, w) \in E$ für alle $w \in \Sigma^*$.

2.2.4 Ein DFA findet Teilstrings in der Zeit $O(n)$, da bei jedem Übergang ein Zeichen verarbeitet wird.

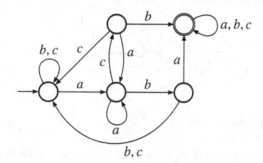

2.2.5 Wir stellen zunächst folgende Überlegung an: Der DFA habe die Binärzahl $y \in \{0, 1\}^+$ gelesen und liest nun ein weiteres Bit $b \in \{0, 1\}$. Wenn $v(x)$ der Wert der Binärzahl x ist, gilt

$$v(yb) = 2v(y) + v(b)$$

Entsprechend ändert sich $v(yb) \bmod 3$:

$v(y) \bmod 3$	$2v(y) \bmod 3$	$(2v(y) + 1) \bmod 3$
0	0	1
1	2	0
2	1	2

Damit konstruieren wir einen DFA M mit den Zuständen $S, 0, 1, 2$, wobei für $x \in \{0, 1\}^+$ gilt: $\hat{\delta}(S, x) = v(x) \bmod 3$.

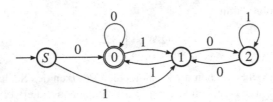

2.2.6 a) Nach Definition 2.2.5 ist M ein NFA.

b) Nach Definition 2.2.6 gilt $\hat{\delta}(\{z_1\}, ba) = \{z_1, z_2\}$ und $\hat{\delta}(\{z_1\}, babb) = \{z_1, z_2, z_3\}$. Damit folgt $ba \notin L(M)$, $babb \in L(M)$.

2.2.7 Gegenbeispiel: Für $\Sigma = \{a\}$ wird Σ^+ durch einen minimalen DFA genau zwei Zuständen akzeptiert. Dagegen wird Σ^* durch einen minimalen DFA mit genau einem Zustand erkannt.

2.2.8 Aus G_1 lässt sich ein NFA M_1 konstruieren mit $L(M_1) = L(G_1)$. M_1 lässt sich umformen in einen DFA M_2 und daraus eine Grammatik G_2 konstruieren mit $L(G_2) = L(M_2) = L(G_1)$. Da G_2 aus M_2 entstanden ist, ist G_2 eindeutig. Die Anzahl der Variablen von G_2 ist die Anzahl der Zustände von M_2, wenn G_2 nach dem aus Seite 67 beschriebenen Verfahren konstruiert wird.

2.2.9 Die Sprache L besteht aus allen Strings $x \in \{0, 1\}^+$ mit einer geraden Anzahl von Einsen. Ein DFA, der L erkennt, ist

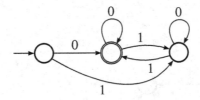

Nach Satz 2.2.17 ist L daher regulär.

2.2.10 Der folgende DFA geht immer dann in einen Endzustand über, wenn auf abb^* ein a folgt oder auf baa^* ein b (die Substrings können sich überschneiden):

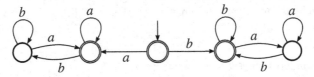

Nach Satz 2.2.17 ist L daher regulär.

2.2.11 Sei $M = (Z, \Sigma, \delta, z_0, E)$ ein DFA mit $L(M) = L$.

a) Sei z_1 der Zustand von M mit $\delta(z_0, a) = z_1$ (dies schließt $z_0 = z_1$ ein). Indem wir z_1 zum neuen Startzustand machen, erhalten wir einen DFA M_1. Wir zeigen $L(M_1) = L_1$:

- Sei $w \in L(M_1)$. Wegen $\delta(z_0, a) = z_1$ gilt dann $aw \in L(M) = L$ und damit $w \in L_1$.

- Sei $w \in L_1$. Dann gilt $aw \in L$, also $\hat{\delta}(z_1, w) \in E$ und damit $w \in L(M_1)$.

b) Die Konstruktion ist ähnlich zu der im ersten Teil. Hier gehen wir von den Endzuständen aus: Sei $Z_a \subseteq Z$ die Menge von Zuständen, so dass für alle $z \in Z_a$ gilt: $\delta(z, a) \in E$. Indem wir Z_a zur neuen Menge von Endzuständen machen, erhalten wir einen DFA M_2. Wir zeigen $L(M_2) = L_2$:

- Sei $w \in L(M_2)$. Da für jedes $z \in Z_a$ das Zeichen a zu einem Zustand führt, der in M ein Endzustand ist, gilt $wa \in L$ und damit $w \in L_2$.

- Sei $w \in L_2$. Dann gilt $wa \in L$, also gibt es in M für die Eingabe w einen Weg vom Startzustand zu einem Zustand aus Z_a. Damit gilt $w \in L(M_2)$.

Nach Satz 2.2.17 sind L_1, L_2 daher regulär.

2.2.12 Sei M ein DFA mit $L(M) = L$. Indem wir

- alle Endzustände von M zu Startzuständen

- den Startzustand von M zum Endzustand

machen und

- alle Kanten des DFA M umdrehen, das heißt, aus $\delta(z, a) = z'$ wird $\delta'(z', a) = \{z \mid \delta(z, a) = z'\}$

erhalten wir einen NFA M', der L^R erkennt, denn für $w = w_1 \ldots w_n$ gilt:

$w \in L(M) \Leftrightarrow$ es gibt eine Folge von Zuständen $z_0, z_1, \ldots, z_n$ in M mit z_0 Startzustand, z_n Endzustand und $\delta(z_{k-1}, w_k) = z_k$ $(1 \leq k \leq n) \Leftrightarrow$ es gibt eine Folge von Zuständen $z_n, z_{n-1}, \ldots, z_0$ in M' mit z_n Startzustand, z_0 Endzustand und $\delta'(z_k, w_k) \ni z_{k-1}$ $(1 \leq k \leq n) \Leftrightarrow w^R \in L(M')$. Nach Satz 2.2.17 ist L^R daher regulär.

2.2.13 Sei M ein DFA mit $L(M) = L$. Wir konstruieren daraus Automaten für Präfix(L) und Suffix(L).

a) Sei $M = (Z, \Sigma, \delta, z_0, E)$. Indem wir alle Zustände in M, von denen aus es einen Pfad zu einem Endzustand gibt, zu Endzuständen machen, erhalten wir einen DFA $M_P = (Z, \Sigma, \delta, z_0, E_P)$ mit $E_P = \{z \mid$ es gibt ein $x \in \Sigma^*$ mit $\hat{\delta}(z, x) \in E\}$, der Präfix($L$) erkennt. Damit gilt: $w \in L(M_P) \Leftrightarrow \hat{\delta}(z_0, w) \in E_P \Leftrightarrow$ es gibt ein $x \in \Sigma^*$ mit $\hat{\delta}\hat{\delta}((z_0, w), x) \in E \Leftrightarrow$ es gibt ein $x \in \Sigma^*$ mit $wx \in L(M) \Leftrightarrow w \in$ Präfix(L).

b) Indem wir alle Zustände in M, die vom Startzustand aus erreichbar sind, zu Startzuständen machen, erhalten wir entsprechend einen NFA M_S, der Suffix(L) erkennt

Nach Satz 2.2.17 sind diese Sprachen daher regulär.

2.2.14 Sei M ein DFA mit $L(M) = L$. Wir konstruieren einen NFA M' für L', der aus zwei Kopien von M besteht und von jedem Zustand des unteren DFA einen a-Übergang in den gleichen Zustand des oberen DFA besitzt:

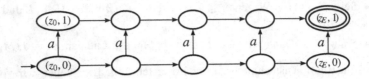

Der Startzustand des kombinierten NFA M' ist der des unteren DFA, die Endzustände sind die des oberen DFA.

Formal lässt sich M' beschreiben durch eine Kreuzproduktkonstruktion:

- Die Zustandsmenge ist $Z' = Z \times \{0, 1\}$, die Menge der Endzustände ist $E' = \{(z, 1) \mid z \in E\}$, der Startzustand ist $(z_0, 0)$. Dabei interpretieren wir Zustände $(z, 0)$ als Zustände des unteren DFA, Zustände $(z, 1)$ als Zustände des oberen DFA.

- Die Überführungsfunktion δ' ist gegeben durch

$$\delta'((z, i), x)) = \begin{cases} \{(\delta(z, x), i)\} & \text{für } x \neq a \vee i = 1 \\ \{(\delta(z, x), 0)\} \cup \{(z, 1)\} & \text{für } x = a \wedge i = 0 \end{cases}$$

$L' = L(M')$ kann man formal ähnlich wie in Aufgabe 2.2.13 zeigen. Nach Satz 2.2.17 ist L' daher regulär.

2.2.15 Der Minimalautomat zu M ist folgender DFA:

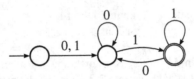

M erkennt alle Wörter aus $\{0, 1\}^*$, die mit 1 enden und mindestens 2 Zeichen lang sind. Es ist $L(M) = L((0|1)(0|1)^*1)$.

2.2.16   a) $L(M_\varepsilon) = L(a^*b^*c^*)$

b) Folgender NFA M ist sogar ein DFA, wenn alle noch fehlenden Übergänge in einen Fehlerzustand führen.

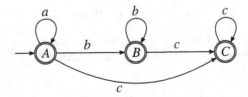

c) Ein ε-NFA kann wie folgt in einen NFA umgebaut werden:

- Jeder Zustand, der über ε-Kanten von einem Startzustand aus erreichbar ist, ist auch ein Startzustand.

- Die Menge Z' der von einem Zustand z durch ein Zeichen $a \in \Sigma$ aus erreichbaren Zustände wird erweitert um die Menge Z'' der Zustände, die durch die Verwendung von ε-Kanten erreichbar sind. Damit ergibt sich die Überführungsfunktion δ des NFA: $\delta(z, a) = Z' \cup Z''$. Wenn einer dieser Zustände ein Endzustand ist, ist auch z ein Endzustand.

Dieses Verfahren führt, bis auf die Fehlerkanten, zum gleichen Automaten wie in b).

2.2.17 Die NFAs lassen sich direkt aus den regulären Ausdrücken ablesen oder mit dem Verfahren aus Satz 2.2.20 erzeugen:

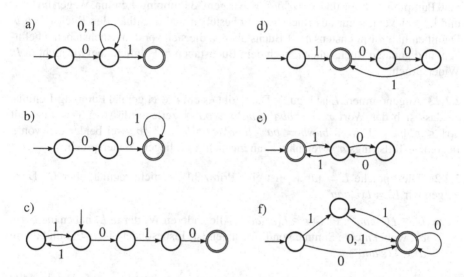

2.2.18 Beachten Sie, dass auch 0 eine gerade Zahl ist.

a) $(0|1)^*0$

b) $(0|1)^*1(0|1)^*1(0|1)^*$

c) $(00)^*$

d) Vorüberlegung: Entweder müssen n gerade und m ungerade sein, oder n ungerade und m gerade. Damit ergibt sich der reguläre Ausdruck zu $(00)^*1(11)^* \mid 0(00)^*(11)^*$.

2.2.19 Diese Aufgabe kann man ohne oder mit Pumping-Lemma lösen:

Da M nur 4 Zustände besitzt, muss M für ein Wort $x \in L(M)$ mit $|x| = 4$ einen Zustand mehrfach durchlaufen haben. Durch diese Schleife können beliebig lange Wörter aus $L(M)$ erzeugt werden, also ist $L(M)$ unendlich.

Wegen $|x| \geq |Z|$ lässt sich auch das Pumping-Lemma anwenden. Für die Zerlegung $x = uvw$, $|v| \geq 1$ folgt $uv^k w \in L(M)$ für alle k.

2.2.20 Angenommen, $L = \{a^n b^m \mid n < m\}$ ist regulär. Dann gibt es ein $n \in \mathbb{N}$, so dass sich alle $x \in L$ mit $|x| \geq n$ gemäß Pumping-Lemma zerlegen lassen. Sei $x =$

$a^n b^{n+1} = uvw$. Wegen $|uv| \leq n$ und $|v| \geq 1$ kann v nur aus Buchstaben a bestehen. Da das Wort uv^2w mindestens einen Buchstaben a mehr als x enthält, also mindestens $n + 1$ Buchstaben a und genau $n + 1$ Buchstaben b, liegt es nicht in L, Widerspruch.

2.2.21 Angenommen, $L = \{wcw \mid w \in \{a, b\}^*\}$ ist regulär. Sei $n \in \mathbb{N}$ gemäß Pumping-Lemma. Wir betrachten das Wort $x = a^n c a^n \in L$, das sich wegen $|x| = 2n + 1 \geq n$ zerlegen lässt gemäß Pumping-Lemma zu $x = uvw$. Wegen $|uv| \leq n$ und $|v| \geq 1$ besteht v nur aus Buchstaben a und w enthält den Buchstaben c. Damit enthält uw höchstens $n - 1$ Buchstaben a, die sich vor dem Buchstaben c befinden, und genau n Buchstaben a nach dem Buchstaben c. Folglich liegt uw nicht in L, Widerspruch.

2.2.22 Sei angenommen, dass die Sprache L der Palindrome regulär ist. Sei $n \in \mathbb{N}$ gemäß Pumping-Lemma und $x = a^n b a^n = uvw$ gemäß Pumping-Lemma. Wegen $|uv| \leq n$ und $|v| \geq 1$ kann v nur aus Buchstaben a bestehen und w enthält den Buchstaben b. Damit enthält uw höchstens $n - 1$ Buchstaben a, die sich vor dem Buchstaben b befinden, und genau n Buchstaben a nach dem Buchstaben b. Folglich liegt uw nicht in L, Widerspruch.

2.2.23 Angenommen, L ist regulär. Dann gibt es ein $n \in \mathbb{N}$ gemäß Pumping-Lemma, so dass sich das Wort $x = a^n bbaba^2 ba^3 b \ldots ba^{n-1}$ zerlegen lässt in $x = uvw$ mit $|uv| \leq n$, $|v| \geq 1$. Weil $buwb = ba^{n-|v|} bbaba^2 ba^3 b \ldots a^{n-1} b$ zwei beiderseits von b begrenzte Teilstrings $a^{n-|v|}$ enthält, kann uw nicht in L liegen, Widerspruch.

2.2.24 Die Sprache $L = \{a^p \mid p$ ist eine Primzahl$\}$ ist nicht regulär, aber L^*. Dazu zeigen wir $L^* = L(\varepsilon|aaa^*)$.

- $L^* \subseteq L(\varepsilon|aaa^*)$: Es ist $\varepsilon \in L(\varepsilon|aaa^*)$. Alle anderen Wörter in L^* haben die Form a^n, wobei n eine Summe von Primzahlen ist. Insbesondere ist $n \geq 2$ und damit $a^n \in L(\varepsilon|aaa^*)$.

- $L(\varepsilon|aaa^*) \subseteq L^*$: Es ist $\varepsilon \in L^*$. Ferner gilt $a^2 \in L$ und $a^3 \in L$. Daraus folgt $a^{2n} \in L^*$ sowie $a^{2n+1} = a^{2(n-1)} a^3 \in L^*$ für alle n.

2.2.25   a) Wir konstruieren einen DFA, der $\{111\}$ erkennt, und bilden davon den Komplementautomaten:

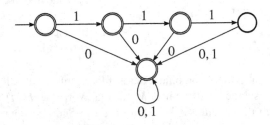

b) Der reguläre Ausdruck lässt sich aus dem DFA ablesen:

$$E = (\varepsilon|1|11)(\varepsilon|0(0|1)^*)|111(0|1)^+$$

2.2.26   a) Angenommen, L_1 ist regulär. Dann ist auch $L_1' = \overline{L_1} \cap L(a^*b^*) = \{a^n b^m \mid n \geq m\}$ und $\{a\}L_1 \cap L_1' = \{a^n b^n \mid n = m\}$, Widerspruch.

b) Da $L_2 \cap L(a^+b^+) = \{a^nb^n \mid n \in \mathbb{N}\}$ nicht regulär ist, ist auch L_2 nicht regulär.

c) Sei L_3 die Sprache der Ausdrücke in Postfix-Notation. Dann ist

$$\underbrace{1\,1\ldots 1}_{n+1}\underbrace{+ + \cdots +}_{n} = 1^{n+1}+^n \in L_3$$

Da $L_3\{+\} \cap L(1^*+^*) = \{1^n+^n \mid n \geq 1\}$ nicht regulär ist, ist auch L_3 nicht regulär.

2.2.27 a) Das Entscheidungsverfahren baut M in einen äquivalenten DFA um und minimiert diesen. Es gilt $L(M) = \Sigma^*$ genau dann, wenn der Minimalautomat aus genau einem Zustand besteht und dieser Start- und Endzustand ist.

b) Zu prüfen ist $L(M) \cap L((aa)^*) = \emptyset$. Dies ist äquivalent zu $\overline{L(M)} \cup \overline{L((aa)^*)} = \Sigma^*$. Das Entscheidungsverfahren konstruiert die Komplementautomaten für $\overline{L(M)}$, $\overline{L((aa)^*)}$. Diese bilden zusammen einen NFA M' mit zwei Startzuständen, der $\overline{L(M)} \cup \overline{L((aa)^*)}$ erkennt. Wie in a) wird dann $L(M') = \Sigma^*$ geprüft.

c) Sei n die Anzahl der Zustände des Minimalautomaten von M. Wenn es ein Wort $x \in L(M)$ gibt mit $n \leq |x| < 2n$, dann ist nach Satz 2.2.26 $|L(M)| = \infty$ und damit $|L(M)| \geq 10$. Wenn es ein solches Wort nicht gibt, ist $L(M) \cap \{x \in \Sigma^* \mid |x| < n\}$ endlich. Ein Entscheidungsverfahren ist damit:

```
for ({x ∈ Σ* | n ≤ |x| < 2n}) {
    if (x ∈ L(M)) {
        return true
    }
}
num = 0
for ({x ∈ Σ* | |x| < n}) {
    if (x ∈ L(M)) {
        num := num + 1
    }
}
return num ≥ 10
```

d) Wir zeigen: $L(M)$ enthält eine Teilmenge, die nicht regulär ist, genau dann, wenn $L(M)$ unendlich ist.

Beweis. $\Rightarrow$ (Indirekt): Ist $L(M)$ endlich, dann sind alle Teilmengen endlich und damit regulär.

$\Leftarrow$: Sei $x \in L(M)$ mit $|x| \geq n$ und $x = uvw$ nach Pumping-Lemma und Satz 2.2.26. Dann ist $\{uv^{(2^k)}w \mid k \in \mathbb{N}\}$ eine Teilmenge von $L(M)$ nicht regulär ist (Beweis wie in Beispiel 2.2.25). $\square$

Sei n die Anzahl der Zustände des Minimalautomaten von M. Wie in c) muss das Entscheidungsverfahren prüfen, ob es ein $x \in L(M)$ gibt mit $n \leq |x| < 2n$.

2.3.1 Der zu konstruierende PDA schreibt für jedes a

a) zwei a auf den Stack und vergleicht diese mit den Buchstaben b.

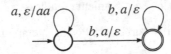

b) ein oder zwei a auf den Stack (der PDA ist nichtdeterministisch) und vergleicht diese mit den Buchstaben b. Er geht in den Endzustand über, wenn alle a vom Stack entfernt wurden.

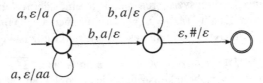

2.3.2 Folgender PDA erkennt $L(G)$, indem er jede öffnende Klammer auf den Stack schreibt und für jede schließende Klammer eine öffnende Klammer von Stack entfernt:

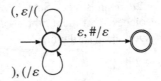

2.3.3 Sei $L = \{0^n 1^n \mid n \in \mathbb{N}_0\}$. Wir zeigen $L = L(G)$.

- $L \subseteq L(G)$: Sei $x \in L$. Da $|x|$ gerade ist, zeigen wir durch Induktion nach $n = |x|/2$: Es gibt eine Ableitung $S \Rightarrow^* x$.

  Beweis.   – $n = 0$: Das Wort $x = \varepsilon$ lässt sich durch $S \Rightarrow \varepsilon$ ableiten.

      – $n \to n + 1$: Nach Induktionsvoraussetzung lässt sich $0^n 1^n$ aus S ableiten und damit auch $00^n 1^n 1 = 0^{n+1} 1^{n+1}$. $\square$

- $L(G) \subseteq L$: Durch Induktion über den Aufbau von G zeigen wir: Jedes Wort, das sich aus S ableiten lässt, liegt in L.

  Beweis.   – $S \to \varepsilon$: Die Behauptung gilt für ε.

      – $S \to 0S1$: Wenn die Behauptung für S gilt, dann auch für $0S1$. $\square$

  Die hier verwendete Beweistechnik nennt sich strukturelle Induktion.

2.3.4 Sei G die Grammatik mit den Regeln

$$S \to 0S1 \mid 1S0 \mid SS \mid \varepsilon$$

Wir zeigen $L = L(G)$.

- $L \subseteq L(G)$: Sei $x \in L$. Da $|x|$ gerade ist, zeigen wir durch Induktion nach $n = |x|/2$: Es gibt eine Ableitung $S \Rightarrow^* x$.

Beweis. – $n = 0$: Das Wort $x = \varepsilon$ lässt sich durch $S \Rightarrow \varepsilon$ ableiten.

– $n \to n + 1$: Sei $x = x_1 x_2 \ldots x_{2n+2}$ und

$$k = \min\{l \mid x_1 x_2 \ldots x_l \text{ enthält genauso viele Nullen wie Einsen}\}$$

der erste Index, an dem die Null-Eins-Bilanz in x ausgeglichen ist.

* 1. Fall: $k < 2n+2$. Dann enthält auch $x_{k+1} \ldots x_{2n+2}$ genauso viele Nullen wie Einsen. Nach Induktionsvoraussetzung lassen sich $x_1 x_2 \ldots x_k$ und $x_{k+1} \ldots x_{2n+2}$ aus S ableiten, durch die Regel $S \to SS$ also auch $x = x_1 x_2 \ldots x_{2n+2}$.

* 2. Fall: $k = 2n+2$. Es gilt entweder $x_1 = 0$ oder $x_1 = 1$. Für $x_1 = 0$ und alle $l < 2n + 2$ folgt, dass $x_1 x_2 \ldots x_l$ mehr Nullen als Einsen enthält. Daraus folgt $x_{2n+2} = 1$. Für $x_1 = 1$ folgt entsprechend $x_{2n+2} = 0$. In beiden Fällen enthält $x_2 \ldots x_n$ genauso viele Nullen wie Einsen. Nach Induktionsvoraussetzung lässt sich $x_2 \ldots x_{2n+1}$ aus S ableiten und mit $S \to 0S1$ oder $S \to 1S0$ auch $x = x_1 x_2 \ldots x_{2n+1} x_{2n+2}$. □

- $L(G) \subseteq L$: Durch Induktion über den Aufbau von G zeigen wir: Jedes Wort, das sich aus S ableiten lässt, liegt in L.

  Beweis. – $S \to \varepsilon$: Die Behauptung gilt für ε.

  – $S \to 0S1 \mid 1S0 \mid SS$: Wenn die Behauptung für S gilt, dann auch für $0S1, 1S0, SS$. □

Die hier verwendete Beweistechnik nennt sich strukturelle Induktion.

2.3.5 a) *Beweis.* $\Rightarrow$: Sei $w \in \{a, b\}^*$ mit $w = w^R$. Wir zerlegen w in $w = xyz$ mit $|x| = |z|$ und $y = \varepsilon$, falls $|w|$ gerade, und $y \in \{a, b\}$, falls $|w|$ ungerade. Aus $w = w^R$ folgt $xyz = z^R y x^R$ und damit $w = xyx^R$.

$\Leftarrow$: Aus $w = xyx^R$ mit $y \in \{\varepsilon, a, b\}$ folgt $w = w^R$.

b) Mit obigem Ergebnis konstruieren wir einen PDA und eine Grammatik für L.

Um $w = xyx^R$ zu erkennen, schiebt der folgende PDA in z_0 den ersten Teil x der Eingabe auf den Stack, wechselt nichtdeterministisch in z_1, wobei er $y \in \{\varepsilon, a, b\}$ liest und vergleicht den zweiten Teil x^R der Eingabe mit den Zeichen auf dem Stack.

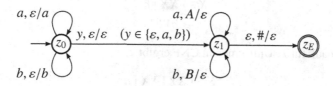

c) Sei G die Grammatik mit den Regeln

$$S \to aSa \mid bSb \mid \varepsilon \mid a \mid b$$

Wir zeigen $L = L(G)$:

- $L \subseteq L(G)$: Wörter $w \in L$ mit $|w| \leq 1$ lassen sich durch $S \rightarrow \varepsilon \mid a \mid b$ ableiten. Ein Wort $w = x_1 x_2 \ldots x_n y x_n x_{n-1} \ldots x_1 \in L$ mit $|w| \geq 2$ und $y \in \{\varepsilon, a, b\}$ lässt sich ableiten durch $S \Rightarrow x_1 S x_1 \Rightarrow x_1 x_2 S x_2 x_1 \Rightarrow \cdots \Rightarrow x$, wobei für $y \neq \varepsilon$ im letzten Schritt eine der Regeln $S \rightarrow a \mid b$ benutzt wird.

- $L(G) \subseteq L$: Wir induzieren über den Aufbau der Grammatik G:

  - Die Wörter ε, a, b sind Palindrome.

  - Sei $w \in L(G)$. Nach Induktionsvoraussetzung ist w ein Palindrom. Damit sind auch awa und bwb Palindrome.

2.3.6 Der folgende nichtdeterministische PDA akzeptiert L:

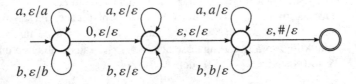

Da nach Satz 2.3.10 die PDAs genau die kontextfreien Sprachen akzeptieren, ist L kontextfrei.

Alternative Lösung: Die kontextfreie Grammatik mit den Regeln

$$S \rightarrow aSa \mid bSb \mid 0U$$
$$U \rightarrow aU \mid bU \mid \varepsilon$$

erzeugt L. Daher ist L kontextfrei.

2.3.7 Sei G die Grammatik mit den Regeln

$$S \rightarrow aB, \quad B \rightarrow b$$

G hat die geforderten Eigenschaften, G lässt sich aber nicht in die angegebene Form bringen, weil das einzige Wort in $L(G)$ die Länge 2 hat.

2.3.8 Zunächst brauchen wir für L eine Grammatik in CNF. Wegen $\{a^n b^m \mid n > m > 0\} = \{a^n a^m b^m \mid n, m > 0\}$ ist die Grammatik mit den Regeln

$$S \rightarrow XY \mid X$$
$$X \rightarrow XX \mid a$$
$$Y \rightarrow aYb \mid ab$$

eine Grammatik für L. Umformen in CNF ergibt

$$S \rightarrow XY \mid XX \mid a$$
$$X \rightarrow XX \mid a$$
$$Y \rightarrow AZ \mid AB$$
$$Z \rightarrow YB$$
$$A \rightarrow a$$

$$B \to b$$

Der CYK-Algorithmus erzeugt die Tabelle

S				
S	Y			
X, S	S	Z		
X, S	X, S	Y	$-$	
A, X, S	A, X, S	A, X, S	B	B
a	a	a	b	b

Da in der linken oberen Ecke ein S steht, haben wir $w = aaabb \in L$ gezeigt. Eine Ableitung ist $S \Rightarrow XY \Rightarrow aY \Rightarrow aAZ \Rightarrow aaZ \Rightarrow aaYB \Rightarrow aaABB \Rightarrow aaaBB \Rightarrow aaabB \Rightarrow aaabb$.

2.3.9 Wegen $a^n b^n c^n \in L$ lässt sich der Beweis aus Beispiel 2.3.18 verwenden.

2.3.10 Angenommen, L sei kontextfrei. Dann gibt es ein n, so dass sich $z = a^n b^{2n} c^{3n}$ nach Satz 2.3.17 zerlegen lässt in $z = uvwxy$. Seien n_a, n_b, n_c die Anzahl Buchstaben a, b, c in vx. Wegen $|vx| \geq 1$ sind n_1, n_b, n_c nicht alle gleich Null und wegen $|vwx| \leq n$ ist mindestens einer der Werte n_1, n_b, n_c gleich Null. Da uwy genau $n - n_a$, $2n - n_b$, $3n - n_b$ Buchstaben a, b, c enthält (und einer der Werte n_1, n_b, n_c gleich Null ist), folgt aus $uwy \in L$ $n_1 = 0, n_b = 0, n_c = 0$, Widerspruch.

2.3.11 Angenommen, L sei kontextfrei. Dann gibt es ein n, so dass sich $z = a^n b^n a^n b^n$ nach Satz 2.3.17 zerlegen lässt in $z = uvwxy$. Wegen $|vx| \geq 1$ und $uwy \in L$ enthält vx mindestens ein a und mindestens ein b. Wegen $|vwx| \leq n$ kann vwx sich nicht gleichzeitig mit dem Präfix a^n und mit dem Suffix b^n des Wortes z überschneiden. Folglich lassen sich zwei Fälle unterscheiden:

- vwx überschneidet sich nicht mit dem Präfix a^n des Wortes z. Dann gilt $uwy = a^n s$ und s enthält weniger als n Buchstaben a.

- vwx überschneidet sich nicht mit dem Suffix b^n des Wortes z. Dann gilt $uwy = p b^n$ und p enthält weniger als n Buchstaben b.

In beiden Fällen gilt $uwy \notin L$, Widerspruch.

2.3.12 Es müssen die Regeln

$$F \to \log F, \; F \to \exp F$$

hinzugefügt werden. Die Rechtsableitung des angegebenen Ausdrucks ist $E \Rightarrow E + T \Rightarrow E + F \Rightarrow E + z \Rightarrow T + z \Rightarrow T * F + z \Rightarrow T * \exp F + z \Rightarrow T * \exp \log F + z \Rightarrow T * \exp \log y + z \Rightarrow F * \exp \log y + z \Rightarrow x * \exp \log y + z$.

2.3.13   a) Wäre L_1 kontextfrei, dann auch $L_1 \cap L(a^* b^* c^*) = \{a^n b^n c^n \mid n \in \mathbb{N}_0\}$, Widerspruch.

b) Wäre L_2 kontextfrei, dann auch $\{a\} L_2 \{c\} = \{a^n b^n c^n \mid n \in \mathbb{N}_0\}$, Widerspruch.

2.3.14 Oberhubers Konstruktion funktioniert nur für deterministische PDAs. Die hier betrachteten PDAs aber sind nichtdeterministisch.

Die von einem PDA M (mit Endzuständen) akzeptierte Sprache besteht aus allen Wörtern w, für die M einen Endzustand erreichen *kann*. Sei M' der PDA, der aus M entstanden ist, indem die Endzustände von M mit den Nicht-Endzuständen vertauscht wurden. In M' kann es für die Eingabe w nun einen anderen Berechnungspfad geben, der immer noch zu einem Endzustand führt.

Beispiel: Sei M folgender PDA.

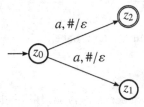

M akzeptiert a, aber auch M':

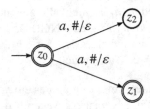

Auch für NFAs wäre Oberhubers Argumentation falsch, obwohl reguläre Sprachen unter Komplement abgeschlossen sind.

2.3.15   a) Postfix-Ausdrücke können abgeleitet werden aus der Grammatik mit den Regeln

$$S \rightarrow SSO \mid Z$$
$$Z \rightarrow x \mid y \mid z$$
$$O \rightarrow + \mid - \mid * \mid /$$

b) Das folgende Java-Programm implementiert einen Bottom-up-Parser (Abschnitt 2.3.8). Zahlen werden auf den Stack geschoben (shift), bis in der Eingabe ein Operator gefunden wird. Dann werden zwei Zahlen vom Stack entfernt, mit diesem Operator verknüpft und das Ergebnis in den Stack geschrieben (reduce). Wenn die for-Schleife endet, ist die Eingabe abgearbeitet und das Ergebnis der Auswertung ist das oberste Stackelement.

```
import java.io.*;
import java.util.*;

/**
 * Taschenrechner mit Postfix-Notation.
```

```
 * Liest Eingabe von der Konsole und gibt Ergebnis auf der
     Konsole aus.
 * Ende mit quit.
 */
class PostfixCalc {
  public int compute(String input)
  {
    Stack<Integer> stack = new Stack<Integer>();
    int x1, x2, result;
    String[] arg = input.split(" ");

    for(String s: arg) {
      if(s.matches("[-+]?[0-9]+")) {        // ganze Zahl
        stack.push(Integer.parseInt(s));
      }
      else {                        // Operator
        try {
          x2 = stack.pop();
          x1 = stack.pop();
          if(s.equals("+")) stack.push(x1+x2);
          else if(s.equals("-")) stack.push(x1-x2);
          else if(s.equals("*")) stack.push(x1*x2);
          else if(s.equals("/")) stack.push(x1/x2);
          else throw new IllegalArgumentException("Ausdruck " +
              s + " unzulässig");
        }
        catch(EmptyStackException e) {
          throw new IllegalArgumentException("Zuwenig Argumente
              vor Operator " + s);
        }
      }
    }
    result = stack.pop();
    if(stack.empty()) return result;
    else throw new IllegalArgumentException("Fehlender Operator
      ");
  }

  public static void main(String[] args) throws IOException
  {
    String input;
    Scanner in = new Scanner(System.in);
    PostfixCalc calc = new PostfixCalc();

    while(true) {
      System.out.print("> ");
      input = in.nextLine();
      if(input.equals("quit")) break;
      else {
        try {
          System.out.println(calc.compute(input));
```

```
      }
      catch(Exception ex) {
        System.err.println("Fehler " + ex);
      }
    }
  }
  in.close();
  }
}
```

Alternativ kann aus der oben angegebenen Grammatik eine Spezifikation für einen Bottom-up-Parsergenerator erzeugt werden. Die aus Z ableitbaren Zahlen werden dabei vom Lexer geliefert.

2.5.1 Eine Turing-Maschine mit einem endlichen Band und auch ein Computer können nur endlich viele Konfigurationen einnehmen und lassen sich daher durch endliche Automaten modellieren. Das ist aber nicht praktikabel: Ein Computer mit 1 GB Speicher kann mehr als $2^{2^{38}} = 2^{274877906944}$ Zustände einnehmen. Die Zustandsmenge des entsprechenden Automaten ist damit größer als die Anzahl Atome im Universum (2^{259}).

2.5.2 Gegenbeispiel: Die folgende Turing-Maschine M erkennt $L(M) = \emptyset$, da sie z_{ja} nicht erreichen kann.

Für die Komplement-Maschine M' gilt ebenfalls $L(M') = \emptyset$, da auch sie z_{ja} nicht erreichen kann.

2.6.1   a) Ja, denn für jedes $L = \{x_1, \ldots, x_n\}$ ist $E = x_1| \ldots |x_n$ ein regulärer Ausdruck, der L erzeugt. Die regulären Ausdrücke erzeugen nach Satz 2.2.20 genau die regulären Sprachen.

    b) Nein, ein Gegenbeispiel ist $\{a^n b^n c^n \mid n \in \mathbb{N}\} \subset \{a, b, c\}^*$ (siehe Abbildung 2.34).

    c) Nein, ein Gegenbeispiel ist $\{a^n b^n \mid n \in \mathbb{N}\} \supset \{ab\}$.

    d) Nein, ein Gegenbeispiel ist $\{a^n b^n \mid n \in \mathbb{N}\} \subseteq \{a^n b^n \mid n \in \mathbb{N}\}$.

2.6.2 Eine reguläre Grammatik für L ist:

$$S \rightarrow aA \mid bS \mid cS \mid \varepsilon$$
$$A \rightarrow aA \mid cS \mid \varepsilon$$

2.6.3 Es gibt eine reguläre Grammatik, die dadurch leider recht umständlich ist:

$$S \rightarrow 0 \mid \cdots \mid 9 \mid 1D \mid \cdots \mid 9D \mid -P$$
$$P \rightarrow 1 \mid \cdots \mid 9 \mid 1D \mid \cdots \mid 9D$$
$$D \rightarrow 0 \mid \cdots \mid 9 \mid 0D \mid \cdots \mid 9D$$

2.6.4 Jede Grammatik lässt sich durch einen endlichen String der Länge n codieren. Für jedes $n \in \mathbb{N}$ gibt es endlich viele Strings dieser Länge. Nach Satz 1.4.19 ist damit die Menge aller Grammatiken höchstens abzählbar. Nach Aufgabe 2.1.5 ist die Menge aller Sprachen aber überabzählbar.

Berechenbarkeit und Komplexität

3.2.1 Das Entscheidungsverfahren konstruiert mit dem Verfahren aus Satz 2.2.20 einen NFA, der $L(E)$ akzeptiert, wandelt diesen mit dem Verfahren aus Satz 2.2.7 in einen DFA um und minimiert diesen mit dem Verfahren aus Satz 2.2.11. Wenn dieser die Form

besitzt, liefert das Entscheidungsverfahren **true**, sonst **false**.

3.2.2 Das Entscheidungsverfahren konstruiert den Minimalautomaten zu M, erzeugt alle $w \in \Sigma^n$, wobei n die Anzahl Zustände des Minimalautomaten ist, und prüft $w \in L(M)$. Wenn ein $w \in \Sigma^n$ von M akzeptiert wird, liefert das Entscheidungsverfahren **true**, sonst **false**. Die Korrektheit des Verfahrens folgt aus Satz 2.2.22.

3.2.3 Es gilt: $L(M_1) \subseteq L(M_2) \Leftrightarrow L(M_1) \cap \overline{L(M_2)} = \emptyset \Leftrightarrow \overline{L(M_1)} \cup L(M_2) = \Sigma^*$. Das Entscheidungsverfahren konstruiert den Komplementautomaten zu M_1, vereinigt diesen mit M_2 (Abschnitt 2.2.8) und wandelt diesen in einen DFA um. Wenn alle Zustände dieses DFA Endzustände sind, liefert das Entscheidungsverfahren **true**, sonst **false**.

3.2.4 Wie in Aufgabe 2.2.11 werden DFAs M_1, M_2 mit $L(M_1) = \{w \mid aw \in L(M)\}$, $L(M_2) = \{w \mid wa \in L(M)\}$ konstruiert. Es gilt $aw \in L(M) \Leftrightarrow wa \in L(M)$ für alle $w \in \Sigma^*$ genau dann, wenn $L(M_1) = L(M_2)$, was wie in Beispiel 3.2.2 entschieden wird.

3.2.5 a) Ja, denn jede unentscheidbare Sprache ist Teilmenge von Σ^* und Σ^* ist entscheidbar.

b) Gegenbeispiel: H ist unentscheidbar und Teilmenge der entscheidbaren Sprache Σ^*.

c) Ja, denn jede unentscheidbare Sprache ist unendlich und enthält daher unendlich viele endliche Teilmengen. Jede endliche Menge ist entscheidbar.

3.2.6 Nein, denn damit würde nur $P_K^* \in K \Rightarrow P_K^* \notin K$ gezeigt, was wegen $P_K^* \in K \Rightarrow P_K^* \notin K \equiv \neg(P_K^* \in K) \vee P_K^* \notin K \equiv P_K^* \notin K$ kein Widerspruch ist.

3.2.7 Für $P \in L$ kann P höchstens 20 Zeichen der Eingabe lesen. Das Entscheidungsverfahren erzeugt alle $w \in \Sigma^*$ mit $|w| \leq 20$ und lässt P mit der Eingabe w höchstens 20 Schritte laufen. Wenn P dabei stets terminiert, liefert das Entscheidungsverfahren **true**, sonst **false**.

3.2.8 Nein. Oberhubers Argument zeigt, dass die Aufzählung (P_n) nicht berechenbar ist. Denn sonst wäre die „Diagonalfunktion" Q berechenbar, was nicht möglich ist.

3.2.9 Angenommen, es gilt $\emptyset \leq_p \Sigma^*$. Dann gibt es nach Definition 3.2.13 eine berechenbare Funktion $f : \Sigma^* \to \Sigma^*$ mit $w \in \emptyset \Leftrightarrow f(w) \in \Sigma^*$, Widerspruch.

3.2.10 Es gilt $H \leq_m L$ durch

```
boolean P_H (Program P, Input w) {
    return P_L(w, w)
}
```

da $(P, w) \in H \Leftrightarrow (P, w, w) \in L$. Die Behauptung folgt mit Satz 3.2.6 und Satz 3.2.15.

3.2.11   a) Es gilt $H_k \leq_m H_{k+1}$ durch

```
boolean P_H_k (Program P, Input w) {
    void Q(Input x) {
        for (i := 1 to 1) {
        }
        P(x)
    }
    return P_H_{k+1}(Q)
}
```

da $P \in H_k \Leftrightarrow Q \in H_{k+1}$.

b) Wegen $H_0 = H$ folgt die Behauptung aus Satz 3.2.6 und Satz 3.2.15.

3.3.1 Nach Satz 1.6.13 muss das Entscheidungsverfahren prüfen, ob jeder der n Knoten mit einer geraden Anzahl Knoten verbunden ist. Wenn G durch eine Adjazenzliste gegeben ist, benötigt dies die Laufzeit $O(n^2) \subseteq O(|G|^2)$.

3.3.2 Seien $G = (V, E)$ und $n = |V|$. Das Entscheidungsverfahren erzeut alle k-elementigen Teilmengen der Knotenmenge V und prüft, ob die Knoten paarweise verbunden sind. Wenn G durch eine Adjazenzliste gegeben ist, benötigt dies die Laufzeit $\binom{n}{k} k \cdot O(n) = O(n^k n k) \subseteq O(n^{k+2}) \subseteq O(|G|^{k+2})$.

3.3.3 Das Entscheidungsverfahren färbt zunächst alle Knoten grau. Danach wird in jedem grau gefärbten Knoten eine Tiefensuche gestartet, die die Knoten abwechselnd mit weiß und schwarz färbt. Wenn die Tiefensuche dabei auf einen Nachbarknoten stößt, der mit der gleichen Farbe gefärbt ist, liefert das Entscheidungsverfahren **false**. Wenn alle Knoten korrekt gefärbt werden konnten, liefert das Entscheidungsverfahren **true**. Die Laufzeit liegt nach Satz 1.6.26 und Satz 1.6.4 in $O(n^2)$, woraus die Behauptung folgt (vgl. Bemerkung vor Satz 3.3.3).

Das Entscheidungsproblem, ob ein Graph k-färbbar ist, ist dagegen **NP**-vollständig.

3.3.4 Seien P_A, P_B polynomielle Verifikationsverfahren für A, B. Dann ist

```
boolean P_{A∪B} (Input w, Zertifikat (a_w, b_w)) {
    return P_A(w, a_w) ∨ P_B(w, b_w)
}
```

ein polynomielles Verifikationsverfahren für $A \cup B$, woraus $A \cup B \in$ **NP** folgt. Ebenso folgt $A \cap B \in$ **NP**.

3.3.5 Sei $L \in \mathbf{P}$ und P_L ein Entscheidungsverfahren für L mit polynomieller Laufzeit. Dann ist

> **boolean** $P_{\bar{L}}$ (Input w) {
>   **return** $\neg P_L(w)$
> }

ein polynomielles Entscheidungsverfahren für $\bar{L}$, woraus $\bar{L} \in \mathbf{P}$ folgt.

Für $L \in \mathbf{NP}$ ist dagegen

> **boolean** $P_{\bar{L}}$ (Input w, Zertifikat c_w) {
>   **return** $\neg P_L(w, c_w)$
> }

kein Entscheidungsverfahren für $\bar{L}$. Denn sei angenommen, es gibt ein $w \in \Sigma^*$ und c_t, c_f mit $P_L(w, c_t) = $ **true** und $P_L(w, c_f) = $ **false**. Nach Definition 3.3.5 gilt dann $w \in L$. Für obiges Verfahren gilt aber $P_{\bar{L}}(w, c_f) = $ **true**, obwohl $w \notin \bar{L}$.

3.3.6 Sei $L \in \mathbf{NP}$. Nach Definition 3.3.7 gibt es ein $k \geq 1$ und ein Programm P_L, das L in Zeit $O(n^k)$ verifiziert. Wenn P_L so verändert wird, dass alle Zertifikate das Alphabet $\{0, 1\}$ verwenden, ändert sich die Laufzeit höchstens um eine Konstante und bleibt daher in $O(n^k)$. Ohne Einschränkung haben alle Zertifikate ebenfalls eine Länge in $O(n^k)$, da P_L in Zeit $O(n^k)$ höchstens $O(n^k)$ Zeichen lesen kann. Das Entscheidungsverfahren für L erzeugt alle Zertifikate mit Länge in $O(n^k)$ und testet diese mit P_L.

> **boolean** P_L^*(Input w) {
>   **for** $(\{c_w \in \Sigma^* \mid |w| \in O(n^k)\})$ {
>   **if** $(P_L(w, c_w))$ {
>   **return true**
>   }
>   }
>   **return false**
> }

Die Schleife wird

$$\sum_{k=0}^{O(n^k)} 2^k \in 2^{O(n^k)}$$

mal durchlaufen (geometrische Summenformel). Die Laufzeit dieses Entscheidungsverfahrens ist daher $O(n^k) 2^{O(n^k)}$. Da $O(n^k) \subseteq O(2^n)$ für alle k sowie $n + O(n^k) = O(n^k)$, folgt $O(n^k) 2^{O(n^k)} \subseteq 2^{O(n^k)}$.

3.3.7 Ein Zertifikat für $F \in L$ sind zwei erfüllende Belegungen. Es gilt $SAT \leq_p L$ durch

> **boolean** P_{SAT} (F) {
>   **return** $P_L(F \wedge (y \vee \bar{y}))$
> }

wobei y eine Variable ist, die in F noch nicht vorkommen. Es gilt $F \in SAT \Leftrightarrow F$ erfüllbar $\Leftrightarrow F \wedge (y \vee \bar{y})$ besitzt mindestens zwei erfüllende Belegungen (nämlich mit y wahr sowie mit y falsch) $\Leftrightarrow F \wedge (y \vee \bar{y}) \in L$. Mit Satz 3.3.12 und Satz 3.3.14 folgt die Behauptung.

3.3.8 Sei $L \in \mathbf{P}$ mit $L \neq \emptyset, L \neq \Sigma^*$. Daraus folgt $L \in \mathbf{NP}$ nach Satz 3.3.8. Ferner gibt es y, n mit $y \in L, n \notin L$. Nach Definition 3.3.11 ist $A \leq_p L$ für alle $A \in \mathbf{NP}$ zu zeigen. Sei daher $A \in$ **NP**. Aus der Annahme **P** = **NP** folgt, dass es ein polynomielles Entscheidungsverfahren für A gibt. Dann ist

$$f(w) = \begin{cases} y & \text{für } w \in A \\ n & \text{für } w \notin A \end{cases}$$

eine in polynomieller Zeit berechenbare Funktion und es gilt $w \in A \Leftrightarrow f(w) \in L$, woraus die Behauptung folgt.

3.3.9 a) Sei nach Voraussetzung $A \in$ **co** – **NP** **NP**-vollständig. Es sind zwei Inklusionen zu zeigen.

- **co** – **NP** $\subseteq$ **NP**: Sei $L \in$ **co** – **NP**. Daraus folgt $\bar{L} \in$ **NP** und damit $\bar{L} \leq_p A$ nach Definition 3.3.11. Daraus folgt $L \leq_p \bar{A}$. Wegen $\bar{A} \in$ **NP** folgt mit Satz 3.3.10 $L \in$ **NP**.

- **NP** $\subseteq$ **co** – **NP**: Sei $L \in$ **NP**. Daraus folgt $L \leq_p A$ sowie $\bar{L} \leq_p \bar{A}$. Wegen $\bar{A} \in$ **NP** folgt mit Satz 3.3.10 $\bar{L} \in$ **NP** und damit $L \in$ **co** – **NP**.

b) Wir führen einen indirekten Beweis: Aus **P** = **NP** folgt **co** – **NP** = **P** = **NP**, da **P** unter Komplement abgeschlossen ist (Aufgabe 3.3.5).

3.3.10 Sei $T = \{P \mid P$ hält für die Eingabe P nach $\leq 2^{|P|}$ Schritten$\}$. Wir zeigen zunächst $T \notin$ **P**.

Beweis. Angenommen, $T \in$ **P**. Dann gibt es ein $k > 0$ und ein Entscheidungsverfahren P_T mit Laufzeit $\leq cn^k$. Damit konstruieren wir das Programm

```
void P_T*(Program P) {
    if (P_T(P)) {
        while (true) {

        }
    }
}
```

Ohne Einschränkung können wir dieses Programm durch weitere Anweisungen ggf. soweit verlängern, dass

$$c|P_T^*|^k \leq 2^{|P_T^*|}$$

gilt. Damit folgt: $P_T^* \in T \Leftrightarrow P_T^*$ hält für die Eingabe P_T^* nach $\leq 2^{|P_T^*|}$ Schritten $\Leftrightarrow P_T(P_T^*) = $ **false** (da das Programm sonst nichjt hält) $\Leftrightarrow P_T^* \notin T$ und damit ein Widerspruch. □

Wegen $P \in T \Leftrightarrow (P, P) \in S$ gilt $T \leq_p S$. Aus $T \notin$ **P** folgt mit Satz 3.3.10 $S \notin$ **P**.

3.3.11 Sei $G = (V, E)$. Ein Zertifikat für $(G, k) \in ANTICLIQUE$ ist die Anticlique, woraus $ANTICLIQUE \in$ **NP** folgt. Sei $G' = (V, \bar{E})$. Wegen $(G, k) \in CLIQUE \Leftrightarrow (G', k) \in ANTICLIQUE$ gilt $CLIQUE \leq_p ANTICLIQUE$, woraus mit Satz 3.3.17 und Satz 3.3.14 die Behauptung folgt.

3.3.12 a) Ein Zertifikat für $(G, u, v, l) \in LPATH$ ist der Pfad, woraus $LPATH \in$ **NP** folgt. Wir zeigen $HAMPATH \leq_p LPATH$: Für einen Graphen $G = (V, E)$ sei G' der Graph, den wir aus G erhalten, indem wir zwei neue Knoten u, v mit allen Knoten in V verbinden. Dann gilt $G \in HAMPATH \Leftrightarrow (G', u, v, |V|+1) \in LPATH$. Die Behauptung folgt mit Satz 3.3.21.

b) Eine Breiten- oder Tiefensuche liefert einen Pfad von u nach v, der aber kürzer als l sein kann.

3.3.13 Die jeweiligen Zertifikate sind die Cliquen mit höchstens bzw. mindestens $\frac{n}{2}$ Knoten, woraus $CLIQUE_1, CLIQUE_2 \in$ **NP** folgen.

a) Sei $f(G)$ der Graph G zusammen mit n weiteren Knoten, die mit keiner Kante verbunden sind. Dann gilt $(G, k) \in CLIQUE \Leftrightarrow (f(G), k) \in CLIQUE_1$, woraus $CLIQUE \leq_p CLIQUE_1$ und damit die Behauptung folgen.

b) Für die Reduktion $CLIQUE \leq_p CLIQUE_2$ fügen wir dem Graph G j Knoten hinzu, die alle untereinander und mit allen Knoten in G verbunden sind. Für den so konstruierten Graph $f(G)$ gilt: G enthält eine k-Clique $\Leftrightarrow f(G)$ enthält eine $k + j$-Clique. Wegen

$$k + j = \frac{n + j}{2} \Leftrightarrow j = n - 2k$$

müssen $n - 2k$ Knoten hinzugefügt werden. Aus $CLIQUE \leq_p CLIQUE_2$ folgt die Behauptung.

3.3.14 Ein Zertifikat für $(x_1, \ldots, x_n, y, v_1, \ldots, v_n, t) \in KP$ ist die Auswahl S. Es gilt $RUCKSACK \leq_p KP$ durch $f(x_1, \ldots, x_n, t, y) = (x_1, \ldots, x_n, y, x_1, \ldots, x_n, t)$, da

$$(x_1, \ldots, x_n, t, y) \in RUCKSACK \quad \Leftrightarrow$$
$$\text{Es gibt ein } S \subseteq \{1, \ldots, n\} \text{ mit } t \leq \sum_{s \in S} x_s \leq y \quad \Leftrightarrow$$
$$(x_1, \ldots, x_n, y, x_1, \ldots, x_n, t) \in KP$$

Mit Satz 3.3.27 und Satz 3.3.14 folgt die Behauptung.

3.3.15 Das Entscheidungsproblem ist

$$L = \bigcup_{n \geq 1} \{(x_1, \ldots, x_n, t, m) \mid \text{Es gibt ein } S \subseteq \{1, \ldots, n\} \text{ mit } \sum_{s \in S} x_s = t \text{ und } |S| \leq m\}$$

Ein Zertifikat für $(x_1, \ldots, x_n, t, m) \in L$ ist die Auswahl S. Es gilt $SUBSET - SUM \leq_p L$ durch $f(x_1, \ldots, x_n, t) = (x_1, \ldots, x_n, t, n)$, woraus mit Satz 3.3.26 die Behauptung folgt.

3.3.16 Idee: Einer Atomformel x wird eine Variable x zugeordnet, wobei $1 \leq x$ als Belegung mit wahr und $x \leq 0$ als Belegung mit falsch interpretiert wird. Einem Literal $\neg x$ wird der Term $1 - x$ zugeordnet. Aus den $\vee$-Verknüpfungen in F werden +-Verknüpfungen.

Wir zeigen $3SAT \leq_p ILP$, indem wir der 3-KNF-Formel mit k Klauseln

$$F = \bigwedge_{i=1}^{k} (l_{i1} \vee l_{i2} \vee l_{i3})$$

das System $f(F)$ der Ungleichungen

$$1 \leq y_{11} + y_{12} + y_{13}$$

$$\vdots$$

$$1 \leq y_{k1} + y_{k2} + y_{k3}$$

mit

$$y_{ij} = \begin{cases} x_r & \text{wenn } l_{ij} = x_r \text{ für eine Variable } x_r \\ 1 - x_r & \text{wenn } l_i = \neg x_r \text{ für eine Variable } x_r \end{cases}$$

zuordnen.

Zum Beispiel ordnen wir der Formel

$$(x_1 \vee \neg x_2 \vee x_3) \wedge (\neg x_1 \vee x_2 \vee x_4)$$

das System von Ungleichungen

$$1 \leq x_1 + (1 - x_2) + x_3$$
$$1 \leq (1 - x_1) + x_2 + x_4$$

zu.

Dann gilt: $F \in 3SAT \Leftrightarrow f(F) \in ILP$

Beweis. $\Rightarrow$: $F \in 3SAT \Rightarrow$ es gibt es eine Belegung, in der alle Klauseln wahr sind $\Rightarrow$ für alle i gibt es ein j, so dass l_{ij} wahr ist $\Rightarrow$ wenn die Variablen in $f(F)$ entsprechend auf 0 bzw. 1 gesetzt werden, gilt: für alle i gibt es ein j, so dass $y_{ij} = 1$ sowie $0 \leq y_{ij} \leq 1$ für alle $i, j \Rightarrow$ für alle i gilt $1 \leq y_{i1} + y_{i2} + y_{i3}$ $\Rightarrow f(F) \in ILP$.

$\Leftarrow$: $f(F) \in ILP \Rightarrow$ für alle i gilt $1 \leq y_{i1} + y_{i2} + y_{i3} \Rightarrow$ für alle i gibt es ein j, so dass $1 \leq y_{ij} \Rightarrow$ wenn die entsprechenden Variablen in F mit wahr belegt werden und alle anderen Variablen mit falsch, gilt: für alle i gibt es ein j, so dass l_{ij} wahr ist $\Rightarrow F \in 3SAT$ $\square$

Da die Reduktion f in linearer Zeit berechenbar ist, haben wir $3SAT \leq_p ILP$ gezeigt.

Bemerkung: Wenn die Variablen dagegen rationale Werte annehmen, ist das System der linearen Ungleichungen mit dem Simplex-Verfahren effizient lösbar.

A Anhang

Notationen

Logik

$\neg x$	nicht x
$A \Rightarrow B$	Aus A folgt B
$A \Leftrightarrow B$	$A \Rightarrow B$ und $B \Rightarrow A$
$\bigwedge_{k=1}^{n} x_k$	$x_1 \wedge x_2 \wedge \cdots \wedge x_n$
$\bigvee_{k=1}^{n} x_k$	$x_1 \vee x_2 \vee \cdots \vee x_n$

Funktionen

$O(f)$	Menge der Funktionen g mit $g(n) \leq cf(n)$ für ein $c > 0$ und alle hinreichend großen n
$\Omega(f)$	Menge der Funktionen g mit $g(n) \geq cf(n)$ für ein $c > 0$ und alle hinreichend großen n
$\Theta(f)$	$O(f) \cap \Omega(f)$
$f \circ g$	Verkettung der Funktionen f und g: $(f \circ g)(x) = f(g(x))$

Mengen

$\mathbb{N}$	Menge der natürlichen Zahlen ohne Null
$\mathbb{N}_0$	$\mathbb{N} \cup \{0\}$
$\emptyset$	Leere Menge
$A - B$	Differenz: A ohne B
$\overline{A}$	Komplement der Menge A
A^*	Konkatenationsabschluss der Menge A
A^+	$A^* - \{\varepsilon\}$
$\bigcup_{k=1}^{n} A_i$	$A_1 \cup \cdots \cup A_n$

Wörter

$|w|$	Länge des Wortes w
ε	Das leere Wort
w^R	Das Wort w umgedreht, zum Beispiel $(abc)^R = cba$

Grammatiken

$u \to v$	Regel einer Grammatik
$x \Rightarrow y$	Aus x lässt sich y ableiten in einem Schritt
$x \Rightarrow^* y$	Aus x lässt sich y ableiten in $n \geq 0$ Schritten

Berechenbarkeit und
Komplexität

$A \leq_m B$	A ist many-one-reduzierbar auf B
H	Halteproblem
$A \leq_p B$	A ist reduzierbar in polynomieller Zeit auf B

Sprachklassen

Chomsky-Typ	Automaten	Beispielsprache
Typ 3 (regulär)	DFA, NFA	$\{a^n \mid n \in \mathbb{N}\}$
Typ 2 (kontextfrei)	PDA	$\{a^n b^n \mid n \in \mathbb{N}\}$
Typ 1 (kontextsensitiv)	Linear beschränkte Turing-Maschine	$\{a^n b^n c^n \mid n \in \mathbb{N}\}$
Typ 0	Turing-Maschine (DTM, NTM)	Halteproblem

Nützliche Rechenregeln

$$a^{n+m} = a^n a^m \qquad\qquad a^{-n} = \frac{1}{a^n}$$

$$(a^n)^m = a^{nm} \qquad\qquad a^n b^n = (ab)^n$$

$$\log(ab) = \log a + \log b \qquad\qquad \log \frac{1}{a} = -\log a$$

$$\sum_{k=1}^{n} k = \frac{n(n+1)}{2} \qquad\qquad \binom{n}{2} = \frac{n(n-1)}{2}$$

Index

Printed in the United States
By Bookmasters